स्त्री की दुनिया

स्त्री की दुनिया

सम्पादक

के. अजिता

वाणी प्रकाशन

वाणी प्रकाशन

4695, 21-ए, दरियागंज, नयी दिल्ली 110 002

फ़ोन : +91 11 23273167 फ़ैक्स : +91 11 23275710

शाखाएँ

अशोक राजपथ, पटना 800 004, बिहार

कॉफ़ी हाउस कैम्पस, महात्मा गांधी मार्ग, इलाहाबाद 211 001, उत्तर प्रदेश

महात्मा गांधी अन्तरराष्ट्रीय हिन्दी विश्वविद्यालय, वर्धा 442 001, महाराष्ट्र

www.vaniprakashan.com
marketing@vaniprakashan.in
sales@vaniprakashan.in

Stree Ki Duniya
Edited by K. Ajita

ISBN : 978-93-88684-13-2
Feminism

प्रथम संस्करण 2019
द्वितीय संस्करण 2023

मूल्य : ₹ 695

सिटी प्रेस, दिल्ली-110 095 में मुद्रित

वाणी प्रकाशन का लोगो मक़बूल फ़िदा हुसेन की कूची से

परम श्रद्धेय गुरुवर

पी.वी. विजयनजी को सादर समर्पित

अपनी बात

स्त्री लेखन अब साहित्य व समाज में नया विषय नहीं, वह अपनी ताक़त दिखा रहा है। साहित्य रचना किसी वर्ग, वर्ण या लिंग तक सीमित नहीं है। विश्व भर में नजर डालें तो पहले स्त्री रचनाकार व रचनाएँ बहुत कम रहीं। लेकिन रचनाएँ पुरुष की हों या स्त्री की, स्त्री अभिन्न घटक रही। सामाजिक बन्धनों के बावजूद स्त्री ने लिखने की कोशिश की थी चाहे वह कम ही क्यों न हो। आज वह अपने सामने की बन्दिशें तोड़कर आगे बढ़ रही हैं। अब वह पहचान पायी है कि सिर्फ़ सेवा, श्रम और जिस्म के बग़ैर वह एक नागरिक है। थेरीगाथाएँ, सीमन्तिनी उपदेश जैसी कृतियों की अज्ञात लेखिकाएँ अपनी आवाज बुलन्द करती रहीं। महादेवी वर्मा की स्त्री दृष्टि इतनी प्रखर रही है कि वह तत्कालीन पाश्चात्य महिला विचारकों की दृष्टि से अधिक सूक्ष्म, सुचिन्तित व अपनी मिट्टी के लिए अनुकूल दिखायी देती है। स्वतन्त्रता आन्दोलन के दौरान नारी ने राष्ट्रीय भावना को आत्मसात किया। यानी समाज के अनुकूल चिन्तन करने में वह काबिल निकली। सुभद्राकुमारी चौहान जैसी सशक्त कवयित्री के लिए राष्ट्रीयता अपनी लेखनी का विषय कैसे नहीं बन सकती थी। जाहिर है, स्त्री अपनी परिधि को लाँघने की भरसक कोशिश हमेशा करती आयी है। हमारी कहावतें इसके मज़बूत प्रमाण हैं। समाज निर्माण में अपनी भूमिका को अब वह समझने लगी है। लोकतन्त्र का सही अर्थ वह समझने लगी है। नवजागरण, स्वतन्त्रता आन्दोलन और नारीवाद ने स्त्री रचनाकारों के नज़रिये को बदलने व विस्तार देने में काफ़ी योगदान किया है। घर–परिवार और वैयक्तिक मामलों पर अटके हुए स्त्री लेखन में आज समग्रता की गुंजाइश है। पुरुषों द्वारा स्त्री प्रश्नों की उपेक्षा तथा सहानुभूतिपूर्ण दृष्टि, जो परम्परा से चलती आ रही है उससे बढकर अपनी मौलिक कल्पना के द्वारा समाज को देखने की दक्षता, स्वानुभूत तथ्यों को प्रकाश में लाने

की हिम्मत, समस्याओं को सुलझाने की स्त्री दृष्टि, ये सब स्त्री लेखन की ख़ूबियाँ हैं। लेकिन स्त्री लेखन आज तक इस आरोप से मुक्त नहीं हो पाया है कि स्त्री लेखन में काफ़ी प्रचारात्मकता है, स्त्री लेखन मध्यवर्गीय फ़ैशन है। समाज के विभिन्न तबके की स्त्रियों को उसमें जगह नहीं मिल रही है। ऐसे तरह–तरह के आरोपों से अब महिला लेखन को गुज़रना पड़ रहा है। इन विषयों पर आधुनिक, स्वतन्त्र, शिक्षित, जागरूक एवं आत्मनिर्भर स्त्री रचनाकारों का रवैया क्या है? इस पर विचार करना ही इस संकलन का लक्ष्य है। स्त्री किस दुनिया में रहती है? कौन–सा स्वप्न संजोकर जीती है? तथा समाज के हर क्षेत्र में अपने को फिट करने की उसकी कोशिशें क्या–क्या हैं? इन पर दृष्टि डालना सामाजिक विकास के लिए आवश्यक है। इसलिए स्त्री लेखन का समाज शास्त्रीय अन्वेषण ही इसमें हुआ है, इसमें कोई सन्देह नहीं।

प्रस्तुत संकलन के लिए जानी–मानी लेखिकाओं का सहयोग मिला है। जिसकी वजह से मेरी यह कोशिश सफल हो पायी। इन सभी लेखिकाओं, शुभचिन्तकों और मित्रों के प्रति मैं आभारी हूँ। वाणी प्रकाशन के प्रबन्ध निदेशक अरुण माहेश्वरी के प्रति भी आभार प्रकट करती हूँ जिन्होंने इसे पुस्तकाकार देकर पाठकों तक पहुँचाने में पूर्ण सहयोग दिया।

–के. अजिता

अनुक्रम

धर्म के शिकंजे मे औरत

•

सुधा अरोड़ा

अकसर सुबह–शाम पार्क में कुछ मध्यवर्गीय गृहिणियाँ मिल जाती हैं, ये नयी–नयी अनजान महिलाएँ कीर्तन या किटी पार्टी में आने का न्योता देती हैं, बड़े मन से मुझे आमन्त्रित करती हैं और फिर अचम्भित होती है–आप किसी सत्संग–कीर्तन में नहीं जातीं? अच्छा, किटी में भी नहीं? तो सारा दिन करती क्या हैं? मन कैसे लगता है?

दरअसल, एक आम मध्यवर्गीय महिला के लिए धार्मिक कर्मकाण्ड या उत्सव, किसी साधु–संन्यासी की आवभगत में मित्र–मण्डली जुटा लेना प्रकारान्तर से किटी पार्टी जैसा ही मनोरंजक आयोजन है जिसमें घर की रोज की चिक–चिक, बच्चों की चिल्ल–पों, ससुराल के सदस्यों के नाज–नखरों और तानों–बानों से कुछ देर के लिए राहत मिलती है, पकवानों से अलग सिर्फ़ सन्त साधु समागम हो तो उसमें रूहानी सुकून भी जुड़ जाता है, धर्म से इसका कोई सरोकार नहीं है, धर्म, सहारे के लिए हाथ में आयी एक लाठी है, बाकी सब कुछ एक ईवेण्ट मैनेजमेण्ट है, रूटीन एकरसता में एक दिलचस्प तरेड़ डालने वाला।

सौ साल पहले हमने अपनी दादी–नानियों को बड़ी नियमितता से मन्दिर, गुरुद्वारे जाते देखा है, वे घर के कामकाज निबटाकर, नहा–धोकर, साफ–सुथरे कपड़े पहनकर किसी भी धार्मिक स्थल पर जाया करती थीं। कुछ बुजुर्ग महिलाएँ सप्ताह में एक दिन ही घर से बाहर निकलती थीं। सप्ताह भर वे इस दिन की बाट जोहा करती थीं। मन्दिर जाना उनके लिए एक 'आउटलेट' हुआ करता था। एक आश्रय, एक शरणस्थली, जहाँ जाकर वे अपने मन के सारे राग विराग, दुख, तकलीफ़ें, व्यथा–कथा उड़ेल

देती थीं। एक पत्थर की मूर्ति के सामने अपने सारे दुखड़े बयान कर देना।

ऐसा आराध्य जिसके सामने कुछ भी कहा जा सकता है, जहाँ से बात आगे कहीं नहीं पहुँचेगी। हमने मन्दिरों की दहलीज पर सैंकड़ों महिलाओं को आँसू बहाकर सुकून पाते देखा है, ...और फिर 'होप अगेंस्ट होप' की तरह यह मन में गहरे बिठाकर चलना कि आराध्य की देहरी पर मत्था टिका देने से उनकी सारी तकलीफ़ें दूर हो जायेंगी और मन की सारी मुरादें पूरी हो जायेंगी।

एक दूसरा पहलू आस्था का भी है। ग़रीब कामगार वर्ग से लेकर मध्यवर्ग तक का आम जन अपनी सारी तकलीफ़ों, दुर्दिनों से निजात पाने के लिए मनुष्य से बड़ी एक दिव्य सत्ता पर विश्वास करता आया है जिसे उसने नैतिकता, मानवता, इन्सानियत सबका प्रतिरूप माना है, जिसमें उसकी आस्था है। यह आस्था कब अन्धविश्वास में बदल जायेगी, नहीं कहा जा सकता। इसी के तहत पूरे विश्व में अलग–अलग धर्म अपनी पूरी भव्यता में पनप रहे हैं। जहाँ अपनी परिस्थितियों की मारी जनता का एक विराट समूह राहत पाने के लिए विश्वास के साथ जाये, उसका एक सत्ता में बदल जाना स्वाभाविक है।

मुश्किल तब होती है जब चतुर, चालाक व्यवसायी धर्म का लबादा ओढ़कर इन धार्मिक स्थलों तक पहुँचाने का एजेण्ट बन जाता है और मूढ़ जनता उस शातिर दलाल में ही ईश्वर को प्रतिरूप देखने लगती है या अनदेखे ईश्वर तक पहुँचाने के लिए उस मध्यस्थ की सर्वेसर्वा मानकर अपनी भावनाओं से लेकर जमा पूँजी तक उसको अर्पित करने को तत्पर हो जाते हैं। अपनी आध्यात्मिक शब्दावली से ये कथावाचक जनता के एक बड़े समूह को अपने प्रभामण्डल में ले लेते हैं। बड़े–बड़े मठ और धार्मिक गढ़ इन्हीं संचालकों के द्वारा बनाये जाते हैं। चूँकि जनता की एक बड़ी जमात इस ओर भीड़ की तरह खिंचती है इसलिए राजनीतिक सत्ता में आसीन सत्ताधारक इन मठों और आश्रमों को पनपने का न सिर्फ़ अवसर देते हैं, बल्कि उनकी अकूत सम्पत्ति को करमुक्त घोषित कर देते हैं। ख़ुद भी उनके दरबार में माथा टेककर अपनी सहमति को उजागर करते हैं और इस तरह उन आश्रमों में आस्था रखती पूरी भीड़ के रहनुमा बन जाते हैं। यह भीड़ उनके लिए वोटबैंक है जिसके कन्धे पर चढ़कर वे देश की बागडोर अपने हाथ में लेते हैं, राजनेताओं के संरक्षण में इन धार्मिक मठों की जकड़बन्दी और मज़बूत हो जाती है।

यहाँ यह समझना ज़रूरी है कि धर्मों के आदिग्रन्थ जहाँ जीवन–पद्धति और दर्शन की सीख देते हैं, वहीं धर्म अपने व्यावहारिक स्वरूप में रसूख वालों और राजनीतिज्ञों के संरक्षण में सत्ता एवं शोषण का ताक़तवर हथियार बनता गया है। इसमें जीवन दर्शन को कहीं बहुत पीछे धकेल कर्मकाण्ड को ही सबसे अधिक महत्त्व दिया जाने लगा है। इन्हीं सन्दर्भों में मार्क्सवादी चिन्तकों ने धर्म को समाज में अफीम की बेहोशी फैलाने वाला ख़तरनाक माध्यम बताया है। दुनिया का कोई भी धर्म इस अन्धे कर्मकाण्डी अनुशासन से मुक्त नहीं है और इन्हीं की आड़ में इसकी सत्ता समाज के कमज़ोर एवं अशिक्षित वर्ग, अल्पसंख्यकों, स्त्रियों एवं बच्चों के शोषण का माध्यम बनती रही है। मध्यकालीन युग में कैथोलिक सत्ता ने तो विज्ञान तक को अपने शिकंजे में कस रखा था और कॉपरनिकस, ब्रूनो आदि वैज्ञानिकों को इसके चंगुल से निकलने में सदियाँ लग गयीं। इसके बाद मुसोलिनी और हिटलर ने धर्म को सत्ता का एक कारगर हथियार बनाया। हमारे अपने देश में असहिष्णुता की ताज़ा लहर में भी धर्म सापेक्ष सत्ता का दुराग्रह ही सबसे ताक़तवर है। म्यांमार में बौद्धों की करपन्थी जमात वहाँ के अल्पसंख्यक मुसलमानों को जड़ से उखाड़ फेंकने पर आमादा है। पाकिस्तान की ताज़ा घटनाओं में वहाँ के मदरसों में मौलवियों के व्यभिचार के अनेक किस्से सामने आ रहे हैं, इससे पहले अमेरिका और यूरोप में भी पोप और फादर जैसे श्वेतवस्त्रधारियों द्वारा किये गये बाल शोषण की दिल दहला देने वाली घटनाएँ उजागर हो चुकी हैं। इस मुद्दे को लेकर कुछ सशक्त फ़िल्में भी बनायी गयी हैं। किसी भी पत्रकार के लिए ऐसे दुश्चक्रों को उजागर करना अपनी जान को जोख़िम में डालना है क्योंकि धार्मिक गुरुओं की बड़ी मज़बूत साँठ–गाँठ राजनीतिक आकाओं से होती है और इस गठजोड़ के पीछे धर्म और राजनीति दोनों का स्वार्थ सधता है।

विश्व के किसी भी देश की तरह हमारे देश के मठों, आश्रमों और गुफाओं में भी लड़कियों और स्त्रियों का भरपूर शोषण एक लम्बे समय से होता रहा है। सभी धर्मों के व्यापक व्यवहार में पुरुष वर्चस्व में स्त्रियों का अधीनस्थ होना एक स्थापना की तरह है जिस पर न बहस की गुंजाइश है और न सवाल उठाये जा सकते हैं। हाँ, अकसर इन पावन ग्रन्थों की आयतों और श्लोकों का स्त्रीवादी चिन्तकों द्वारा पुनर्पाठ और पुर्नविश्लेषण प्रगतिकामी चिन्तक करते हैं जो महज़ एक बौद्धिक कवायद सिद्ध होता है। अन्ततः वही ढाक के तीन पात–कि स्त्रियाँ पुरुष से कमतर हैं, उनका

क्षेत्र घर की चारदीवारी है–जिस पर लक्ष्मणरेखा खींच दी गयी है, इस रेखा को लाँघते ही उनके साथ कुछ भी होना स्वाभाविक है, वे पुरुष के लिए भोग्या हैं और सन्तों–महन्तों का आसन भी उन्हें देखकर डिग जाता है जिसकी दोषी भी स्त्री स्वयं है। कहीं धर्म के नाम पर उसे मृत पति के साथ ज़िन्दा जलकर सती होना पड़ता है तो कहीं अपना शील बचाने के लिए जलती आग में कूदकर जान गँवानी पड़ती है। इसे सती माता का चौरा और जौहर कहकर महिमामण्डित किया जाता है, दहेज हत्या, बलात्कार के बाद हत्या और यौन–शोषण इन्हीं रस्मों का आधुनिक संस्करण है।

भारत में पिछले कुछेक सालों में सन्त शिरोमणि आसाराम बापू, साधु धर्मपाल, डेरा सच्चा सौदा के प्रमुख बाबा राम रहीम और हाल ही में आध्यात्मिक विश्वविद्यालय के वीरेंद्र देव दीक्षित के यौन अपराध का खुलासा हुआ है। लम्बे समय तक अपने आश्रमों में सेवा के लिए रहने वाली सैकड़ों लड़कियों को अपनी हवस का शिकार बनाने के मामले सामने आये हैं, कुछ साध्वियों, लड़कियों ने अपनी चुप्पी तोड़ी और इसका खुलासा किया, कई सालों के संघर्ष के बाद इन नामचीन और प्रतिष्ठित बाबाओं को जेल की सलाखों के पीछे जाने पर मजबूर होना पड़ा। हैरत की बात है कि जिस समाज में लड़कियों की इज़्ज़त उनके शरीर में है, जिन्हें अपनी मर्जी से प्रेम करने का भी अधिकार नहीं, किसी के साथ हमबिस्तर होना तो दूर की बात है, उसी समाज के ठेकेदार अपनी मर्जी से अपनी कुँवारी बेटियों को ऐसे बाबाओं के आश्रय में सेवादारी के लिए ख़ुद छोड़ जाते हैं और जब वे कुकर्मी बाबा की शिकायत लेकर किसी तरह दीवार फाँदकर वापस अपने घर पहुँचती हैं तो माता–पिता अपनी बेटियों पर ही सन्देह करते हैं और बाबा पर अपने अन्धविश्वास के कारण उन्हें हलाल होने देने के लिए फिर से उन्हीं डेरों पर छोड़ आते हैं। दुःखद यह भी है कि कुछ चश्मदीद गवाहों का असहसमति का रूख़ देखकर या भविष्य में इन बाबाओं के रहस्य खोल देने की आशंका मात्र से उन्हें बड़ी आसानी से रास्ते से हटा दिया जाता है। कुछ साहसी और ईमानदार लोग जब इन लड़कियों की लड़ाई को अदालत में ले जाने का जोखिम उठाते हैं तो पूरा समाज एक तरह से उनकी इस लड़ाई से असम्पृक्त बना रहता है और बाबाओं को लेकर भक्तों के बड़े समूह की आस्था में कोई तरेड़ नहीं आती। बरसों से आश्रम की मासिक पत्रिका में इन 'बापू' की महानता का बखान बदस्तूर जारी रहता है जैसे कि वे निर्दोष हैं और मासूम हैं, ईश्वर

के अवतार हैं, उनसे ईर्ष्या रखने वाले आज के भ्रष्ट समाज ने ज़बर्दस्ती उन्हें अपराध के जाल में फँसा दिया है। इसे तरह–तरह से सिद्ध करने के उनके अनुयायियों के सुर में कोई कमी नहीं आती।

पूरे देश में इन बाबाओं के नाम की अकूत सम्पत्ति हैं, आश्रम है, करोड़ों अनुयायियों की भीड़ है, इन बाबाओं के विशालकाय आश्रमों में भव्य गुफाएँ हैं जहाँ सख़्त सुरक्षाकर्मी मौजूद हैं, बापू कहलाने वाले आसाराम और डेरा बाबा राम रहीम की कार्यप्रणाली की समानता भी देखें। उनके कोडवर्ड हैं। आसाराम जिसे अपने रास्ते से हटाना चाहते हैं, उसके लिए कहते हैं–उसे गुरु दक्षिणा दे दो। डेरा बाबा किसी नयी लड़की का उपभोग करते हैं तो कहते हैं–उसे माफ़ी दे दी। आसाराम के आश्रम में काम करने वाले कितने कर्मचारियों की हत्या की ख़बर सामने आयी। डेरा बाबा के ख़िलाफ़ दो साध्वियों का पत्र अपने अखबार में प्रकाशित करने वाले पत्रकार की एक महीने बाद ही गोली मारकर हत्या कर दी गयी। दोनों के ख़िलाफ़ कानून की शरण लेने वाली लड़कियों ने कहा कि वे अपने को भगवान कृष्ण का अवतार मानते थे जो गोपियों के साथ रास लीला करते हैं। लड़कियों और साध्वियों को गोपियों का दर्जा देने वाले ये पाखण्डी बाबा अपने कुकर्मों के लिए धर्म और भगवान की आड़ लेते हैं क्योंकि वे जानते हैं कि उनकी सत्ता, सामर्थ्य और राजनीतिक पहुँच के कारण उन्हें कोई छू भी नहीं सकता, वे ठाठ से चमक–दमक वाली रंगीन ज़िन्दगी जीते हैं और खुद ही हीरो बनकर फ़िल्म 'मैसेंजर ऑफ़ गॉड' बनाते हैं। जेल में जाते हुए भी इन्हें पूरा यक़ीन था कि राजनेताओं का समर्थन होने के कारण उन पर आँच नहीं आयेगी और उनके अपराध धन और यश के बूते पर अनदेखे कर दिये जायेंगे। डेरा बाबा राम रहीम की तथाकथित दत्तक पुत्री हरप्रीत ने कहा था कि मौजूदा सरकार ने बाबा को गिरफ्तार कर उनके साथ धोखा किया है जबकि उनके बीच यह समझौता हुआ था कि वे बाबा के ख़िलाफ़ चल रहे मुकदमे को आगे नहीं बढ़ायेंगे और बाबा की मदद करेंगे। बाबा के एलबम से कई नेताओं की करबद्ध मुद्रा में तस्वीरें सामने आयी हैं। गनीमत है कि कुछ ईमानदार जजों और सामाजिक कार्यकर्त्ताओं के कारण इनके कारनामों का खुलासा हो पाया और ये बाबा फिलहाल क़ैद में हैं।

धर्म की इस अन्धी आड़ में न जाने कितनी लड़कियाँ जायका बिगाड़ देने वाले कड़वे कसैले अनुभवों से गुज़रती हैं, अपने बचपन की

कुछ ऐसी ही त्रासद यादें मेरे साथ भी जुड़ी हैं। मध्यवर्ग के परम्परावादी माहौल में मेरे घर–परिवार के लोग काफ़ी धार्मिक प्रवृत्ति के थे और घर में साधु–संन्यासियों का आना–जाना था। पिता ने नया मकान बनवाया तो उसे गुरु की कृपा मान नीचे का एक पूरा फ्लैट उनके नाम कर दिया। हरिद्वार, मथुरा, वृन्दावन, दिल्ली, काशी के आश्रमवासी मेरे पिता के गुरु महाराज, साल में एक–दो बार जब कलकत्ता आते तो हमारे घर ही ठहरते। तेरह–चौदह साल की उम्र में पहला आपत्तिजनक स्पर्श था एक गेरुए वस्त्रधारी साधु बाबा का। बगावत का पहला पाठ मुझे वहीं से मिला। उन बाबाओं के चरण स्पर्श से हम बेटियों ने इनकार किया। पर उनकी शिकायत करने पर भी उसे दबा ढका रखने की हिदायतें ऐसे दी जातीं जैसे वह सामान्य–सी बात हो। सबसे ज़्यादा नुकसान, बात को छिपाकर रखने के हमारे बड़े बुजुर्गों, दादी–नानियों के रवैये ने किया है। मेरे उपन्यास 'यहीं कहीं था घर' का दूसरा अध्याय 'देह धरे का दण्ड' इसी घटना पर आधारित है।

नाबालिग़ लड़कियों के साथ अपने ही घर–परिवार में भी यौन शोषण होता है, न वे घर में सुरक्षित हैं, न बाहर समाज में, न आश्रमों में। इसकी शिकार हुई कम उम्र की कितनी लड़कियाँ अवसाद का शिकार हो जाती हैं। आत्मविश्वास खो देती हैं। उनकी सामान्य ज़िन्दगी पटरी से उतर जाती है। सबसे भयावह यह है कि पुरुष में अपराध–बोध कभी पनपता ही नहीं। वह जैसे स्त्री को छूकर कृतार्थ करता है और स्त्री को उसका आभार मानना चाहिए कि उसे इस लायक समझा गया। किसी युवा लड़की को रात के 12 बजे सड़क पर गाड़ी चलाते देख उसे दहशत में पहुँचाने की हद तक पीछा करना जैसी घटनाएँ आज के समय में भी हो रही है। उसका देर रात घर से बाहर निकलना आज के समय में भी लोगों को स्वीकार्य नहीं है।

बाबाओं की क़िस्में बहुत हैं। इनमें पुट्टपर्थी के सत्यसाईं बाबा भी हो चुके हैं जो पलक झपकते अपने कुरते से सोने की चेन, घड़ी, फल या भभूत निकाल लेते थे। इनमें परिष्कृत अंग्रेज़ी बोलने वाले श्री श्री रविशंकर भी हैं जो अपने भव्य आध्यात्मिक आयोजन के लिए यमुना नदी का पर्यावरण प्रदूषित कर डालते हैं। विज्ञापन में अग्रणी बाबा रामदेव जैसे साधु अपने गेरुए वस्त्र और योग अध्यात्म की आड़ में अपने ब्राण्ड के नाम तले घटिया उत्पाद बेचकर अपना व्यावसायिक साम्राज्य स्थापित

कर लेते हैं। आशीर्वचन की मुद्रा में सिंहासन पर आसीन निर्मल बाबा हैं जो एक पूरा चैनल अपने विज्ञापन के लिए ख़रीद लेते हैं और भक्तों को मीठी और इमली की चटनी, समोसे और गुलाबजामुन से अपने संकटों से मुक्ति पाने की युक्ति बताते हैं। भीड़ को ऐसी युक्तियाँ ही चाहिए जो उन्हें अपने कष्टप्रद जीवन से या परेशानियों से निजात पाने का आसान तरीका सुझायें।

पुरातन समय में लौटें तो धार्मिक स्वीकृति से देवदासी प्रथा आज भी चल रही है जहाँ हर साल येल्लम्मा मन्दिर में माघी पूर्णिमा के दिन ग़रीब नाबालिग बच्चियों को माहवारी से पहले ही देवदासी बना दिया जाता है। शिक्षा का रास्ता उसके लिए बन्द हो जाता है और पुजारियों की हवस का शिकार होने के अलावा उसके लिए कोई विकल्प नहीं बचता। कर्नाटक में इस मन्दिर में भरपूर चढ़ावा आता है क्योंकि यह मान्यता है कि यहाँ माँगी हुई मन्नत पूरी हो जाती है। इस चढ़ावे में मन्दिर के पुजारी, पुलिस और स्थानीय सत्ताधारी लोगों का हिस्सा रहता है। धर्म की आड़ में यौन–शोषण होता है। लाखों लड़कियों का जीवन इसकी भेंट चढ़ गया है। उनके बच्चे नाज़ायज बने रहते हैं और बुढ़ापा सड़कों पर भीख माँगते गुज़रता है। वकील मन्मथनाथ गुप्त–देवदासियाँ अरमेनिया में एनैटिस के मन्दिर में और कोरिन्थ में एफोडाइट के मन्दिरों में पैसे भी लेने लगीं और इस प्रकार पहले–पहल धर्म की छत्रछाया में वेश्यावृत्ति का उद्‌भव हुआ। गोवा में एक देवदासी के पुत्र राजाराम पैंगनिकर ने देवदासी समाज का पुनर्वासन शुरू किया और देवदासी प्रथा को ग़ैर–कानूनी घोषित किया। मराठा गोमंतक समाज की स्थापना हुई और देवदासियों और उनके बच्चों की स्थिति में सुधार आया।

धर्म कितना और किस स्तर पर स्त्रियों पर आज भी अनाचार कर रहा है। इसे बहुत से अनुष्ठानों और रवागतों में देखा जा सकता है। केरल के एक मन्दिर में स्त्रियों को ऊपर के वस्त्र पहनकर जाने की अनुमति नहीं है। सोचने की बात है कि स्त्रियाँ मन्दिर में क्या पहनकर जायें, इसे तय करने का अधिकार मन्दिर के पुरुष पुजारियों को किसने दिया? इसी साल एक दलित स्त्री ने अपना स्तन काटकर प्रतिरोध दर्ज किया। शनि शिंगणापुर मन्दिर में स्त्रियों को जाने की अनुमति नहीं थी जिसे लेकर स्त्रियों ने बड़ी संख्या में अपना विरोध जताया और मन्दिर में जाने का फैसला अपने हक़ में लेकर दिखाया। बेशक अपने अधिकारों की

लड़ाई के लिए अड़ जाना और उसे हासिल करके दिखाना एक सराहनीय कदम है। पर ८ सा अधिकार और किस पर अधिकार? आज स्त्रियाँ कहीं मस्जिद में प्रवेश को लेकर तो कहीं मन्दिर में प्रवेश को लेकर लड़ रही हैं। ये सारी लड़ाइयाँ छोटी हैं। हम मन्दिरों में प्रवेश की लड़ाई लड़कर यह साबित करते हैं कि हमें इन देवालयों की ज़रूरत है। देवालयों में यह सन्देश पहुँचाना एक बेहतर विरोध होता कि आप कुछ चुनिन्दा मन्दिरों में जाना हमारे लिए वर्जित करते हैं, हम किसी भी मन्दिर में कदम नहीं रखेंगे। क्या स्त्रियों के बिना मन्दिर फल–फूल सकते हैं। मन्दिरों को भक्तों की ज़रूरत है। जिनमें स्त्रियाँ ज़रूरी तौर पर शामिल हैं।

स्त्रीवादी नज़रिये से देखा जाये तो धर्म में औरत को बराबरी के नागरिक का दर्जा ही हासिल नहीं है। मन्दिरों में प्रवेश का निषेध इसी बिना पर है। फिर वह धर्म से लड़कर भी क्या हासिल कर लेगी। धर्म से पूरी तरह नकार में ही उसकी मुक्ति सम्भव है। दुनिया के किसी भी धर्म में औरत हाशिए पर है। बस इस बात पर गौर करने की ज़रूरत है कि ईश्वर, अल्लाह और गॉड सबके सब पुरुष हैं। पितृसत्ता के सारे औज़ार इन्हीं पैगम्बरों से आयातित हुए हैं, जिसे पितृसत्ता को जमाने में अलग–अलग तरीक़े से इस्तेमाल किया गया है। इस्तेमाल करने के यही तरीक़े दुनिया के अलग–अलग हिस्सों में धर्म कहे जाते हैं। स्त्रियाँ अगर सशक्त हो जायें, अपनी लड़ाइयाँ ख़ुद लड़ना सीख लें, अपने मन के भीतर जमे बैठे भय से निजात पा लें तो उन्हें किसी देवालय में जाने की ज़रूरत नहीं है। वह प्रार्थनास्थल या सुकूनगाह उन्हें अपने घर में ही मिल जायेंगी।

आज भी तर्क और ज्ञान को अनदेखा किया जाता है ताकि समाज में जड़ता और अज्ञानता बरकरार रहे। ज्ञान के मार्ग में सबसे बड़ा अवरोध धार्मिक मान्यताएँ ही हैं, जिन्हें ध्वस्त किये बिना विश्व कल्याण की बात करना भी व्यर्थ है। धर्म एक अच्छा खासा व्यवसाय बन गया है। इसके जाल में फँसा आम आदमी कभी यह बात समझ ही नहीं पाता क्योंकि धार्मिक गिरोहों का प्रचार तन्त्र बहुत मज़बूत है। किसी भी मजहब की बुनियाद झूठ, शोषण और पाखण्डों पर ही खड़ी है जिसे कायम रखने के लिए धर्मों को हिंसा का सहारा लेना पड़ता है। धार्मिक जहालत के अन्धकार को शिक्षा और वैज्ञानिक तर्कों से मिटाया जा सकता है पर सत्ताधारी वर्ग ऐसा कभी होने नहीं देगा। उनके लिए जनता का मूर्ख बने रहना ही देश के हित में है।

भारत पूरे विश्व में धार्मिक सहिष्णुता और अनेकता में एकता के लिए विख्यात है लेकिन बाबाओं ने जिस तरह का आतंक फैला रखा है, आने वाले समय में भारत धार्मिक पाखण्डियों के नाम से जाना जायेगा। धर्म की आड़ में जनता के विश्वास से खेलने वाले ढोंगियों जैसे आसाराम बापू, रामपाल और गुरमीत राम रहीम आदि ने जो कर्मकाण्ड किया है वह क्षमा योग्य नहीं। इन पर तो एक हत्या नहीं, अनगिनत हत्याओं का भी आरोप है फिर भीड़ ऐसे लोगों पर विश्वास करके अपनी किस मानसिकता का परिचय दे रही है?

सवाल यह है कि आख़िर यह अँधेरा कैसा है जो प्रगति और विकास के तमाम मंजरों के बाद भी कैसे बचा रह जाता है? इसके लिए हमें न सरकार को कोसने की ज़रूरत है न ही मन्दिर, मस्जिद और चर्च पर उँगली उठाने की आवश्यकता है। अँधेरा हमीं हैं और हम ही अँधेरा फैलाने में सहयोग कर रहे हैं। सरकार और सत्ता तो बस हमारे अलग–अलग अँधेरों को जोड़कर एक विराट अभेद्य अँधेरा हमारे सामने रखकर हमें डराने का काम किया करती है।

इस तरह से देखा जाये तो धर्म औरत को कब्जे में रखने का उपकरण है। औरत को बचना है और आगे निकलना है तो उसे इसकी सत्ता को ही नकारना होगा। दुनिया जैसी आज है, वैसी पहले नहीं थी। पहले का इनसान डरा हुआ इनसान था। डरकर ही उसने ईश्वर के पूरे समाजशास्त्र को रच डाला। वही समाजशास्त्र आज धर्मशास्त्र बने हुए हैं। दुनिया को बदलने में मनुष्य के चिन्तन ने बहुत बड़ा काम किया, उसी ने विज्ञान को जन्म दिया। विज्ञान ने मुक्ति का द्वार खोल दिया। औरतों की मुक्ति भी चिन्तन के सहारे विज्ञान तक पहुँचकर ही सम्भव हो सकेगी।

हिन्दी साहित्य के हर कालखण्ड में रचनाकारों ने धर्म के ख़तरों से आगाह करने का काम किया है। पूर्णिया बिहार का छोटा–सा ज़िला है जहाँ के लोग अपनी अज्ञानता के कारण महन्त सेवादास को सभी शास्त्र–पुराण का ज्ञाता मानते थे। मठ के महन्त सेवादास उस इलाके के ज्ञानी साधु के रूप में प्रसिद्ध थे। ऐसे ही महन्तों पर आँचलिक रचनाकार फणीश्वरनाथ 'रेणु' के 'मैला आँचल' की पंक्तियाँ हैं–''यादव टोली का किसान कहता है। अन्धा महन्त अपने पापों का प्रायश्चित कर रहा है, बाबाजी होकर जो रखेलिन रखता है, वह बाबाजी नहीं। ऊपर बाबाजी, भीतर दग़ाबाज़ी। क्या कहते हो? रखेलिन नहीं, दासिन है? किसी और को सिखाना। पाँच

बरस तक मठ में नौकरी की है, हमसे बढ़कर और कौन जानेगा मठ की बात? और कोई देखे या नहीं, ऊपर परमेश्वर तो है, महन्त जब लक्ष्मी दासी को मठ पर लाया था तो वह अबोध थी, एकदम नादान। एक ही कपड़ा पहनती थी। कहाँ वह बच्ची और कहाँ पचास बरस का बूढ़ा गिद्ध।''

इस उपन्यास में अंचल विशेष की कथा के साथ उस कालखण्ड के उन मुद्दों को उठाया है जो आज भी प्रासंगिक है। आज हमारे देश में धर्म के नाम पर जो हो रहा है उसे रचनाकार रेणु ने 1954 में ही लिख दिया था।

डेरा बाबा राम रहीम के ख़िलाफ़ पन्द्रह वर्ष पहले एक साध्वी ने तत्कालीन प्रधानमन्त्री को पत्र लिखा था जिसमें कई स्त्रियों की पीड़ा महसूस की जा सकती है–''डेरे के महाराज द्वारा सैकड़ों लड़कियों से बलात्कार की जाँच करे... हमारा यहाँ शारीरिक शोषण किया जा रहा है। साथ में डेरे के महाराज गुरमीत सिंह द्वारा यौन शोषण किया जा रहा है।''

क्या इस पत्र में उस साध्वी की पीड़ा लोगों को नज़र नहीं आती जिसे रेणु ने 1954 में ही महसूस कर लिया था जहाँ किसुन कहता है–''रोज रात में लक्ष्मी रोती थी ऐसा रोना कि जिसे सुनकर पत्थर भी पिघल जाये। हम तो सो नहीं सकते थे। उठकर भैसों को खोलकर चराने चले जाते थे, रोज सुबह लक्ष्मी दूध लेने आती थी। उसकी आँखें कदम की फूल की तरह फूली रहती थीं। रात में रोने का कारण पूछने पर चुपचाप टुकुर–टुकुर मुँह देखने लगती थी। ठीक उस गाय की बाछी की तरह, जिसकी माँ मर गयी हो।''

प्रतिबद्ध व्यंग्यकार हरिशंकर परसाईं ने धर्म को लेकर कई धारदार लघु कथाएँ और व्यंग्य रचनाएँ रची हैं। उसकी कुछ पंक्तियाँ–

''भारत–भाग्य विधाता हममें वह क्षमता दे कि हम तरह–तरह के जादूगर और साधु इस देश में लगातार बढ़ाते जायें।

ये इस देश की जनता को कई शताब्दी तक प्रसन्न रखेंगे और ईश्वर के पास पहुँचा देंगे।

साधु का यही कर्म है कि मनुष्य को ब्रह्म की तरफ़ ले जाये और पैसे इकट्ठे करे क्योंकि 'ब्रह्म सत्यं जगन्मिथ्या'।

हमें इससे क्या मतलब कि 'तर्क की धारा सूखे मरुस्थल की रेत में न छिपे' (रवीन्द्रनाथ) वह तो छिप गयी। इसलिए जन–गण–मन अधिनायक। बस हमें जादूगर और पेशेवर साधु चाहिए। तभी तुम्हारा यह सपना सच

होगा कि हे परमपिता, उस स्वर्ग में मेरा यह देश जाग्रत हो। (जिसमें जादूगर और साधु जनता को ख़ुश रखें)

यह हो रहा है, परमपिता की कृपा से।''

''देश में जब करोड़ों आदमियों को खाने को अन्न नहीं मिलता, तब धार्मिक पाखण्डी उसे आग में झोंकते हैं। यज्ञ कराने वाले समय–समय पर परीक्षा करते रहते हैं कि देश का अविवेक और पौरुषहीनता अभी बरकरार है कि नहीं। लोग देखते रहते हैं कि हमारा अन्न, घी, शक्कर आग के हवाले किया जा रहा है और वे जय बोलते हैं, यानी लोग अभी अविवेकी और कायर हैं, इन लोगों से डरने की अभी कोई ज़रूरत नहीं है। इन्हें लम्बे समय तक शोषित रखा जा सकता है।

यज्ञ में वास्तव में अन्न, घी, शक्कर नहीं जलते–विवेक स्वाहा। बुद्धि स्वाहा। तर्क स्वाहा। विज्ञान स्वाहा।''

उनकी एक लघुकथा अन्धश्रद्धा की परतें उघाड़ देती है–

''एक बार हज़ारों भूखे लोग एक व्यवसायी के गोदाम में भरे अन्न को लूटने के लिए निकल पड़े। व्यवसायी हमारे पास आया। कहने लगा–स्वामी कुछ कीजिये, ये लोग तो मेरी सारी जमा पूँजी लूट लेंगे, आप ही बचा सकते हैं, आप जो कहेंगे वो सेवा करेंगे।

तब बच्चा! हम उठे, हाथ में एक हड्डी ली और मन्दिर के चबूतरे पर खड़े हो गये। जब वे हज़ारों भूखे गोदाम लूटने का नारा लगाते आये, तो मैंने उन्हें हड्डी दिखायी और ज़ोर से कहा–किसी ने भगवान के मन्दिर को भ्रष्ट कर दिया है। यह हड्डी किसी पापी ने मन्दिर में डाल दी। विधर्मी हमारे मन्दिर अपवित्र करते हैं। हमारे धरम को नष्ट करते हैं। हमें शर्म आनी चाहिए। मैं इसी पल से यहाँ उपवास करता हूँ। मेरा उपवास तभी टूटेगा, जब मन्दिर की फिर से पुताई होगी और हवन करके उसे पवित्र किया जायेगा।

बस बच्चा वह जनता आपस में लड़ने लगी। मैंने उनका नारा बदल दिया।

जब वे लड़ चुके तब मैंने कहा–धन्य है इस देश की धरम प्राण जनता! धन्य है अनाज के व्यापारी सेठ अमुकजी। उन्होंने मन्दिर शुद्धि खर्च देने का कहा है।

जिसका गोदाम लूटने वे भूखे जा रहे थे, अब उसकी जय बोलने लगे। यही है धरम का प्रताप।''

मुक्तिबोध की एक पंक्ति आज प्रासंगिक लग रही है–

अब अभिव्यक्ति के ख़तरे उठाने होंगे तोड़ने होंगे मठ और गढ़ सब।

साहित्यकारों ने शुरू से ही धर्म के दोहरे चरित्र के बारे में लिखा। जनता को राह दिखाने की कोशिश की और धर्म की आड़ में इन्सानियत का चोला ओढ़कर हैवानियत की सीमा पार करने वाले भगवा वस्त्रधारी आतताइयों का मुखौटा भी उतारा जिन्होंने धर्म और आस्था को आड़ बनाकर अपनी रासलीला को अंजाम दिया। लेकिन आज इन्सानियत की हार का समय चल रहा है जहाँ सिर्फ़ कौम, धर्म, जाति का घण्टा बज रहा है और यह कहावत भी सच होती नज़र आ रही है–''जिसकी लाठी उसकी भैंस।'' इसलिए अपराधी साफ़ कहता है–'हमारी सरकार में बहुत चलती है। हरियाणा व पंजाब के मुख्यमन्त्री, केन्द्रीय मन्त्री हमारे चरण छूते हैं। राजनीतिज्ञ हमसे समर्थन लेते हैं पैसा लेते हैं, वे हमारे ख़िलाफ़ कभी नहीं जायेंगे। हम तुम्हारे परिवार के नौकरी लगे सदस्यों को बर्खास्त कर देंगे। सभी सदस्यों को अपने सेवादारों से मरवा देंगे। सबूत भी नहीं छोड़ेंगे।' इन बाबाओं की ताक़त, इनका साहस इतना बेखौफ़ है कि राजनीति, पुलिस और न्याय व्यवस्था इन्हें अपने सामने बौनी लगती है। ये किसी से नहीं डरते और जनता में ख़ुद को पैगम्बर बनाकर ही नहीं ख़ुदा बनाकर राज कर रहे हैं।

सवाल यह है कि इसका समाधान क्या है? क्या कानून व्यवस्था में परिवर्तन करने की ज़रूरत है क्योंकि अन्ध भक्ति में लीन जनता कानून को भी तोड़ रही है या फिर हमारी जनता की सामाजिक, सांस्कृतिक और नैतिक सोच में बदलाव लाने की ज़रूरत है? जनता सच के हक़ में खड़े होकर, पीड़ित औरतों को न्याय दिलाने के हक़ में आगे आए। सारे पूर्वाग्रहों को, धार्मिक अन्धविश्वास को ताक पर रखकर इन्सानियत के हक़ में खड़े हों तभी उम्मीद की एक किरण दिखाई देगी कि हमारा समाज भविष्य की ओर एक सकारात्मक कदम उठायेगा, नहीं तो जिस तरह हम माता–पिता और गुरुजनों पर आस्था करते हैं पर सवाल नहीं करते उसी तरह धर्म भी एक आस्था है जो सवालों से परे है। धर्म उस फटे नोट की तरह है जिसे ब्राह्मणवाद अँधेरे में चलाता आ रहा है। जब तक अँधेरा कायम रहेगा, फ़र्ज़ी नोट की तरह धर्म इसी तरह चलता रहेगा।

स्त्री और धर्म

•

सपना चमड़िया

'स्त्री और धर्म' यह सुनते ही जो परिकल्पना मेरे मन में बनती है वह उस स्त्री की तस्वीर होती है जो सुबह उठकर घर के अन्य कामों के साथ पूजा का स्थान साफ़ करती है, पूजा के बर्तन माँजती है, और जो भी उस दिन के भगवान की ज़रूरत होती है उसे पूरा करती है। जैसे मंगलवार को कई घरों में हनुमान को चूरमा का परसाद चढ़ाते हैं तो उसे पकाती है या बड़े त्योहार हों जैसे होली, दिवाली तो कई दिन के थका देने वाले श्रम में ख़ुद को खपा देती है। इस तरह घरों में ईश्वर की सजीव उपस्थिति के लिए जीवन भर सारे सरअंजाम को अपने सिर पर ढोते हुए ईश्वर को ज़िन्दा रखती है।

इसके बरबस पुरुष अपने व्यस्त समय में से दो मिनट का समय निकालकर भगवान के सामने दो अगरबत्तियाँ जला देता है, हाथ जोड़ता है और काम पर चल पड़ता है या बड़े त्योहारों पर अपने दोस्तों को बुलाता है, पकवान से उनका स्वागत करता है, प्रशंसा बटोरता है और आत्मतृप्त होकर ख़ुश रहता है। सवाल उठता है कि जिस तरह दुनिया के हर क्षेत्र में स्त्री दोयम दर्जे की नागरिक बनी हुई है उसी तरह धर्म के क्षेत्र में भी वह एक ऐसे औज़ार के रूप में इस्तेमाल की जाती है जिससे मर्दवादी व्यवस्था अपने सारे कामों को बख़ूबी अंजाम देती है। हर धर्म की व्याख्या में मूलभूत रूप से यह व्यवस्था दी गयी है कि पुरुष पहले है और स्त्री बाद में। इतना ही नहीं सभी धार्मिक व्याख्याओं के अनुसार, स्त्री पुरुष की दासी या गुलाम है और उसका हुकुम बजा लेना उसका धर्म, कर्तव्य भी है।

धर्म के प्रारम्भ को, उसकी शुरुआत को यहाँ थोड़ा समझ लेने की

ज़रूरत है। सृष्टि के प्रारम्भ में जब मानव जाति विभिन्न चरणों में विकसित होने लगी तो प्रकृति के कई अलग–अलग रूपों के सम्पर्क में आयी। शुरुआत में प्रकृति उसके लिए अबूझ बनी रही। इतना ही नहीं प्रकृति के कई रूप भयानक तौर पर उसे डराते भी रहे और भयभीत होकर ही मनुष्य ने पूजा शुरू की। वह जिस चीज़ से भी डरा और डर का कारण नहीं ढूँढ़ पाने की वजह से उसने उन सभी चीज़ों को पूजा और आस्था के खाते में डाल दिया। जैसे–बिजली का कड़कना, मूसलाधार बारिश या सूरज की भयंकर तपिश। यह सारी चीज़ें आगे चलकर सूर्य देवता या वरूण देवता या इसी तरह के अन्य देवता के रूप में परिवर्तित हो गयीं।

जो धर्म ख़ुद अपने शुरुआती दौर में डर से उपजा था वही आगे चलकर कई जड़ नियमों और बन्धनों की गठरी बन गयी। जिनका कड़ाई से पालन करने की उम्मीद समाज से की जाती थी। इसे नहीं मानने वालों के लिए कई देखे और अनदेखे दण्ड का भी प्रावधान रखा गया। इसीलिए लगभग सभी धर्मों में मृत्यु के बाद मिलने वाली सजाओं का विस्तृत वर्णन मिलता है। जैसे अंगारों पर चलना, खौलते तेल में डाला जाना इत्यादि। इस तरह धर्म डराने वाली अवधारणा का रूप अख़्तियार करता गया। क्योंकि धर्म की अवधारणा का कोई तार्किक आधार मौजूद नहीं था इसीलिए यह पूरी तौर पर व्याख्याओं पर निर्भर था। इसीलिए इस पर हमेशा एक मनमानेपन का भाव रहा। जैसे विभिन्न जातियों में समाज को बाँटने का मसला या फिर वेदों की पवित्रता को बनाये रखने की व्यवस्था, जैसे स्त्रियाँ और शूद्र वेदों का पाठ कभी नहीं करेंगे। इस तरह की मनमानी व्यवस्था का ज़िम्मा हमेशा उनके हाथों में रहा जो समाज में वर्चस्व की स्थिति में रहे। जिन्होंने अपनी सुविधा के लिए और सत्ता के लिए अतार्किक क़िस्म की व्याख्याओं का ढेर लगा दिया। इन व्यवस्थाओं के माध्यम से सदियों तक दलित और स्त्री के दिला–दिमाग़ पर कब्ज़ा बनाये रखने में उन्हें अत्यन्त सुविधा रही।

घर से लेकर बाहर तक मर्दवादी व्यवस्था को सफल ढंग से चलाने में स्त्री की जबर्दस्त भूमिका रही। पुनर्जन्म का सिद्धान्त जिसमें इस जन्म के पापों का लेखा–जोखा अगले जन्म में होने की व्यवस्था देकर उसके लिए कोई रास्ता ही नहीं छोड़ा क्योंकि उसका स्त्री जन्म भी उसके पिछले पापों का परिणाम है। तीसरा धर्म का जो कर्मकाण्डी पक्ष है उसको सँभालने की पूरी ज़िम्मेदारी स्त्रियों पर थोप दी गयी। झाड़ना, पोछना, चन्दन घिसना,

पकवान बनाना आदि। इन कर्मकाण्डों की तैयारी में स्त्री जीवन का बहुत सारा हिस्सा घिरा रहता है। इसमें बहुत ज़्यादा श्रम भी लगता है। इसके अलावा इससे भी ख़तरनाक बात यह है कि उसका दिमाग़ एक ऐसे ढाँचे में बदल जाता है जहाँ से घटनाओं को उसके तार्किक रूप से देखने की तैयारी लगभग ख़त्म हो जाती है। एक उदाहरण से इसे समझने की कोशिश की जा सकती है। पिछले महीने लड़की वालों की तरफ़ से मैं एक शादी में इलाहाबाद गयी। वहाँ मुझे नयी जानकारी मिली कि जिस पीली साड़ी को पहनकर लड़की की शादी होगी उसे जीवन भर उसे सँभालकर तो रखना ही है। शादी के दिन से रोज सवा महीने तक सुबह उठकर नहा–धोकर, उसी साड़ी को पहनकर सिधौंरा से सिन्दूर लगाकर, पति के चरण छूकर ही कुछ खाना–पीना है। इस अनुत्पादक श्रम का क्या हासिल है इसका जवाब किसी के पास नहीं है। अगर जवाब था तो यह कि इससे स्त्री का अगला जन्म सुधेरगा। दूसरी ओर पुरुष के लिए ऐसी किसी कवायद का कोई प्रावधान नहीं है। अगला जन्म सुधारने के लिए भी नहीं।

कहा जा सकता है कि सवा महीने की ही तो बात है लेकिन इसके असर को सिर्फ़ समय के आधार पर नहीं समझा जा सकता है। समाज तो मात्र वह हथियार या यन्त्र है जिससे उम्र भर के लिए दिमाग़ को कस दिया जाता है। मेरी एक बंगाली मित्र की शादी के दूसरे ही दिन न जाने किस कारण से हाथ में धारण किया जाने वाला सुहाग चिह्न साखा टूट गया। आज शादी के कई वर्षों बाद भी उस घटना से उपजा डर उसके मन से नहीं निकला है। वह उसके लिए मात्र दुर्घटना नहीं रह गया, बल्कि आशंकाओं का पिटारा बन गया जिसमें एक के बाद एक चीज़ें जुड़ती ही चली गयीं। अब सवाल यह उठता है कि चूड़ी साखा या ऐसी अन्य चीजों की स्त्री जीवन में उपस्थिति सुहाग चिन्ह के रूप में नहीं होती तो क्या दिमाग़ पर ऐसा ही असर पड़ता? मेरे ख़याल से नहीं। प्रतीकों की उपस्थिति ऐतिहासिक रूप से काम करती है चाहे वह वस्तुगत प्रतीक हो या भाषायी प्रतीक हो। धर्म ने कई ऐसे तरह के प्रतीक स्त्री जीवन को कसने के लिए सदियों से तैयार किये हैं जिन्होंने उसके जीवन को एक छोटे से दायरे में बाँध रखा है। यह धर्म की सफलता है कि पुरुष वर्चस्व को बनाये रखने के लिए प्रतीकों के माध्यम से स्त्रियों की मानसिक गुलामी को सदियों तक बरकरार रखने में कामयाब हो सका है। स्त्रियों के लिए यह बेहद ज़रूरी है कि वह इन प्रतीकों की जड़ता को पहचाने और इनसे मुक्त होने का प्रयास करें।

स्वत्व की याचना क्यों?

•

नीरजा माधव

आज भारतीय स्त्री के भीतर एक असन्तोष है। इस असन्तोष के पीछे कई सामाजिक और राजनीतिक कारण हैं। ध्यान देने की बात है कि असन्तोष स्त्री के भीतर स्वतन्त्रता आन्दोलन में भाग लेते समय भी नहीं था। पुरुषों के साथ कन्धे से कन्धा मिलाकर उसने स्वाधीनता आन्दोलन में अपना सहयोग दिया। जेल की यातनाएँ सही और देश आज़ाद हुआ। आज़ादी के बाद नारी मुक्ति के पश्चिमी खोखले नारों ने स्त्री को भ्रम में डाला। उसके सीधे–सादे भारतीय संस्कारों में रचे पगे मस्तिष्क में यह बात खुलकर आ ही नहीं सकी कि यह जो स्त्री–स्वातन्त्र्य का नारा दिया जा रहा है, वह पश्चिमी समाजों के एकाकी जीवन से ऊबे लोगों का एक खेल है, जिसमें पुरुष से मुक्त जीवन के अनेक रंगीन सपने हैं। उसकी अपनी धरा है, अपना आकाश है, उन्मुक्त परिन्दों–सी उड़ान है, किसी भी डाल पर बसेरा है, और चिरौटों के पंखों में जान आ जाने तक ही माँ की ज़िम्मेदारी है। फिर वह अपने दाना–पानी के जुगाड़ में अलग और माँ चिड़िया अपनी उड़ान में मस्त। कुछ भारतीय नारियों की आँखों को लुभाने लगे ये सपने। उन्होंने भी इन नारों से लिखी तख्तियों को दोनों हाथों में थाम सिर के ऊपर तान लिया। नारे बुलन्द होने लगे। हमें पुरुषों की गुलामी से मुक्त करो। हम देवी नहीं, मानवी हैं। मानवी ही बनी रहने दो। हमारे अधिकार हमें दो। क्यों हम सृष्टि करें, क्यों हम तुम्हारी सम्पत्ति बनें। हमें हमारा स्वतन्त्र अस्तित्व चाहिए। हम क्यों तुम्हारी घरनी बनें? तुम जलो चूल्हे–चौके में, आदि–आदि। तमाम तरह के छोटे–बड़े, गम्भीर–अगम्भीर नारीवादी नारों से भारत का भी आसमान गूँजने लगा।

इन तथाकथित झण्डाबरदार शिक्षित नारियों को देख–सुन कर दूसरी स्त्रियाँ भी विचार करने के लिए विवश होने लगीं। अपने आस–पास और घर के भीतर की दुनिया पर दृष्टि फिरायी तो पाया कि कहीं कुछ सत्य तो अवश्य है। नारों का प्रभाव उन पर भी पड़ा।

एक असन्तोष उधर से पनपा तो एक असन्तोष राजनैतिक और सामाजिक विसंगतियों को देखकर उपजा। नारी ने देखा कि आज़ादी के बाद राजनीतिक और वैधानिक दृष्टि से उसे बहुत से अधिकार तो दिये गये पर उसके अनुरूप समाज में अपेक्षित परिवर्तन नहीं हुआ। कानून में स्त्री की उच्च शिक्षा का विधान है परन्तु समाज में उसकी राह में बहुत से रोड़े हैं। कानून में दहेज लेना अपराध है और समाज में विवाह की वह अनिवार्य आवश्यकता है। कानून में स्त्री–पुरुष में कोई भेद नहीं है और समाज में कन्या जन्म को अभिशाप माना जाता है। संविधान में नारी–उत्पीड़न पर त्वरित और कड़ी कार्रवाई का विधान है, पर समाज में किसी पुरुष द्वारा उत्पीड़ित नारी को न्याय के लिए दर–दर भटकना पड़ता है, कचहरी के चक्कर लगाने पड़ते हैं और मुकदमों में तारीख़ पड़ती जाती हैं। ऐसी न जाने कितनी विसंगतियाँ आज की भारतीय स्त्री देख रही है और असन्तोष से भरी कन्फ्यूज़्ड हो रही है। ऐसी दोहरी नीति क्यों है? वह सोचती है। कन्फ्यूज़ करने वाले उसे और कन्फ्यूज़ कर रहे हैं। पुरुषों की बनायी व्यवस्था से बाहर निकलो। यह तुम्हारा बन्धन है। उस बन्धन से तुम्हें मुक्त होना है। खुली हवा में साँस लेना है। परम्पराओं के जाल से बाहर निकलो।

स्त्री 'मुक्त' आकाश में उड़ान भरने के लिए अपनी संगिनियों संग शक्ति लगाकर पूरा जाल लेकर ही आकाश की ओर उड जाना चाहती है। तभी उसे अपना घोंसला दिखाई देता है। घोंसले में बैठे भूख–प्यास से अपना मुँह खोले माँ की ओर देखते चिरौंटे याद आते हैं। वह जाल सहित पुनः धरती पर आ जाना चाहती है। धरती पर रहकर वह जाल से मुक्त होना चाहती है। ज़मीनी सच्चाई को समझते हुए वह उड़ान भरना चाहती है। घोंसला उसकी अपनी ज़मीन है, जहाँ जब चाहे वह आ सकती है, निकलकर दाना पानी की खोज में जा सकती है। जाल तो उसे पकड़ने के लिए बिछाया गया है। स्वतन्त्रता के कुछ दाने छींटकर उस पर जाल फेंका जा रहा है। स्त्री को तय करना है कि उसे घरौंदा चाहिए या जाल। अपने भ्रम के जाल को तोड़कर उसे विश्लेषण करना होगा।

समाज वास्तव में मानव सम्बन्धों की एक साझा परिणति है। इसे स्त्री या पुरुष, अलग–अलग करके नहीं समझा जा सकता। समाज में सम्बन्ध स्वस्थ होंगे तभी समाज स्वस्थ रहेगा। स्वस्थ समाज से ही स्वस्थ राष्ट्र का निर्माण सम्भव है। आख़िर वे कौन से कारण थे जिन्होंने आदिम, छुट्टा पशुवत जीवन जी रहे मानवों को एक समूह में रहने के लिए प्रेरित किया, उनके समाज बने, उन समाजों के कुछ नियम बने और स्वेच्छा से मनुष्यों ने अपने जीवन के सहज संचालन के लिए उन नियमों का पालन करना स्वीकार किया।

सभ्यता का गन्तव्य हमेशा एक ही दिशा में विकासशील रहे, ऐसा सम्भव नहीं। भूलों, भ्रमों और गलतियों का पुलिन्दा मानव ज़रा–सा पथच्युत हुआ नहीं कि उसके मार्ग में अनेक विकृतियाँ भी आ जाती हैं। सभ्यता के अनगिनत सोपान तय करने वाले मानव जीवन में भी अनेक विकृतियों ने डेरा जमाया। पहले जो स्त्री उसकी पूरक और सहयोगिनी लगती थी, घर नामक संस्था की केन्द्रीय धुरी लगती थी, पुरुष की विकृत सोच के कारण धीरे–धीरे रक्षिता, पराधीन और भोग्या लगने लगी। शारीरिक बल में पुरुष से कम और पुरुष पर आर्थिक निर्भरता ने उसे अपनी बदतर स्थिति को यथावत् स्वीकार करना सिखाया। वह घर की चारदीवारी में स्वयं को समेटने लगी। यह गृह की लक्ष्मी के क्षरण की स्थिति थी। समाज सुधारकों का ध्यान उधर गया। शिक्षा और साहित्य ने क्रान्ति की ज्वाला जगायी। गुलामी की बेड़ियों को काटने के बाद नारियों के मुक्ति के स्वर भी उठे। यह सब इतना जल्दबाज़ी में होना शुरू हुआ कि स्थिति को तुरन्त उलट डालने की हड़बड़ी में स्त्री ने मुक्ति के नाम पर स्वयं को घर से बाहर कर लेने की ठानी। घर की केन्द्रीय सत्ता स्वयं को ही सत्ताविहीन बनाने का उपक्रम करने लगी। पुरुष सत्ता से विलगाव ही नारी–स्वातन्त्र्य का पर्याय बनने लगा। ऐसा करने से रोकने वाली स्त्रियाँ पिछड़ी, पुरातनपन्थी आदि विशेषणों से सुशोभित की जाने लगीं। "नारी मुक्त हो रही है", का नारा बुलन्द करने वाली स्त्रियों ने स्वतन्त्रता का बिगुल फूँक दिया। इको–फेमिनिज़्म का नया नारा गढ़ा जाने लगा।

आर्थिक रूप से स्वतन्त्र होती नारी ने आधुनिकता और नारों के बीच अपने घर और समाज के स्थायी सम्बन्धों को उपेक्षित करना शुरू किया। कर्मक्षेत्र की लक्ष्मण रेखा मिटी। वह आर्थिक रूप से आत्मनिर्भर हुई। पुरुष को बाधक समझ कुछ ने एकाकी जीवन स्वीकार किया, जहाँ वह

अपने निर्णय स्वयं ले सके। यह सब कुछ हुआ और देखते–देखते कम समय में ही घटित हुआ। संयुक्त परिवार टूटे। एकाकी परिवार भी टूटने की कगार पर आ खड़े हुए। विवाह सात जन्मों के बन्धन से कुछ वर्षों या महीनों में सिमटने लगा। बिछुड़न और तलाक की कहानियाँ साहित्य का प्रिय विषय बनने लगीं। पुरुष ही परेशान नहीं हुआ, स्त्री भी धीरे–धीरे पारिवारिक सहानुभूति से वंचित अकेली होती गयी। यहाँ ध्यान देने की बात है कि पुरुष का अकेलापन स्त्री के अकेलेपन से नितान्त भिन्न है। पुरुष अकेले जीवनयापन कर सकता है। उसे उतनी कठिनाई नहीं होती क्योंकि समाज के अनेक सम्बन्धों का वह केन्द्र–बिन्दु नहीं होता, परन्तु स्त्री अनेक सम्बन्धों, जैसे माँ, पुत्री, पत्नी, बहन, भाभी, चाची, ताई आदि की केन्द्र–बिन्दु होने के कारण इनसे पृथक होते ही वह आत्मिक रूप से अकेली हो जाती है। उसका मनोबल दुर्बल पड़ जाता है। उसका अकेलापन पुरुष की तुलना में और घना हो, निर्वासन के दण्ड जैसा बन जाता है; यह स्थिति केवल भारतीय नारी के साथ ही नहीं दिखाई पड़ती बल्कि पश्चिमी देशों की नारियों में भी दिखलाई पड़ती है। वे शिक्षित हैं, आत्मनिर्भर हैं, विस्तृत कर्मक्षेत्र है, उनका परन्तु वहाँ परिवार की इकाई के टूट जाने के कारण पुरुषों से अधिक स्त्रियाँ टूटन की रिक्तता महसूस करती हैं। स्वतन्त्रता सम्भवतः उनके लिए प्रसाधन मात्र है जिसके पीछे वे अपनी क्लान्ति और थकान को छिपाती हैं।

यह क्लान्ति और थकान तथाकथित रूप से स्वतन्त्र, परिवार की इकाई से मुक्त अनेक भारतीय स्त्रियों के चेहरे पर भी साफ़ पढ़ी जा सकती है। वे स्वतन्त्रता को कॉस्मेटिक की तरह बेनूर त्वचा को उजली रंगत देने के लिए प्रयोग करती हैं। एक उदाहरण पर्याप्त होगा–मेरी एक महिला मित्र है। समानपदी, समवरिया। विवाह न करने की ठान ली। माता–पिता भाइयों के साथ रहते हुए जीवन सुगमता से कट रहा था। कुछ वर्षों बाद माता–पिता न रहे। भाई अपने–अपने परिवारों को लेकर दूसरे शहर चलते बने। घर में छूट गयी अकेली मेरी मित्र। एक दिन मज़ाक–मज़ाक में कहा–रिटायरमेन्ट के बाद तुम्हारे बच्चों के पास आकर रहूँगी। मज़ाक के पीछे की दयनीयता और क्लान्ति मैं समझ रही थी। सिहर उठी थी निर्वासन की उस त्रासदी की कल्पना कर। यह नारी मुक्ति की ओर से भटकाने का प्रयास नहीं है मेरा, बल्कि मुक्ति के नाम पर छलावे से बचा लेने का प्रयत्न है। सामाजिक रहते हुए स्त्री के सम्मुख आने वाली

चुनौतियों को समाप्त करने का आह्वान है। जितने भी प्रकार के स्त्री के भीतर के असन्तोष हैं, उन सबको अपने आत्मबल और भीतरी शक्ति से जीत लेने को वास्तविक स्त्री–मुक्ति का नाम देने का एक लघु प्रयास है।

अनेक सम्बन्धों की केन्द्रीय शक्ति होने के कारण स्त्री एक सम्पूर्ण संस्था होती है। उसके बिना समाज का अस्तित्व नहीं। विश्व के तमाम समाजशास्त्रियों ने अलग–अलग समाजों का अध्ययन करने के उपरान्त यह निष्कर्ष निकाला कि भारतीय समाज की वास्तविक शक्ति वहाँ की सामाजिक संरचना है जिसमें परिवार नाम की इकाई उसकी केन्द्रीय धुरी है और उस इकाई की बीजरूप शक्ति स्त्री है। स्त्री उस सामाजिक व्यवस्था का ऊर्जा तत्व है। अनेक झंझावतों को झेलकर भी भारतीय स्त्री अपने परिवार की इकाई की जीवन जीने की सामर्थ्य को बचाए रखती है। आर्थिक रूप से भले ही आघात–प्रत्याघात लगें परन्तु भावनात्मक रूप से वह उसे टूटकर बिखरने नहीं देती। हज़ारों हज़ार वर्षों से उसकी कुटुम्ब व्यवस्था अक्षुण्ण रही है और यही व्यवस्था भारतीय समाज की वास्तविक सामर्थ्य है।

यहाँ यह भी स्पष्ट करते चलना होगा कि नारी मुक्ति का आयातित नारा देने वाले जो लोग यह कहते हैं कि भारत में स्त्री को स्वयं निर्णय लेने का अधिकार नहीं है, तो उन्हें यह समझना होगा कि प्राचीन काल में भी विवाह करने, स्वयंवरा होने अथवा अविवाहित रहकर ब्रह्मवादिनी स्त्री होने का गौरव स्वीकार करने अथवा न करने का निर्णय सदा स्त्री ही अपने बारे में करती थी। आज भी शिक्षित, कम शिक्षित अथवा अशिक्षित परिवारों में भी स्त्री ही निर्णय लेती है कि भोजन में क्या बनेगा, कन्या की शादी कब करनी है, वर कैसा होगा, बहू कैसी होगी, घर में त्योहार कैसे मनाया जायेगा, किसे कौन–सा उपहार देना है। स्त्री ही पुरुष को आदेश देती है कि अमुक सामान बाज़ार से ले आओ, अथवा इतनी देर तक कहाँ थे? इतना ख़र्च क्यों कर दिया? आदि–आदि छोटे–बड़े प्रसंगों में स्त्री का हस्तक्षेप और शासन चलता है। स्त्री बाहर नौकरी करती हो अथवा न करती हो, परन्तु अधिकतर पति का वेतन घर की व्यवस्था हेतु उसी के हाथ में होता है। अपवादस्वरूप ही कुछ पति अपना वेतन केवल अपना समझ अपने पास रखते होंगे, पर वहाँ परिवार के अन्य सदस्यों में एक अविश्वास और असन्तोष की लकीर अवश्य खिंच जाती है जो उस परिवार के टूटने अथवा बिखराव का कारण भी बनती है। तो

भारतीय समाज की शक्ति जो कुटुम्ब व्यवस्था है, में स्त्री का ही निर्णय सर्वमान्य होता है।

अपनी इसी विशेषता के कारण कुटुम्ब व्यवस्था भारतीय समाज की अनमोल विरासत है। स्त्री उस विरासत की सदियों से संरक्षिका रही है। मायके में जैसे भी पालन–पोषण हुआ हो, परन्तु जिस प्यार से वह ससुराल के परिवार को भी अपना बना लेती है, वह स्त्री की अपनी नैसर्गिक शक्ति है। अब उस नैसर्गिक शक्ति को खोखली मुक्ति (पुरुष से मुक्ति) के नाम पर छिन्न–भिन्न करने का प्रण लेने वाली स्त्री एक बार तो आगे–पीछे सोचने में कन्फ्यूज़्ड होगी ही। जिस शक्ति से स्त्री ने हज़ारों वर्षों से भारतीय समाज को जीवन्त बना रखा है उस शक्ति को दूसरी दिशा में मोड़ने में उलझनें तो आयेंगी ही।

अमेरिका जैसे देशों ने स्त्री–मुक्ति के नाम पर अनेक प्रयोग किये। टूटे हुए मनोबल, उल्लासहीन शक्ति और एकाकीपन की दयनीयता के अलावा वहाँ के समाज और वहाँ की स्त्री के हाथ कुछ न लगा। आज अमेरिका जैसे देशों में कुटुम्ब जैसी व्यवस्था को पुनर्जीवित करने का प्रयास चल रहा है। सिंगल पैरेन्ट सोसायटी में कहीं पुरुष अकेला है, तो कहीं स्त्री। बच्चों का लालन–पालन एक समस्या है। भावनात्मक रूप से उपेक्षित और असुरक्षित बच्चों में मनोवैज्ञानिक विकृतियाँ उत्पन्न हो रही हैं। वे उन्मादी हो रहे हैं। उन्मादी नागरिक किसी भी राष्ट्र के लिए हितकर नहीं होते। अमेरिका में बिना किसी कारण स्कूलों या अन्य सार्वजनिक स्थलों पर अन्धाधुन्ध फायरिंग की घटनाएँ हाल के वर्षों में बढ़ी हैं। आत्मघाती प्रवृत्तियों से लोग परेशान हैं। अमेरिकी राष्ट्रपति बराक ओबामा तो एक मीटिंग में इस दुःखद परिस्थिति की चर्चा करते हुए रो पड़े। टूटन और एकाकीपन के इस दमघोंटू वातावरण से अपने नागरिकों को उबारने के लिए वहाँ परिवार नाम की के विकास को प्रोत्साहित किया जा रहा है। हमारा सौभाग्य है कि यह व्यवस्था हमें विरासत में मिली है। हम नारी मुक्ति के नाम पर क्यों उसे ध्वस्त करने की सोचें?

संयुक्त परिवारों से अलग होकर एकल परिवारों की त्रासदी हम इस समय भुगत रहे हैं। बच्चे नौकरानी या क्रेच में पल रहे हैं। कौन–से संस्कार मिल रहे हैं उन्हें, इसे हम अच्छी प्रकार समझ सकते हैं। संयुक्त परिवारों में जो अच्छे संस्कार दादी–बाबा की कहानियों, बुआ, चाची, दीदी, भइया के साथ खेल–खेल में उन्हें प्राप्त होते थे, भावनात्मक रूप से वे

सबल रहते थे, उसका नितान्त अभाव आज के एकल परिवारों के बच्चों में हम देखते हैं। समय से पूर्व ही उनमें प्रौढ़ता के ज्ञान ठूँस–ठूँस कर भरने का प्रयास किया जा रहा है। उनका बचपन खो रहा है। अमिया भी नहीं, पके रसदार आम भी नहीं, बल्कि आधुनिकता की लू में पियराये समय से पूर्व पक जाने का आभास देते लुहाये आम बनकर रह गये हैं ऐसे एकल परिवारों के बच्चे। रही–सही कसर टी.वी. चैनलों के अश्लील प्रदर्शनों और अंग्रेज़ी स्कूलों की शिक्षा ने पूरी कर दी है। उस पर से स्त्री मुक्ति के इस भ्रामक नारे ने समाज को तोड़ने की दिशा में एक धक्का और दे दिया है।

आज स्त्री ही भारतीय समाज को टूटने से बचा सकती है। पुरुष उसका सहयोगी हो सकता है, पर पूरी ज़िम्मेदारी उसे नहीं सौंपी जा सकती। नेतृत्व तो स्त्री को ही करना है। अपने असन्तोष के कारणों की गहराई से पड़ताल कर उन्हें सकारात्मक तरीक़ों से दूर करना होगा। आर्थिक रूप से आज की स्त्री स्वतन्त्र है। उसके पास रोज़गार की अनन्त सम्भावनाएँ हैं। अपने आर्थिक स्वावलम्बन को स्त्री, समाज की शक्ति को बचा लेने के लिए हथियार की तरह उपयोग कर सकती है। राजनीतिक दृष्टि से भी भारत की नारी अधिक अधिकार सम्पन्न है। इंग्लैण्ड जैसे प्रबुद्ध देश में नारी 1918 में मताधिकार प्राप्त कर सकी। फ्रांस की नारी को 1920 में जबकि अमेरिका में महिलाओं को मताधिकार सन् 1944 में मिला। जबकि प्राचीन भारत में तो स्त्रियों को पुरुषों के समान सभी अधिकार प्राप्त ही थे। भारत की वर्तमान आज़ादी (सन् 1947) के पूर्व भी एनी बेसेन्ट और सरोजनी नायडू जैसी स्त्रियाँ 1916 और 1925 में कांग्रेस के अध्यक्ष पद पर प्रतिष्ठित हुईं। तो आवश्यकता, स्त्री को अपने संविधान प्रदत्त अधिकारों को जानने और आवश्यकता पड़ने पर न्याय हेतु उन अधिकारों का उपयोग करने की। भारतीय स्त्री में जो पूर्व संचित संस्कार है और जो एक सहज विवेक है, उसे जाग्रत रखने पर न कोई कर्मक्षेत्र उसके लिए दुरूह है और न कोई दायित्व दुर्वह। अतीत का पाथेय उसकी जीवन–यात्रा को भी सुगम करेगा और नवीन शक्ति का संचार भी करेगा। स्वतन्त्र देश की नारी को अपने स्वत्व के लिए समाज से याचना की ज़रूरत नहीं, यह तो उसका सदियों से अधिकार था।

स्त्री मुक्ति : कुछ विचार

•

नीलेश रघुवंशी

स्त्री अस्मिता और वर्ग चेतना में से मैं दोनों को आवश्यक मानती हूँ। लेकिन जब चुनने की बात होगी तो मैं वर्ग चेतना को ज़रूरी मानूँगी। क्योंकि स्त्री अस्मिता के माने स्वाभिमान, विकास, अधिकार और इन सबके प्रति स्त्री का जागरूक होना ताकि वह अपनी लड़ाई ख़ुद लड़े। तो ये जो जागरूकता है, जो चेतना है अब अगर हम उसे स्त्री चेतना और पुरुष चेतना का नाम देंगे तो चीज़ें बजाय सुलझने के और उलझती जायेंगी। स्त्री अस्मिता को जब हम वर्ग चेतना के साथ देखते हैं तो कई वर्गों की स्त्री अपने सामाजिक और आर्थिक परिवेश के संग हमारे सामने उपस्थित होती है। अमीर वर्ग की स्त्री और ग़रीब वर्ग की स्त्री की समस्याएँ अलग–अलग हैं–दोनों में अन्तर हैं। बहुत गहरे अन्तर हैं। आर्थिक रूप से भी और सामाजिक रूप से भी। उच्च वर्ग की साधन सम्पन्न स्त्री और ग़रीब सर्वहारा वर्ग की स्त्री दोनों की अस्मिता की परिभाषा भी अलग है।

हमारी सारी स्त्री अस्मिता, स्त्री मुक्ति की अवधारणा और स्त्री–पुरुष को एक बेहतर इनसान में बदलकर उससे एक बेहतर समाज का निर्माण सर्वहारा वर्ग की स्त्री ही करेगी। ज़्यादातर हमारा जो स्त्री को लेकर विमर्श है वह वर्ग चेतना से हटकर जब स्त्री अस्मिता की बात करता है तो दुर्भाग्य से वह समृद्ध संसार की औरतों की बात करता है जो कि अधूरा होता है! भारतीय समाज के एक छोटे से हिस्से की बात करता है वह!

भूमण्डलीकरण स्त्री शोषण का एक नया चेहरा या कहें कि एक बड़ा रूप लेकर आया है। पूरे समाज, पूरे देश या कहें कि समूचे विश्व में स्त्री का इस्तेमाल करता हुआ। उसने आधुनिकीकरण की परिभाषा तो दी,

लेकिन उसके पीछे का जो रहस्य है वह हमें देखना होगा। भूमण्डलीकरण के इस दौर में, बाज़ार के समूचे परिदृश्य में हमें एक बन्धुआ स्त्री नज़र आती है, लेकिन चमकती हुई। आधुनिक पूँजीवादी व्यवस्था बहुत सुन्दर तरीक़े से स्त्री को सीमित कर रही है।

यह त्रासदी ही है कि जिस यूरोप से स्त्री मुक्ति का स्वर उठा! वही यूरोप और अमेरिका आज स्त्री मुक्ति का सबसे बड़ा दुश्मन है। उसका पाँव पसारता बाज़ार, सौन्दर्य प्रतियोगिताएँ, विश्व सुन्दरी का ताज–जिसमें तीसरी दुनिया की स्त्रियों का दम घुट रहा है। इसमें हर वर्ग की स्त्री का शोषण है। ये पितृ सत्तात्मक समाज का नया रूप है। पहले स्त्री का शोषण घर के भीतर होता था और अब पूरे समाज और पूरे देश में हो रहा है। भूमण्डलीकरण ने स्त्री संघर्ष को कमज़ोर किया है। यह सिर्फ़ और सिर्फ़ उसकी देह का इस्तेमाल करता है, बुद्धि का नहीं। इसीलिए दैहिक शोषण को सेक्स वर्कर का जामा पहनाया है बड़ी ख़ूबसूरती से। रोज़गार के नाम पर एक सेक्स इण्डस्ट्री को खड़ा किया है। ये स्त्री शोषण मानसिक, दैहिक और सामाजिक है।

स्त्री विमर्श के केन्द्र में मूलतः समृद्ध संसार की स्त्रियाँ हैं। निम्न वर्ग की ग़रीब स्त्रियों मुख्य धारा तो दूर हाशिए पर भी नहीं है। हम उन समृद्ध औरतों की बातें करते हैं, जिनके दमन को ग़रीब औरतें आज़ादी या कहें मुक्ति के रूप में देखती हैं। आज हर एक को दूसरे का जीवन उजला और उल्लासमय लगता है लेकिन परदे के पीछे की कहानी कुछ और ही है।

स्त्री मुक्ति का अर्थ क्या स्त्री का पुरुष से अलगाव है? जब–जब हम अलगाव को स्त्री मुक्ति से जोड़ेंगे तब–तब सीधे सच्चे लोग इससे कन्नी काटेंगे, बिदकेंगे, मुँह बिसूरेंगे। हमारे सुदूर गाँव–कस्बे में बैठी स्त्री के अनुभव संसार से कतई मेल नहीं खाती हमारी मुक्ति की अवधारणाएँ।

यही समय है जब हमें बहस को थोड़ा–सा मोड़ना चाहिए... तो स्त्री अस्मिता और स्त्रीवादी चिन्तन में अन्तर है। आज के मौजूदा दौर के विमर्श के सन्दर्भ में। क्योंकि अस्मिता की तलाश सिर्फ़ स्त्री को ही नहीं है, बल्कि ग़रीब साधनहीन फुटपाथ पर भूखे पेट रात गुज़ार रहे या दिन–रात की हाड़तोड़ मेहनत कर रहे लोगों को भी अपने जीवन की अस्मिता की तलाश है।

सिमोन द बोउवार के इस कथन से कि "मातृत्व स्त्री मुक्ति में बाधक है" मैं बहुत दूर तक सहमत नहीं हूँ लेकिन इसे नकारती भी नहीं हूँ। ये

सच है कि मातृत्व स्त्री को दोहरी ज़िम्मेदारी देता है। यानी कुछ समय तक गौर करें कि कुछ समय तक स्त्री उसे प्राथमिकता देती है। यह प्रसव पूर्व और प्रसव बाद के कुछ महीनों का समय होता है। बच्चे के जन्म के बाद तो पुरुष भी उस ज़िम्मेदारी को निभाता है।

स्त्री के लिए मातृत्व जीवन का एक अंग कहें या एक हिस्सा और अनुभव होना चाहिए। मातृत्व सम्पूर्ण जीवन नहीं है। वह जीवन का सुन्दर और संघर्ष भरा हिस्सा है, जिससे स्त्री को मुक्त होना चाहिए। आख़िरकार यह प्रश्न स्त्री के विकास या कहें कि मुक्ति को लेकर क्यों उठाया गया, पुरुष को लेकर क्यों नहीं? स्त्री को इससे संघर्ष करना चाहिए और अपनी स्थिति मज़बूत करनी चाहिए। व्यावहारिक तौर पर देखें तो ऐसा हो भी रहा है। जितनी भी कामकाजी मध्यवर्गीय स्त्रियाँ हैं। क्या वह माँ बनने के बाद नौकरी छोड़ देती हैं या उनके घर के पुरुष उनकी नौकरी छुड़वा देते हैं। ऐसा नहीं होता है! उसी तरह आज विज्ञापन और सिनेमा से जुड़ी स्त्रियाँ भी माँ बनने के बावजूद बख़ूबी अपना कामकाज निभाती हैं!

वर्ग चेतना विचारधारा को काम से, सरोकारों से संवेदनशीलता से प्रभावित करती है। ग़रीब मजदूर या सर्वहारा, किसान के हित की बात जब हम करते हैं तो ज़रूरी नहीं कि हम सर्वहारा हों। लेकिन विचाराधारा हमें मज़बूती प्रदान करती है। हम अपने जीवन में, आस–पास जो असमानता–अन्याय देखते हैं। उसका विरोध करने, जहाँ हम हैं वहीं से संघर्ष करने की प्रेरणा या कहें बल हमें विचारधारा प्रदान करती है। जीवन अनुभव और वैचारिक अध्ययन हममें एक धार पैदा करते हैं। इन दोनों को होना ज़रूरी है। किसी एक के न होने से जीवन में और विचार में जंग लगती है। मतलब यह है कि वर्ग चेतना और विचारधारा सौन्दर्य का संघर्ष नहीं, बल्कि संघर्ष के सौन्दर्य का निर्माण करते हैं!

स्त्री भाषा को लेकर उठ रहे विवाद मेरे ख़याल से तो स्त्री मुक्ति में बिल्कुल भी सहायक नहीं है।

स्त्री रचनाकार के रूप में पुरुष रचनाकार से पहली उम्मीद तो यही करती हूँ कि वे स्त्री को उसके समूचे रूप में देखें सिर्फ़ माँ, बहन, प्रेयसी, पत्नी और एक दैहिक आर्कषण के अलावा उसके संघर्ष, उसकी इच्छाओं और उसके सपनों को समझने और उन्हें रेखांकित करने की कोशिश होनी चाहिए। साहित्य में और जीवन में भी हमें साझा जीवन का विकल्प चुनना

चाहिए। स्त्री अपना श्रेष्ठ पुरुष को दे और पुरुष अपना श्रेष्ठ स्त्री को दे। इससे ज़्यादा सुन्दर और बेहतर कुछ और नहीं हो सकता।

समकालीन काव्य परिदृश्य में स्त्री रचनाकार और पुरुष रचनाकार की भागीदारी लगभग बराबर है। पहले जैसी स्थिति अब नहीं है। जब इक्का–दुक्का रचनाकार परिदृश्य में हों। आज गद्य में और कविता में भी भागीदारी बराबरी से है। पहले की अपेक्षा ज़्यादा प्रमाणिक रूप से सिर्फ़ स्त्री के ही नहीं, बल्कि समाज के सारे प्रश्न अधिक सशक्त रूप से उठ रहे हैं। इसका मतलब यह नहीं कि स्त्री प्रश्न सिर्फ़ स्त्री उठा सकती है, पुरुष नहीं। बात संवेदनशीलता की होती है। जिस तरह पुरुष रचनाकार स्त्री प्रश्न को उठा सकते हैं, उसी तरह स्त्री रचनाकार भी समाज से जुड़े सरोकारों और उसके विविध पक्षों को उठा सकती है। ऐसा नहीं है कि स्त्री रचनाकार है तो सिर्फ़ वह स्त्री के बारे में ही लिखेगी या उसी को समझेगी। मौजूदा काव्य परिदृश्य इस बात को प्रमाणित भी करता है।

अन्त में... मैं स्त्री मुक्ति के बारे में एक बात कहूँगी कि... ''स्त्रियाँ सृष्टि के आदिकाल से ही दरिद्र रही हैं। इसलिए हमें सबसे पहले आर्थिक स्वतन्त्रता प्राप्त करनी होगी। वर्जीनिया वुल्फ के शब्दों में कहें तो 'बौद्धिक स्वतन्त्रता भौतिक चीज़ों पर निर्भर करती है।' दुर्भाग्य से हमारी पाठशालाओं का पहला पाठ ही स्त्री विरोधी है। जिसमें राधा खाना बनाती है और राम स्कूल जाता है। जिस दिन राधा और राम दोनों स्कूल जायेंगे और आर्थिक रूप से स्वतन्त्र होकर अपना भविष्य गढेंगे... फिर जब कोई बेटी पराई न होगी... उसी दिन स्त्री मुक्ति का द्वार खुल जायेगा, जिसे लाख आँधियाँ भी हिला न सकेंगी।''

आज की कविता में घर जैसा बिम्ब अपने अर्थ खोता जा रहा है। ऐसा है भी और नहीं भी। विगत की कविता और आज की कविता दोनों को देखने पर ये बात पूरी सही नहीं है। हर रचनाकार का समय और समाज को देखने का अपना नज़रिया होता है।

मध्यकालीन स्त्रियाँ : वो हँसी बहुत कुछ कहती थी

•

अनामिका

चूँकि मध्यकाल को हम ईश्वर–केन्द्रित समाज मानते हैं, स्त्रियों के व्यंग्य–विनोद से उसका कोई सहज ताल–मेल बैठता नहीं दीखता–पश्चिम में तो बिल्कुल भी नहीं, क्योंकि बाइबिल के अनुसार, हव्वा को पछतावे के आँसू रोने से फुर्सत नहीं होनी चाहिए और मदर मेरी को भी करुणास्नात मुस्कान से अधिक की इजाजत नहीं! हमारे यहाँ पौराणिक काल की कुछ देवियाँ–दुर्गा, काली और सप्तमात्रिकाएँ अट्टहास करती हैं और कुछ मध्यकालीन पाठ उसकी विभीषिका दर्ज भी करते हैं, पर वह बुद्धि–वैभव से जन्मा हास्यबोध न होकर, एक ऐसी घनघोर हँसी है जो रणक्षेत्रकीलित होने के कारण पुरुषोचित अधिक जान पड़ती है। इसलिए हम उसकी चर्चा न करते हुए उन पाठों पर आयेंगे जहाँ पचास विभीषिकाओं से जूझती हुई कुछ बुद्धिमान स्त्रियाँ बेधड़क हँसी हँसती हैं–अपनी उत्कट जिजीविषा का प्रमाण देती हुई जिसका सम्बन्ध उत्तर–आधुनिक समय में फ्रांसीसी भाषा वैज्ञानिकों ने 'जोसुआ', 'push and joy of language'[1] आदि से जोड़ा।

मध्यकालीन स्त्री–सन्तों की दास्तान थोड़ी अलग है, विशेषकर यूरोप में, जिसके मध्यकाल का विस्तार हमारे मध्यकाल से थोड़ा ज़्यादा है। ग्रीस और रोम के प्राचीन वैभव और पुनर्जागरणकालीन चतुर्दिक अभ्युदय के बीच काले नद की तरह बहता यूरोपीय मध्यकाल कई नये परिवर्तनों का वाहक भी था। महासनी एलिज़ाबेथ का समय पुनर्जागरणकाल कहलाता है किन्तु उसके पहले की अवस्था भी घोर सुषुप्तावस्था न थी। बहुत सारी नयी संस्थाएँ जग–बन रही थीं जो किसी–न–किसी रूप में अब तक हमारे

बीच जीवित हैं–विश्वविद्यालय, कानून–सहिताएँ, रूमानी प्रेम, आधुनिक यूरोपीय भाषाएँ, राजनीतिक सीमाएँ, राष्ट्र–राज्य, राष्ट्रपिता, व्यापारी, शहर, बैंक, चेक, गोली–बारूद, कम्पास, बुक–कीपिंग और चश्मे–सब मध्ययुग की ही देन है।

चौथी शताब्दी से चौदहवीं–पन्द्रहवीं शताब्दी तक फैला यूरोपीय मध्यकाल पुनर्जागरण के पहले का निद्रालस समाज नहीं था, इसका एक प्रमाण यह भी है कि थियोक्रेटस, सेण्ट जेरॉम, ओविड आदि द्वारा मध्यकाल के पहले रची गयी कृतियों का भी सजग बंकिम उपयोग उपदेशों, आचार–संहिताओं, कहावतों, पाठ्यपुस्तकों, औषधि विज्ञान के ग्रन्थों, सन्तकथाओं और रोमांसों में भी धड़ल्ले से हुआ मध्ययुग में–विशेषकर वहाँ जहाँ स्त्री–प्रसंग आता है, पर 'हर फ़िक्र को धुएँ में उड़ाती' हँसमुख स्त्री चौदहवीं शती तक के अंग्रेज़ी साहित्य में बस एक ही जगह दिखाई देती है–चॉसर क 'वाइफ़ ऑफ़ बाथ' में![2] 42 वर्षीया यह बुद्धिमान और हँसमुख स्त्री एक सफल कपड़ा व्यापारी है, पहली शादी उसकी 12 वर्ष की उम्र में करा दी जाती है–पैंतालीस वर्ष के प्रौढ़ व्यक्ति से। विधवाओं को उन दिनों पति की सम्पत्ति में कोई हिस्सा मिलने का सवाल ही नहीं था, पर साम–दाम–दण्ड–भेद से वह अपने तीन–तीन हिंसक पतियों से सारी सम्पत्ति अपने नाम करा लेती है और फिर सारा संचित धन वार देती है अपने ताज़ातरीन 22 वर्षीय विद्यार्थी–पति पर! जब वह बच्चा पति उस पर रोब–ग़ालिब करने लगता है और मार–कुटाई भी शुरू कर देता है तो बुद्धि–वैभव से दिया हुआ धन वापस लेकर उसको उसकी औकात याद दिला देने से भी नहीं चूकती। स्त्री–सम्बन्धी सारी रूढ़ियाँ तोड़ती हुई यह स्त्री कहीं से सुन्दर भी नहीं, उसके सामने के दो दाँत टूटे हुए हैं, पर कैण्टरबरी सराय की उस गप्प–गोष्ठी में जिस अकुण्ठ भाव से हँसती हुई वह अपनी रामकहानी सुनाती है, वह अपने–आप में चॉसर की महानता की एक ज्वलन्त मिसाल है। चॉसर का युग जिजीविषा और यौन–भावना पम्प–अप करने वाले लैवेटरी टेल्स (अश्लील गाथाओं) का युग था। 100 वर्ष तक फ्रांस से, छूत की बीमारियों से, ब्लैक डेथ से जूझने वाला इंग्लैण्ड बहुत हद तक पुरुषविहीन हो चुका था। 'डीपॉपुलेशन' या जनसंख्या ह्रास से जूझने वाले इस समाज में लिबाइडो जगाने वाले 'लैवेटरी टेल्स' एक तरह से युगधर्म का ही अनुपालन कर रहे थे। ऐसे में चॉसर ने यह हर फ़िक्र को धुएँ में उड़ाती औरत खड़ी की।

मध्यकाल की कुछ प्रमुख भाषाओं हिन्दी, अवधी और ब्रजभाषा की प्रमुख कृतियों के साक्ष्य से कुछ बातें सामने रखने के पहले दो–एक बातें भारतीय मध्यकाल की पृष्ठभूमि में इतिहासकारों के समझाने से जो समझी हूँ, उनका सारांश प्रस्तुत करना चाहूँगी। इस्लाम शासकों को इफ़्तिदार हुसैन सिद्दीकी 'कल्चर इम्प्रिन्टर्स'[3] कहते हैं और यह बात स्वयंसिद्ध है : इस्लामी इमारतों, खान–पान, ओढ़ना–बिछौना, तहज़ीब, अदब–सबके प्रभाव में जन–जीवन और जन–मन कितना समृद्ध हुआ, इसका खनकदार वर्णन 'पद्मावत' में मिलता है। अलबरूनी और अमीर खुसरो जैसे लोगों की विरासत हमारी बौद्धिक और मानसिक जलवायु में ही नहीं, हमारी ज़ुबानों में भी सुहावनी तब्दीली ले आयी।

कविता के बारे में हम सभी जानते हैं कि प्रेम, सौन्दर्य, प्रकृति की बारीकियों के अलावा धार्मिक–सामाजिक–राजनीतिक और आर्थिक बर्ताव की बारीकियों का भी ऐसा चुस्त चित्रांकन वह करती चलती हैं जैसा कोई दस्तावेज़ नहीं कर पाता। काल और स्थान की अवधारणा, बाज़ार, नगर, राज्यारोहण, युद्धारोहण, कसीदे, रंगमहल, सेना–इन सबके महीन परिवर्तन मध्ययुग की कुछ महान रचनाएँ दर्ज करती ही हैं, और उससे भी अधिक कुशलता से इशारे करती हैं स्त्री–पुरुष के सम्बन्धों की राजनीति पर : कैसे, स्त्री के उन्मुक्त हास्य के सन्दर्भ में हम यही समझने की चेष्टा करेंगे।

घुमन्तू टेलीफ़ोनों के इस इण्टरनेटशासित, सतत संवादी युग में विरह एक 'आउटडेटेड' (कालकवलित) अवधारणा तो है ही। टी.वी. स्क्रीन से लेकर चौराहों तक (हज़ार परेशानियों के बीच) मज़बूती से हँस रही नयी स्त्री के मन में एक खास तरह का कौतूहल जगता है। मध्यकालीन नायिकाओं को 'निसिदिन बरसत नैन हमारे' की विरहाकुलता में क़ैद देखकर, वे सोचती हैं कि युद्ध में या रोज़गार की तलाश में दूर देश गये (या जा बसे) पतियों/प्रेमियों की स्त्रियाँ दिन भर बैठकर रोने की फ़ुर्सत कैसे पा सकती थीं भला। ठीक है, अनजान संकटों में घिरे प्रिय की चिन्ता होती होगी, पर बाकी जो इतने सारे काम छूटे रहते होंगे, लगातार रोते–कलपते रहने से, वे काम निबटाने की ऊर्जा कहाँ से आती होगी। बाल–वृन्द के पालन–पोषण से लेकर घर के बुजुर्गों की देखभाल, खेत–पथार, घर–गृहस्थी, अड़ोस–पड़ोस की सामाजिकताओं के चुस्त–संयोजन तक में जो बौद्धिक और आत्मिक ऊर्जा व्यय होती हैं, उसके लिए तो दिमाग़ और भाषा चुस्त सजग होनी ही चाहिए। गोशाला, बाज़ार, रनिवास, हरम, कोप–भवन आदि कठिन जगहों

में भी सौहार्दपूर्ण सह–अस्तित्व के लिए उनकी बुद्धि का सजग, भाषा का पेंचदार और हँसमुख होना ज़रूरी है।

पढ़ाया–लिखाया पुरुषों को गया, तो लेखक भी वही हुए पर मध्ययुग के कुछ महान लेखकों : विद्यापति, जायसी, सूरदास और बिहारी अपने साहित्य में लोकजीवन का जो अन्तरंग वर्णन करते हैं–उसमें कान्तासम्मित उपदेश के बहाने या 'भ्रमरगीत' आदि में उत्कीर्ण बौद्धिक वाद–विवाद के सहारे स्त्रियों के आपसी बहनापे, हँसमुख बौद्धिकता और बचाव वृत्ति (सर्वाइवल तकनीक) के कुछ उदाहरण उनकी प्रमुख कृतियों में मिल ही जाते हैं, जिससे यह सिद्ध होता है कि स्त्रियाँ (दुतिकाएँ हों या नायिकाएँ) बुद्धिमती, प्रज्ञावान, परोपकारी हँसमुख जीव होती है, सिर्फ़ एक सुन्दर शरीर, 'एक लदा हुआ गर्भ' या रोंदू–सा भीरू जन्तु नहीं।

हास्य की भी चार मुख्य जातियाँ–प्रजातियाँ पायी गयी हैं–क्रुद्ध या क्रूर हँसी, जैसे रावण का अट्टहास, फीकी या उदास हँसी, जैसे नागमती की हँसी (अन्यासक्त पति की शर्मिन्दा हँसी के प्रत्युत्तर में) नटखट हँसी जैसे प्रीतिकलह प्रसंग में बिहारी की नायिकाओं की या उद्धव महाराज से बतकुच्चन करते हुए 'भ्रमरगीत' की गोपिकाओं की, और चौथी प्रजाति, जो स्त्रियों के सन्दर्भ में सबसे महत्त्वपूर्ण है, वह ठहरी मनमोहक लूटती हुई एक स्वप्निल हँसी जहाँ नायिकाएँ मन–ही–मन मनचीते पुरुष से अपना दुःख–सुख कह लेती हैं और मीठी चुहल भी कर लेती हैं। इसमें पारंगत दीखती हैं भक्त कवयित्रियाँ, घनानन्द की नायिकाएँ और उससे भी पहले विद्यापति की।

इसके पहले कि मध्यकालीन क्लासिकों से इन हँसियों के उदाहरण ढूँढ़कर आपको हँसाने का कुछ इन्तज़ाम करूँ, मैं यह स्पष्ट कर देना चाहूँगी कि जिसे महायानी बौद्ध 'म्यूचुअल पज़ेशन ऑफ़ टेन वर्ल्ड्स' कहते हैं, मध्यकालीन स्त्री की हँसी पर भी वह अवधारणा पूरी तरह लागू है। क्रोध, तृष्णा, पशुता, जीवप्रेम, करुणा, बोधिसत्त्व भाव, बुद्ध भाव आदि के दस अन्तर्भुक्त मण्डलों के आपसी घाल–मेल से हमारे चित्त की नारकीय और स्वर्गिक अनुभूतियों का सीधा सम्बन्ध जैसे बौद्ध जोड़ते हैं, मैं जोड़ना चाहूँगी मध्यकालीन स्त्री की हँसी से जो किसी एक श्रेणी या जाति में पूरी तरह फिट न होकर, तरह–तरह के विसंवादी भावों के घालमेल से बनी है। जिन चार लोकों या जातियों की चर्चा मैंने ऊपर की, उनमें पहली कोटि की हँसी यानी अट्टहास स्त्री–प्रसंग में विरले ही मिलता है, बाकी

जो तीन कोटियाँ हैं–उदासी, व्यंग्य–विनोद और तृप्ति–इनका पारस्परिक घाल–मेल मध्यकालीन नायिकाओं की हँसी में आषाढ़ के बादलों के प्रथम नाद–सा सुनाई देता है।

अलग–अलग पाठों से मध्यकालीन नायिकाओं की सतरंगी हँसी के जो उदाहरण मैंने चुने हैं, पहले उनका एक कोलाज सामने रखती हूँ। ये उदाहरण मैंने कालक्रम से सजाये हैं ताकि काल के निस्सीम जल में इनके उत्तरोत्तर प्रवाह का छन्द आँक सकूँ और यह भी समझ सकूँ कि निराला ने आगे चलकर जिस हँसी का इतना मारक ब्योरा अपनी कविता में दिया, उनसे इनकी दूरी या नज़दीकी कितनी है–

"वह हँसी बहुत कुछ कहती थी,
फिर भी अपने में रहती थी
देती तो सबको दाँव, बन्धु!
बाँधों न नाव इस ठाँव बन्धु,
पूछेगा सारा गाँव बन्धु!"[4]

सारे गाँव के पूछने की चिन्ता हँसी में उड़ाते हुए हम जिन स्मित–प्रसंगों के तट पर अपनी नाव बाँधने का यत्न कर रहे हैं, उनमें पहला तट ठहरेगा विद्यापति का, फिर जायसी और सूरदास का, अन्त में घनानन्द का ! विद्यापति की नायिका तो पिता से भी मज़ाक कर लेती है! निर्धन हैं पिता, विवाह–लायक पैसे नहीं, और बेटी है कि बड़ी हुई चली जाती है, अब हो तो क्या हो! विवाह की औपचारिकता तो निभानी ही है! पहले सोचते हैं कि पड़ोसी की तरह पीपल के पेड़ से ही बेटी ब्याह दें! उसके बाद डेढ़ बरस का एक सुयोग्य वर मिल जाता है और हो जाता है विवाह सम्पन्न–कुछ दिन अपने बालक–पति से चुरिया–नुकिया खेलती है, फिर हँसकर कहती है कि चलें, माघ का मेला देखने चलें–

"पिया मोर बालक, हम तरुनी,
पिया लेली गोदक, चलली बजार!"[5]

आगे के पद में वह बालक पति को ही 'भ्रमरगीत' का भँवरा बनाकर कहती है कि नाना से कहूँगी कि तुम्हारा पेट भरने को एक गैया भी भेज दें, पेट भरेगा, तभी तो जल्दी–जल्दी बड़े होंगे–मुझसे बातें करने लायक!

इससे मार्मिक हँसी का उदाहरण साहित्य में दुर्लभ है। यह एक तरह 'ड्रैमेटिक मोनोलॉग' है! ब्राउनिंग ने बहुतेरे ऐसे एकालाप लिखे हैं। इन नाटकीय एकालापों की केन्द्रीय विशेषता यह होती है कि यहाँ कहने को

दो लोग होते हैं पर दूसरा कुछ भी नहीं बोलता! डेढ़ बरस का पति बोले भी तो क्या! इसी के समानान्तर एक भोजपुरी लोकगीत की कुछ पंक्तियाँ रखी जा सकती हैं जिसमें पति बच्चा है, इस बात का फ़ायदा उठाते हुए ससुर ही नयी दुल्हन को अरहर के खेत से गुज़ार कर ले जाते हैं! 'गीतगोविन्द' में तो कृष्ण की प्रणय केलि से राधा के घुँघरू बजते हैं, यहाँ कंसनुमा ससुर के आरोपित प्रणय की मार से अरहर की पकी हुई बालियाँ घुँघरू–सी बज जाती है : 'रहरिया में बाजे घुँघरू की हँसी में भिंची रुलाई की गन्ध बसी है।

जायसी से जो हँसी मैंने चुनी है, वह नागमती की है, उस नागमती की जो साँवली–सलोनी विरहिनी है। पूरे बारह मौसमों की मार उसने पलंग के पाटे पर एक करवट लेटकर काटी। सबसे मुश्किल से काटी बरसात क्योंकि व्यावहारिक कारणों से भी बरसात बहुत दूभर होती है! आवागमन ठप्प पड़ गया है, न पथिक आते हैं, न पंछी, कहीं से सन्देश नहीं आता, सब अपने घरों में सिमटे पड़े हैं, बूढ़ी सास का प्रसंग तो आता है, पर वे भी घर के किसी कोने में औंधी लेटी होंगी, दोनों साथ नहीं लेटीं, छप्पर टपक रहा है; जिनके पति साथ हैं, वे साथ मिलकर छप्पर छवा रहे हैं, नागमती अपने में डूबी है–

"हिय हिण्डोल जस डोलै मोरी। बिरह झुलावै देइ झँकोरी!"

(हृदय ऐसा हिंडोला है जिसको झकोरने वाला कोई और नहीं, सिर्फ़ विरह है)

"बाट असूझ अथाह गम्भीरा! जिए बाउर भा भवै भंमीरा।"[6]

(पानी लगने के कारण मार्ग असूझ, अथाह और गम्भीर हो गये हैं, जी उनमे बावली भंमीरी होकर चक्कर लगा रहा है!)

अन्त में पति सन्देश पाकर आया भी तो दूसरी पत्नी के साथ! मान में वह मुख फेर लेती है तो रत्नसेन उसे मनाता हुआ एक लजाई हँसी हँसता है, नागमती भी आँसुओं से रुँधी हुई फीकी हँसी हँसती है–

"काह हँससि तूँ, मोसौं कियेउ जो और सौ नेहु।
तोहि मुख चमकै बीजुरी मोहि मुख बरसै मेहु।।"[7]

उलाहना, तंज, मान–और इन सबके बीच बिजली–सी चमकती हुई विनोद–वृत्ति, जीवन्त विट् का ऐसा उदाहरण है यह जो मेटाफिज़िकल कवि जॉन डन की टक्कर का जान पड़ता है–प्रेम तुम्हें और किसी से हैं, देखकर मुझे हँस रहे हो, मेरे चेहरे पर मेघ बरसते हैं, क्या इसके ही

प्रत्युत्तर में तुम्हारी यह हँसी बिजली–सी दमक रही है ? अन्यार्थ यह कि विषम ही सही, पर बादल बिजली की जोड़ी टूटने वाली नहीं!

इसके पहले सिंहलद्वीप के शयनकक्ष में रत्नसेन से पद्मावती प्रीति–कलह प्रसंग में जो निरन्तर वाद–विवाद करती है, उसमें भी स्त्री बुद्धिमता के कई प्रसंग आते हैं–सच्चे और झूठे प्रेम के कई उदारहण देती हुई वह चौके–चूल्हे, रंगरेज़, पनवाड़ी–सबके घर से उदाहरण लाती है–प्रेमी में कितने ही गुण क्यों न हों, जब तक वह चूने के भाँति चूरा–चूरा नहीं कर लेता अपना अहंकार, उसके प्रेम में रंग उसी प्रकार नहीं आता जिस प्रकार सुपारी–कत्थे से भरे पान में चूने के बिना रंग लाना असम्भव है–

"पान सुपारी खेरे दुहुँ मेरे करै चक चून!
तब लगिरंग न राचै जब लबि होइ न चून।।" [8]

बहुत देर तक दोनों ज्ञान–विज्ञान बाँटते हैं–मगर भारी–भरकम पण्डिताऊ सुर में नहीं, हँसी–मज़ाक के सरस प्रसंग में–पहले मन–मस्तिष्क आपस में दोस्ती करते हैं, तब शरीर की बारी आती है। कहीं कोई जल्दी नहीं मचती, और परम–प्रेम के क्षण में भी चौका–चूल्हा, दीन–दुनिया नहीं छूटती, ऐसा सर्वसमावेशी प्रेम इनका है, भावों की शुद्धता की रूमानी धारणा से बिल्कुल अछूता।

आधुनिक पाठक का रस–भंग होता है, उसको हँसी आती है उस प्रसंग पर जहाँ पद्मावती और नागमती–जैसी श्रेष्ठ स्त्रियों को दो पहलवानों की तरह जायसी ने आपस में भिड़ा दिया है! दोनों अपनी श्रेष्ठता का उद्घोष करती हुई बड़े–बड़े बोल बोलती हैं, साधारण सौतों की तरह आपसी मारपीट पर उतारू हो जाती हैं और तब आता है रत्नसेन श्रेष्ठतर बनकर उन्हें अलगाने! जायसी इतने महान कवि हैं कि उनकी शान के ख़िलाफ़ बोलने की इच्छा नहीं होती, इसलिए सारा दोष मध्यकाल पर ही डालती हुई कहती हूँ कि यह मध्यकालीन दृष्टि की ही सीमा है कि वह स्त्रियों के आपसी टकराव के क्षण का शब्दांकन हास्यास्पद स्वर में ठीक वैसे ही करता है जैसे लोटन कबूतरों को लड़ाकर नवाब ताली बजाते थे। मैं क्या कहने की कोशिश कर रही हूँ, साफ़ हो जायेगा। जब इस पूरे प्रसंग को हल्के से लिंग–विपर्यय के साथ पढ़े–कल्पना करें कि पद्मावती विवाहिता स्त्री है और रत्नसेन अविवाहित कुमार! लाख कष्ट सह कर, पचपन आध्यात्मिक उठा–पटक के बाद पद्मावती रत्नसेन को ब्याह लाती है, जहाँ उसका सामना उसके पहले पति से होता है, दोनों में भिडन्त भी

होती है, अब प्रश्न यह है कि उस भिड़ंत में क्या पद्मावती की स्थिति ऐसी होगी कि वह दोनों को समझा–बुझाकर, पुचकार कर अलग कर दे और दोनों का मन रखने को दो तरह की बातें कहे।

यह प्रसंग राधा–कृष्ण का लिंगविपर्यय करके भी उठाया जा सकता है : राधा अकेली वंशीधर से लेकर मुरलीधर, गीतावाचक, रासरचैया आदि मुद्राओं में और दुनिया–भर के गोप उनसे ऐसे ही अनुरक्त जैसे परमात्मा से आत्मा! जायसी ने यह क्रान्तिकारी काम किया कि परमात्मा के बाने में पद्मावती आयी. एक पद्मिनी स्त्री, पर एकनिष्ठता और सतीत्व का आग्रह फिर भी उसी के लिए, सिर्फ़ उसके लिए।

× × ×

यह प्रसंग यहीं छोड़कर मैं मान–मनुहार और उदासी–भरी उस हँसी के पास आती हूँ जिसमें व्यंग्य–विनोद और ज्ञानविदग्ध बुद्धिमता के कई नटखट झकोरे लेकर स्त्री–भाषा अपने मूल स्वरूप में प्रकट होती है यानी कि पूरी बेबाक़ी में! उद्धव से वाद–विवाद करती हुई ब्रजबालाएँ ऐसा तेज़ दिखाती हैं जैसा वाद–विवाद की ट्राफी जीतने वाली नयी स्त्रियाँ भी क्या दिखायेंगी–दो प्रसंग सामने हैं, पहले में तो वे अपना मज़ाक ख़ुद ही उड़ाती हैं कि बकरी के मुँह में कुम्हेड़ा कैसे समाये भला, हम ठहरीं बेचारी बकरियाँ, तुम्हारा निर्गुण प्रेम बेडौल कुम्हड़ा!

''राजपंथ तैं टारि बतावत, ऊजर कूचल कुपैड़ो।
सूरदास सो समाइ कहाँ लौं, छेरी बदन कुम्हैड़ो!''[9]

जो स्वयं पर नहीं हँस सकता, उसे किसी और पर हँसने का नैतिक अधिकार भी नहीं। दुःख में डूबी हैं बेचारी, फिर भी अतिथि–सत्कार तो करना है, सो वे भँवरे को बीच में रखकर ही कुछ उपालम्भ देती है, यह नहीं कहतीं कि तुम हास्यापद बातें कह रहे हो, कहती हैं कि तुम अटपटी बातें कह रहे हों हम पर तरस खाकर कि हम इसी बहाने हँस दें, 'मुक्ति' का माल जो माथे पर रखकर बेचने निकले हो तो इसका ख़रीदार ही कहाँ है–''धरे सीस घर–घर डोलत हौ'', थक जाओगे, भैया, विश्राम करो, जल मथकर मक्खन निकालने की कोशिश बेकार है, और ठीक से देखो तो हम ही योगिनियाँ हैं–दर्शन की खातिर खुली आँखें ही भिक्षापात्र हैं हमारा, हरिचन्दन ही हमारा भस्म, गाय हाँकने वाली बेंत ही हमारी सीटी–इसी से हम दुःख के कुत्ते भगाती हैं–''करतल बेंत डर दण्ड डरत ना, सुनत स्वान दुःख धावत।''

यहाँ ध्यान देने की बात यह है कि गोपिकाएँ लगातार 'हम' की भाषा बोलती हैं, 'मैं' की भाषा नहीं! उनकी एक सामूहिक पहचान है, कोई वैयक्तिक पहचान नहीं। वे प्रतिनिधित्व की भाषा नहीं बोलतीं। उन सबके चित्त की दशा ही नहीं, सोच की दिशा भी एक है। वे अपनी पीड़ा से उबरना भी नहीं चाहतीं–"हजरते दाग जहाँ बैठ गये, बैठ गये!" नहीं बदलनी हमें अपनी दिशा, नहीं बदलना अपना मार्ग, यह अहंकार नहीं है! अहंकार चूरा–चूरा हो गया होगा तभी तो प्रेम की यह दशा आयी होगी कि जित देखूँ तित लाल! अहंकार नहीं है, यह दृढ़ता है, दृढ़ता जो गहरी आश्वस्ति और समर्पण से निकली है, तकलीफ़ की इन्तेहाँ है, फिर भी हँसना नहीं भूलती! आपसी ईर्ष्या–द्वेष से वे बची हुई हैं, पर शहरी बाला कुब्जा का अन्धीकरण करती हुई वे यह भी सिद्ध कर देती हैं कि सम्बन्धों की राजनीति से पूरी तरह वे अछूती भी नहीं। सामूहिक इयत्ता का प्रेशर–ग्रुप के रूप में इस्तेमाल नहीं करती, चेला मूड़ने में या अपनी बात मनवाने में उनकी कोई दिलचस्पी नहीं, पर तर्क पद्धति और विश्लेषण के सारे औज़ार इनके इतने ही दुरुस्त हैं जितने किसी आधुनिक स्त्री के हो सकते हैं। यह बात अलग है कि आधुनिक सांसदों, वकीलों, बौद्धिकों की तरह अपना पक्ष सामने रखते और दूसरे का पक्ष काटते वे किसी कटुता का शिकार नहीं होतीं, मनहर हँसी हँसकर अपना तर्क सामने रखने की यह कला आधुनिक स्त्री–रचनाकारों ने भी अपनायी मगर बहुत बाद में।

मध्यकालीन स्त्रियाँ काफ़ी सांसत में रहती थीं। कहने की ज़रूरत नहीं कि एक युद्धकातर, विस्थापनमूलक समाज में जहाँ पुरुष भी थका–हारा, कुण्ठाओं में डूबा, अस्त–व्यस्त और पस्त था, स्त्रियों के कान्तासम्मित उपदेशों का ख़ाक़ असर होता होगा उस पर! जैसे आज के बेरोज़गार युवक ऐडहॉक नौकरियाँ करते हुए ऐडहॉक रिश्ते ही बना पाते हैं–हरी घास पर क्षण भर–मनसबदारी आदि से परेशान काश्तकार और राज्याश्रय में भी निश्चिन्त न रह पाने वाले कवि–कलाकार (और सिपाही) स्त्रियों को खुन्दक और खुजली मिटाने वाली कठपुतली के सिवा भला क्या समझते होंगे! ऊपर से रोज़गार की तलाश में दर–दर भटकने की मजबूरियाँ–'परदेसी पिया' वाली श्रेणी और दुरूह हो गयी थी, वियोग अकेला करता था, पर संयोग ही कौन–सा सुख देता था भला, इसीलिए शायद बहनापे की भावना सुदृढ़ हुई, जिसका 'मोनोलिथ' के रूप में विकास 'सूरसागर' दिखाता है।

मध्यकालीन कवयित्रियाँ और रीतिकालीन नायिकाओं में भी पद्मिनी–

हस्तिनी–चित्रिणी–गणिका आदि से लेकर कुट्टिनी, दूतिनी आदि नायिकाएँ भी हज़ार दुःखों के बीच खुलकर हँसती हैं, यह उनकी ताक़त है! मीरा जैसी पुरमज़ाक स्त्री भी आपको शायद ही मिले जो पुरुषों को पर्दा कर लेने का निर्देश दे डालती है–''अपने मुख ते पर्दा कर ले, मैं अबला बौरानी !''[10] घनानन्द की नायिका कृष्ण का हिसाब–किताब दुरुस्त कर देने से बाज नहीं आती–''तुम कौन धो पार्टी पढ़े हो लला / मन लेहुँ पै देहुँ छटाँक नहीं !''[11]

कहने की गरज यह कि स्वावलम्बन और सर्वाइवल की एक आजमायी हुई तकनीक के रूप में हँसी का प्रयोग मध्यकालीन साहित्य में भरपूर हुआ, पर एक सिद्धान्त के रूप में उसका कीलन अब जाकर हो पाया है–'द लाफ ऑफ़ मेड्यूसा, आदि में! इसी अर्थ में साहित्यिक अग्रकथन सामाजिक सैद्धान्तिकी के 'बड़े भाई साहब' हैं शायद!

पार्थ चैटर्जी, तापती गुहा धकुर्त्ता और बोधिसत्व कर द्वारा संपादित सद्यःप्रकाशित 'New Cutural Histories of India : Materiality and Practices' में फ्रांसिस्का ओरसिनी का जो लेख है, 'For a Multilingual Literary History : North India in the Long Fifteenth Century'–उसकी मूल स्थापनाओं के आलोक में यदि हम मध्यकालीन स्त्रियों की हँसी एक विशृंखल पाठ की तरह विरचित करें तो ऐसा जान पड़ेगा कि मैथिली, ब्रज और अवधी–इन तीन महानदों के तट पर समन्वित रूप से उभर रही जो नहीं भाषिक संस्कृति थी, उसमें किसी–किसी पाठ को (तरह–तरह की श्रोता–मण्डलियों और हस्तलिपि–नकल की कई आवृत्तियों से गुज़रते हुए) कई तरह के प्रभाव, आलोड़न, दोहराव और किंचित विकृतियाँ आत्मसात करने होते थे। सर्वग्राह्यता एक मिथक है और प्रशासन, व्यापार और सेना–जैसे गैर–साहित्यिक प्रक्षेत्रों का हस्तक्षेप इसकी रहस्यमयता और दुर्बोधता को और भी बढ़ा देता है। इसी से उस 'अपोरिया' उस अभेद्य ग्रन्थि की सृष्टि होती है, मध्यकालीन नायिकाओं की हँसी से लेकर मोनालिसा की मुस्कान तक जो कई–कई पाठों की मुहताज बनी रहे। मौखिक पारायण और अभिमंचन द्वारा भी अर्थ–संकोच और अर्थ–विस्तार की कई परतें हर पाठ पर चस्पां होती है ! वितरण–प्रसारण के अलग–अलग भौतिक सन्दर्भों से आलोड़ित–चूर्णित मध्ययुगीन पाठ उन हज़ार परिवर्तनों का साक्षी भी होता है जिसे ओरियाना 'slippage' और 'refiguration' के हज़ार घूर्णनों से जोड़ती है। पन्द्रहवीं–सोलहवीं शताब्दी के जैन, हिन्दू, मुस्लिम सम्भ्रान्तों

के बीच उनके तरह–तरह के पन्थों–सम्प्रदायों के बीच इन मध्यकालीन नायिकाओं की व्यंजक हँसी कैसे–कैसे पढ़ी गयी होगी, इसका ब्योरा देना कठिन है, मगर आज के दिन बँधी हुई पुस्तकों के रूप में ये जैसे हमारे सामने आयी हैं, उसे हम उसकी मैटरिएलिटी में ऐसे पढ़ सकते हैं ! समाज द्वारा बहिष्कृत–प्रताड़ित चार मध्यकालीन कवियों ने स्त्री की हँसी को बचाव–वृत्ति रेखांकित करने वाले एक औज़ार के रूप में उभारा, और ध्यातव्य यह है कि चारों–के–चारों स्वयं वंचना और अधूरेपन की पीड़ा भोगकर ऊँचे उठे, तभी उनकी हमदर्दी का क़द इतना बढ़ा–जायसी के एक आँख नहीं थी, सूरदास की दोनों आँखें न थीं, विद्यापति विस्थापन की पीड़ा झेलने वाले अज्ञातवासी हो गये थे उन दिनों और घनानन्द को भयावह राजकोप झेलना पड़ा था ! ''खग जाने खग की ही पीड़ा''–यह बात चरितार्थ हुई थी, और तभी उन्होंने विवर्ण हँसी का मर्म पहचाना था।

पर उससे भी महत्त्वपूर्ण बात शायद यह है कि संस्कृत–फ़ारसी में लिखी हुई रचनाएँ ये नहीं थी, तरह–तरह के मतों, सूफी सिलसिलों और खानखाओं द्वारा इनकी प्रतिलिपियाँ तैयार हुई थीं, सारे पाठ पैलिम्सेस्ट का क्लासिकल उदाहरण थे, पर कहीं स्त्रियों की हँसी सम्पादित नहीं हुई! किसी महफ़िल या सभा ने इस पर अपनी आपत्ति दर्ज नहीं की, तो क्या जीवन की कठिनतम विडम्बनाओं के बीच चमकने वाली–मध्यकालीन नायिकाओं की यह हँसी उनके आँसुओं से आवृत्त उस मध्यकालीन जीवन की हँसी थी जिसकी अभ्यर्थना में ओरियाना कहती हैं—"Specially for a richly fluid century like the fifteenth century in north india, literary texts are often the only way we have to write social history, to write individual and groups, their self-representation and worldview with the picture, which is otherwise a hopelessly empty and schematic one of court and people, rulers and dynastic, Muslims and Hindus, of course men, and hardly any women at all."[12]

सन्दर्भ

1. सिक्सू, 'द लॉ ऑफ़ द मेड्यूसा,' मार्क्स एण्ड कूविरो, (सं.) न्यू फ्रेंच फेमिनिज़म, पेरिस
2. चॉसर, कैण्टरबरी टेल्स, 'द वाइफ ऑफ़ बाथ,' बेंटले प्रेस, यू.के.

3. इफ़्तिदार हुसैन, मेडिकल इण्डिया, 'एसेज इन इण्टेलेक्चुअल थॉट एण्ड कल्चर,' वॉल्यूम वन, मनोहर, दिल्ली
4. नन्दकिशोर नवल (सं.), निराला, 'रचनावली,' राजकमल, दिल्ली
5. प्रमोद कुमार सिंह, विद्यापति, विद्यापति पदावली के आकर–स्त्रोत, बिहार ग्रन्थ कुटीर, पटना
6. डॉ. माता प्रसाद गुप्त (सम्पादित), 'जायसी–पदमावत,' साहित्य भवन, वाराणसी, पृ. 337
7. वही, पृ. 401
8. वही, पृ. 307
9. देवेन्द्र आर्य (डॉ.), 'सूरदास–सूरसागर,' अशोक प्रकाशन, दिल्ली, पद 759
10. परशुराम चतुर्वेदी, 'मीराँबाई,' साहित्य भण्डार, इलाहाबाद
11. श्यानन्दन किशोर, 'घनानन्द–मध्यकालीन कविता,' बिहार ग्रन्थ कुटीर, पटना
12. फ्रांसिस्का ओरसिनी, 'फ़ॉर अ मल्टीलिंगुअल लिटररी हिस्ट्री : नॉर्थ इण्डिया इन द लॉन्ग फिफ्टीन्थ सेन्चुरी न्यू कल्चरल हिस्ट्रीज ऑफ़ इण्डिया,' O.U.P. पृ. 55 (प्रकाशित 'हँस' मार्च, 2016)

या देवी सर्वभूतेषु

(देवदासी प्रथा का इतिहासपरक सामाजिक विवेचन)

●

गरिमा श्रीवास्तव

आधुनिक युग में देवदासी प्रथा को स्त्री के सांस्थानिक शोषण के औज़ार के रूप में पहचाना गया है। 'देवदासी' का शाब्दिक अर्थ है–'देवता की दासी; या 'बन्धुआ सेविका'। देवदासी प्रथा भारतीय मन्दिर संस्कृति से उत्पन्न हुई, जिसने नृत्य–संगीत की विभिन्न शैलियों को पोषित और संरक्षित किया। मूलरूप में देवदासियों को 'ब्रह्मचारिणी' कहा गया और उनका जीवन देवता को समर्पित समझा गया उनके युवा होने को वृहद् अनुष्ठान में तब्दील किया गया। इससे देवदासियों का जीवन आर्थिक रूप से सुदृढ़ हुआ क्योंकि वह समाज के किसी रसूख वाले पुरुष की रक्षिता के रूप में चयनित की जाने लगीं। मन्दिर को सर्वाधिक राशि दान में देने वाले व्यक्ति को देवदासी के साथ स्थायी सम्बन्ध का अधिकार मिल जाता था। बाद में वह इच्छानुसार अनुबन्ध भंग भी कर सकता था, इसी तरह देपदासी को भी अन्य व्यक्तियों के साथ सम्पर्क रखने की छूट थी। किसी कन्या को देवदासी बनने की बाध्यता भी नहीं थी। इतना अवश्य था कि जो परिवार अपनी 'कन्या' मन्दिर को समर्पित करता था, वह अचानक महत्वशाली हो उठता था, दूसरी और 'देवता' को समर्पित कन्या भी सब के आकर्षण का केन्द्र बन जाती थी। उसे 'नित्य सुमंगली' अथवा 'अखण्ड सौभाग्यवती' कहा जाता था।

समय ने करवट ली। मध्ययुग आते–आते स्त्रियों की दशा हीनतर हो गयी। शूद्र और निम्न जातियों की स्त्रियों की दशा और भी बदतर होती गयी। स्त्रियाँ अशिक्षित और निस्सहाय थीं, वे भोग–विलास की सामग्री

बनकर रह गयीं। दिन के उजाले में उच्चवर्गीय व्यक्ति शूद्र स्त्रियों की छाया से भी बचते थे, वहीं रात के अँधेरे में 'अस्पृश्य' स्त्रियाँ उनकी वासना पूर्ति का साधन बनती थीं। राज्य और धर्म व्यवस्था ने इस प्रथा को पुष्ट करने में सर्वाधिक महत्त्वपूर्ण भूमिका निभायी। जहाँ कहीं विरोध के स्वर उठे, निहित स्वार्थों के लिए उन्हें दबा दिया गया। प्रस्तुत लेख देवदासी–प्रथा के सामाजिक, ऐतिहासिक, मनोवैज्ञानिक, आर्थिक आधार को विश्लेषित करने का प्रयास है, जिसकी प्रेरणा मुझे मेरी एक अनाम विद्यार्थिनी मिली, जो देवदासी–पुत्री थी और पिता के लिए तरसते–बिलखते मानसिक रोग का शिकार हो गयी।

आदिकालीन सामन्ती समाज की विशिष्ट सामाजिक–आर्थिक संरचना ने 'देवदासी' प्रथा को जन्म दिया। दक्षिण भारत के सभी राज्यों में 'देवदासी प्रथा' धर्म के विरुपित पक्ष को उजागर करती है। समय और परिस्थितियाँ बदली हैं किन्तु स्त्री समानता और स्त्री अधिकारों के इस युग में भी राष्ट्रीय महिला आयोग के अनुसार, आज भी हज़ारों की संख्या में दलित स्त्रियाँ देवदासी बनने के लिए बाध्य हैं। महाराष्ट्र और कर्नाटक की सीमा पर 2,50,000 दलित देवदासियाँ मौजूद है। आन्ध्र प्रदेश में इन देवदासियों को 'जोगिनी', आसाम में 'नटी', कर्नाटक में 'बासवी', गोवा में 'भवानी' जैसे अनेक नामों से पुकारा जाता है।

देवदासी प्रथा की उत्पत्ति के बीज प्राचीन सामाजिक–आर्थिक संरचना में छिपे हैं। ईसा की पाँचवीं–छठी शताब्दी से मध्यकाल का प्रारम्भ माना जाता है। इसी समय बड़े पैमाने पर राजनीति, सेना और धर्म से जुड़े हुए लोगों को अनुदान और वेतन के रूप में ज़मीनें देने की प्रथा दक्षिण भारत में सातवाहन शासकों से शुरू हुई, ऐसा माना जाता है। पल्लव राजाओं के शासन काल तक आते–आते सिक्के बनने लगे थे। पल्लवों द्वारा सिक्कों पर लिखे जाने के उदाहरण आन्ध्र प्रदेश में तीसरी–चौथी शताब्दी में मिलते हैं। सिक्कों पर खुदे लेखों से यह भी पता चलता है कि भूमि–हस्तान्तरण के साथ–साथ उन लोगों का हस्तान्तरण भी हो जाता जो लोग भूमि को बँटाई पर जोतते थे।

वेतन में भूमि मिलने से ब्राह्मण–वर्ग के पास अधिकाधिक भूमि और साथ ही कामगार संकेन्द्रित होते चले गये, इससे ग्रामीण अर्थव्यवस्था चौपट होने की कगार पर आ गयी। उधर शासक वर्ग और ब्राह्मण वर्ग में बहुत पहले से प्रतिद्वन्द्विता चली आ रही थी।[1] 'सिक्कों' का प्रचलन सीमित होने

के कारण ग्राम की संकुचित अर्थव्यवस्था में ही ख़र्च करने की बाध्यता थी। इसी स्थिति ने मन्दिर–निर्माण प्रक्रिया को सुस्थापित करने में बहुत महत्त्वपूर्ण भूमिका निभायी। मन्दिर–निर्माण को लेकर राजसी परिवारों और सम्पत्तिशाली आभिजात्य वर्ग में कड़ी प्रतिद्वन्दिता रहती थी। कौन कितना भव्य और ऐश्वर्यशाली मन्दिर बनवाता है, इस बात को लेकर पीढ़ियों से टकराहटें चली आती थीं। ग्राम का मुखिया समकालीन शासकों और अपने पूर्वजों से आगे बढ़कर मन्दिर बनवाना चाहता था ताकि लोग उसका नाम लें। पल्लव राजा महेन्द्रवर्धन प्रथम ने एक शिलालेख में खुदवाया कि उसने एक ब्रह्म मन्दिर बनवाया और उसमें परम्परागत सामग्री, जैसे ईंट, लकड़ी, धातु का उपयोग नहीं किया। उसने अपने आपको 'विचित्रचित्त' की उपाधि दी।

पुरी के विशाल मन्दिर को टक्कर देने के लिए गंगा राजा नरसिंहदेव प्रथम ने कोणार्क का मन्दिर बनवाया था। उड़िया स्त्रोतों में इसका उल्लेख मिलता है।

भक्ति संस्कृति के विकास ने भी मन्दिर निर्माण क्षेत्र में महत्त्वपूर्ण योगदान किया। भक्ति आन्दोलन ने सभी वर्गों और जातियों के लोगों को अपने–अपने आराध्य देव के पूजन और आराधना का अवसर दिया। ईश्वर आराधना के अन्तर्गत मन्दिर निर्माण, मन्दिरों का पुनरुद्धार, मन्दिर प्रांगण का परिष्कार, आराध्य का स्तुतिगान और नृत्यगान आदि आते थे। नयनार सन्तों के उपदेशों ने भी मन्दिर व्यवस्था को लोकप्रिय बनाने में महत्त्वपूर्ण योगदान दिया। उन्होंने जनता को उचित व्यवहार और कर्म का उपदेश दिया, इनमें 'तिरूवलूर' नामक सन्त काफ़ी लोकप्रिय हुए। मन्दिर निर्माण, उसके रखरखाव की ओर जनता को प्रेरित करने और इस तरह मन्दिर संस्कृति के पक्ष में जनाधार तैयार करने में उनका योगदान रहा।

'मन्दिर संस्कृति' ने सैकड़ों लोगों को आश्रय एवं रोजगार दिया। मन्दिरों को बड़े पैमाने पर भू–सम्पदाएँ दान में मिलती थीं, जिन पर खेती करने के लिए श्रमिकों की आवश्यकता पड़ती थी। आभूषण एवं बहुमूल्य वस्तुएँ–जो मन्दिरों में दान के रूप में आती थीं–उसे मन्दिर के व्यवस्थापक उधार पर लगाते थे।[2] खेती की आय तथा दान से प्राप्त आय के बल पर मन्दिर संस्कृति दिनों–दिन वैभवशाली होती गयी। इस काल में मन्दिर शक्तिपीठों या धनाढ्य संस्थानों में तब्दील होते गये। मन्दिरों की व्यवस्था को सुचारु रूप से चलाने के लिए बड़े पैमाने पर कर्मचारियों

की आवश्यकता पड़ती थी, इसके अतिरिक्त मन्दिर सेवाओं का आकर्षण बनाने के लिए नृत्यगान करने वाली स्त्रियों की भी नियुक्ति की जाने लगी। इसी के अनुरूप ईश्वर का आश्रय (मन्दिर) अब 'कोचिल' नाम से पुकारा जाने लगा, जिसका अर्थ था–'राजा का महल'। कोचिल शब्द का पहला प्रयोग पल्लव शिलालेखों में मिलता है।[3]

मन्दिरों में धन और ऐश्वर्य के साथ–साथ पूजन–अर्चन के विधि–विधानों और उत्सवों में जटिलता और व्यापकता की बढ़ोत्तरी हुई। साथ ही पहले से कई गुना ज़्यादा पुजारियों, कर्मचारियों की आवश्यकता पड़ने लगी। पल्लव राजा परमेश्वर रामन–प्रथम के शासनकाल में कुरम के विमन्दिर में केवल चार कर्मचारी कार्यरत थे जो मन्दिर में नित्य पूजा–आरती की व्यवस्था के अतिरिक्त मन्दिर मण्डपम् में जल का छिड़काव करते थे, मन्दिर परिसर स्वच्छ करते थे और महाभारत के पदों का नित्य गान करते थे, लेकिन अगली शताब्दी तक आते–आते मन्दिर के अनुष्ठानिक क्रिया–कलाप इतने बढ़ गये कि सैकड़ों लोगों को उसमें रोज़गार मिला।[4] नवीं शताब्दी आते–आते पूजा–अनुष्ठान की पद्धतियाँ ज़्यादा जटिल और विशद हो गयीं। देव प्रतिमा को इत्र एवं सुगन्धित जल से नहलाना, कीमती वस्त्र, महँगा वस्त्राभूषण एवं नैवेद्य समर्पित करना ज़रूरी समझा जाने लगा। अंगभोग एवं रंगभोग का आयोजन देव प्रतिमा के लिए किया जाता था। इसका उल्लेख राष्ट्रकूट एवं चोल लेखों में मिलता है। अंगभोग एवं रंगभोग के आयोजन में नर्तकियाँ शामिल होती थीं। सन् 1071 ई. में पिदारियार मन्दिर में 24 नृत्यांगनाओं को देवता के सम्मान में नृत्य करने के लिए नियुक्त किया गया, इनके लिए एक नृत्य शिक्षक की नियुक्ति भी की गयी थी। कृष्ण तृतीय के समय का एक शिलालेख यह भी बताता है कि मन्दिरों में नृत्य करना एक वंशानुगत पेशा बन गया था, जिसमें 'देवदासी प्रथा' के बीज छिपे थे।

बासवी व्यवस्था ने भी देवदासी प्रथा को पुष्ट करने का काम किया। बासवी व्यवस्था में यदि किसी पुत्रहीन व्यक्ति की मृत्यु हो जाती थी तो उसकी सम्पत्ति की उत्तराधिकारी उसकी वही पुत्री हो सकती थी जिसे 'बासवी' कन्या के रूप में दान कर दिया गया हो। वह बासवी कन्या मृत पिता की अन्त्येष्टि और अन्य सभी कर्मकाण्डों का पालन कर सकती थी, साथ ही उसे पिता की सम्पत्ति पर उत्तराधिकारी की हैसियत से हक़ भी मिलता था। उसे इस बात की भी छूट थी कि मन्दिर–सेवा के साथ–साथ

अपनी जाति या ऊँची जाति के किसी व्यक्ति से विवाह कर सकती थी। उसका पुत्र सम्पत्ति का उत्तराधिकारी बनता था और पुत्री का जन्म होने पर उसका बासवी बनना अनिवार्य था। बासवी व्यंवस्था में यदि कोई लड़की अविवाहित रह जाती थी तो उसका विवाह किसी वृक्ष से कर दिया जाता था और उसे मन्दिर की सेवा में समर्पित कर दिया जाता था। उसे पुरुषवत् अधिकार प्राप्त होते थे। इस तरह वे सभी परिवार जिनमें वंश चलाने के लिए पुत्र का अभाव होता था, उनमें वंश परम्परा का लोप नहीं होता था, क्योंकि पुत्रियों के मन्दिर सेवा में समर्पित होने से वे पुत्रवत सारे कर्म सम्पादित करने के साथ–साथ सम्पत्ति की अधिकारिणी होती थीं।

महाकाव्यों में आये विभिन्न प्रसंगों से यह पता चलता है कि ईसा की नवीं–दसवीं शताब्दी तक भारत के अलग–अलग भागों में देवदासी प्रथा गहरी जड़ें जमा चुकी थी।[5] देवदासी प्रथा के प्रचार–प्रसार के पीछे जो भी सामाजिक–आर्थिक कारण रहे हों, इतना तय है कि स्त्री देह का धर्म के नाम सहज उपभोग करना ही इसके मूल में था।

धर्म और वंश के नाम पर छोटी–छोटी लड़कियों को देवताओं को समर्पित करना भले ही अमानवीय लगता हो लेकिन समर्पण के समय मन्दिर संस्कृति के वृहद अनुष्ठान देवदासी बनने जा रही स्त्री को वैशिष्ट्य बोध देते थे। ह्वेनसांग ने सातवीं शताब्दी में अपनी भारत यात्रा के अनन्तर मुल्तान के सूर्यमन्दिर में देवदासियों का नृत्य देखा था।[6] अलबरूनी ने अपने संस्मरणों में लिखा है कि मन्दिरों में देवदासियाँ बाहर के व्यक्तियों से दैहिक सम्बन्धों के बदले धन लेती थीं, वह आय राजा अपने सैन्य खर्च के लिए इस्तेमाल करता था।[7] अरब यात्री अबूज़ैद अल हसन ने, जो 867 ई. में भारत आया था, लिखा कि देवदासियाँ वेश्यावृत्ति से जो कुछ कमाती थीं वह मन्दिर की व्यवस्था और रखरखाव के लिए पुजारियों द्वारा ख़र्च किया जाता था।[8]

इतिहास साक्षी है कि मन्दिर संस्कृति में हज़ारों–लाखों स्त्रियों को धर्म के नाम पर वेश्यावृत्ति के गर्त में धकेला गया। एक बार मन्दिर को समर्पित किये जाने के बाद स्त्री का सतीत्व बचना असम्भव था। तंजौर का राजराजेश्वर मन्दिर जिसे चोल नरेश राजराजा ने बनवाया था उसमें ग्यारहवीं सदी के आरम्भ में चार सौ देवदासियाँ थीं, जिन्हें बाद में चोल साम्राज्य के विभिन्न मन्दिरों में भेज दिया गया।[9] इस चार सौ देवदासियों के नाम मन्दिर की दीवारों पर उत्कीर्ण किये गये। ग्यारहवीं से तेरहवीं

शताब्दी के बीच देवदासी प्रथा अपने चरमोत्कर्ष पर थी। इस काल के शिलालेखों में देवदासियों का उल्लेख बहुतायत से मिलता है, जो चौदहवीं शताब्दी आते–आते अपेक्षाकृत कम हो जाता है। इसका यह अर्थ नहीं है कि देवदासी प्रथा समाप्तप्राय थी। बल्कि इस प्रथा ने दक्षिण भारतीय समाज और धार्मिक जीवन में अपनी ठोस जड़ें जमा ली थीं। इस प्रथा को धर्माश्रय के साथ–साथ राज्याश्रय भी मिला। तन्जौर के शिलालेखों में देवदासियों (चार सौ) का उल्लेख मिलता है, जिनको नृत्य–शिक्षा देने के लिए राज्य की ओर से बारह नृत्य गुरु नियुक्त किये गये थे। नृत्यगुरुओं को देवदासियों से ज़्यादा पारिश्रमिक मिलता था। वे देवदासियों को नृत्यकला में पारंगत करने के अलावा पुरुषों को रिझाने के लिए भाव–भंगिमाएँ भी सिखाया करते थे। इन्हें वार्षिक वेतन के रूप में धान (चावल) दिया जाता था।

देवदासियाँ मन्दिरों को समद्धशाली बनाती थीं। देवदासियों की अपनी समितियाँ भी होती थीं। आन्ध्र प्रदेश और तमिलनाडु के कुछ शिलालेख उनके क्रिया–कलापों पर भी प्रकाश डालते हैं। देववासियों का आम जनता पर खासा प्रभाव होता था। एक सीमा तक वे मन्दिर–व्यवस्था में भी हस्तक्षेप करती थीं। आन्ध्र प्रदेश में देवदासियों के सशक्त केन्द्र थे। एक केन्द्र या समिति में 300 से 500 देवदासी–सदस्य हुआ करती थीं। ये आधुनिक युग की 'यूनियन' की पद्धति पर बनी समितियाँ हुआ करती थीं जो द्राक्षरमा, भीमावरम, पल्लकोल, श्रीकाकुलम, चेवरोल्लु और वेल्लुपुर जैसे सभी व्यापारिक रूप से महत्त्वपूर्ण नगरों में स्थित थीं।[10] कुछ राज्यों में देवदासियाँ मन्दिर व्यवस्था में महत्त्वपूर्ण और निर्णायक भूमिका भी निभाती थीं। 1141 ई. में एक देवदासी ने सोमेश्वर मन्दिर में 'अखण्ड दीप' जलाने के अधिकार के लिए मन्दिर को पचास भेड़ें दान में दीं। इस दान की व्यवस्था सोमेश्वर मन्दिर के स्थानपति (जो मन्दिर की देखभाल के लिए स्थानीय रूप से उत्तरदायी होता था) और तीन सौ देवदासियों और निबन्धकर्त्ता (मन्दिर अधिकारी) ने मिलकर की थी।[11]

देवदासियों को मन्दिर संस्कृति में सम्मानजनक स्थान प्राप्त था। कहने के लिए तो ये 'देवपत्नियाँ' होती थीं, जिनका विवाह कौमार्यावस्था में ही देव प्रतिमाओं से कर दिया जाता था। लेकिन, व्यावहारिक सच्चाई कुछ और थी। मन्दिर व्यवस्थापक और इनके ग्राहक दोनों मनुष्य होते थे–जो इनका नित्य उपभोग करते थे। कहीं–कहीं देवदासियों अपने रक्षकों के साथ विवाह कर गृहस्थी बसाने के लिए भी स्वतन्त्र थीं। इतिहास में ऐसे

कई प्रसंग हैं जो बताते है कि कई बार उच्चपदस्थ एवं आभिजात्य कुल के लोगों ने देवदासियों से विवाह किया, तथा राजकुमारों से भी उनके सम्बन्ध बने। 'राजतरंगिणी'[12] में उल्लिखित है कि राजा हर्षदेव देवदासी सहजा के ऊपर मुग्ध हो गये। बाद में सहजा का प्रेमसम्बन्ध हर्षदेव के भाई उत्कर्ष से बना और वह उत्कर्ष की रानी बनकर राजमहल में प्रविष्ट हो गयी। हर्षदेव ने जब उत्कर्ष से सिंहासन छीन लिया तो उसने आत्महत्या कर ली। हर्षदेव ने फिर से सहजा का हृदय जीतने का प्रयास किया, लेकिन सहजा तैयार नहीं हुई और सती हो गयी। एक देवदासी के सती होने की घटना अनुकरणीय कृत्य के रूप में कई जगह प्रशंसित हुई।[13] 'राजतरंगिणी' में ही इस बात का भी उल्लेख है कि दुर्लभक प्रतापादित्य ने जिस स्त्री से प्रेम किया था, वह उसे तब दिखाई दी जब उसे मन्दिर–सेवा में 'देवदासी' के रूप में अर्पित किया जा रहा था।[14] ऐसे भी कई प्रसंग मिलते हैं जहाँ 'देवदासी' प्रथा का प्रयोग निजी स्वार्थों के लिए किया गया। श्रावस्ती के राजा को अपने सेनापति की पत्नी उन्मादिनी से प्रेम हो गया। सेनापति को जब यह गुप्त–प्रसंग ज्ञात हुआ तो उसने राजा से यह प्रस्ताव किया कि वह पहले अपनी पत्नी को मन्दिर में दान कर देगा, तब राजा उसे वहाँ से रक्षिता के रूप में ले जा सकता है। लोकापवाद से बचने का यही एकमात्र उपाय है। पत्नी को मन्दिर में दान करने से सेनापति के पौरुष पर भी कोई उँगली नहीं उठायेगा और भार्या दान की धार्मिक भावना से जोड़कर लोग देखेंगे। एक बार देवपत्नी बन जाने के बाद राजा उसे पोषणव्यय या मन्दिर को सम्पत्ति–दान के बदले में आसानी से प्राप्त कर पायेगा।[15] इसी तरह 'राजतरंगिणी' में एक कथा आती है कि कश्मीर का राजकुमार एक बार पुण्डरवर्धन नामक नगर में गया जो गौड़ राजा के आधीन था–अब वह आधुनिक बंगाल में है–वहाँ उसे कीर्तिकेय मन्दिर में नृत्य–समारोह दिखाने ले जाया गया। नृत्योपरान्त मन्दिर की सुन्दर–चतुर देवदासी नृत्यांगना जिसका नाम कमला था वह राजकुमार को संभोग के लिए उसका हाथ पकड़कर अपने शयनकक्ष में लेकर गयी।

इन प्रसंगों से लगता है कि देवदासियाँ समाज में, प्रेम करने के लिए स्वतन्त्र थीं और इच्छानुकूल पुरुष का चुनाव कर सकती थीं। लेकिन वास्तविकता यह थी कि नृत्य–निष्णात और धर्म कार्यपटु होने के बावजूद इनकी स्थिति वेश्याओं से बेहतर नहीं थी। अबूज़ैद ने अपने भारत–प्रवास के संस्मरणों में लिखा है–"वह (देवदासी) सार्वजनिक स्थलों पर घर किराए

पर लेती हैं और दरवाजे पर एक परदा लटका देती हैं, और अजनबियों के आने की प्रतीक्षा करती हैं। शरीर बेचने से जो धन प्राप्त होता है उसे मन्दिर का पुजारी ले लेता है, जिससे मन्दिर का ख़र्च चलता है।"[16] अलबरूनी ने भी लगभग ऐसा ही अनुभव लिखा है लेकिन वह देवदासी को होने वाली आय के ग्रहणकर्त्ता के रूप में राजा का नाम लेता है।[17] स्पष्ट है कि देवदासी प्रथा राज्य एवं मन्दिर व्यवस्था को सुचारु रूप से चलाने में बड़ा आर्थिक योगदान करती थी। इसीलिए राज्य और धर्म व्यवस्था ने इसका पक्ष लिया, लेकिन समाज में फल–फूल रही इस प्रथा को आम जनता वेश्यावृत्ति से बेहतर नहीं मानती थी। कहीं–कहीं इस प्रथा के विरोध में स्वर भी दर्ज किये गये। अलबरूनी ने कहा कि कई बार ब्राह्मणों और मन्दिर के कई पुजारियों ने देवदासी प्रथा का विरोध किया लेकिन राजा एवं शासन–तन्त्र इसे यथावत रखना चाहता था। इसलिए कम उम्र की लड़कियों का मन्दिरों में दान कभी बन्द नहीं हो सका और न उनका वेश्यावृत्ति करना।[18]

ग्यारहवीं शताब्दी में हुए राजा जोजलदेव (राजपूताना) के नाम से मिले आज्ञापत्र में मन्दिर–व्यवस्थापन को आज्ञा दी गयी कि मन्दिर से सम्बद्ध सभी उत्सवों में सभी देवदासियों (जो उस मन्दिर में समर्पित की गयी हों) का अपने पोषकों के साथ उपस्थित रहना अनिवार्य होगा।[19] स्पष्ट है कि एक बार मन्दिर में समर्पित हो जाने के बाद स्त्री के लिए अपने भरण–पोषण के लिए या तो किसी की रखैल बनना अनिवार्य था, या वेश्या बनना। वह केवल नाम के लिए 'देवपत्नी' थी। देवदासियों की संख्या मन्दिर संस्कृति के अन्तर्गत मन्दिर विशेष की श्री–वृद्धि में योगदान करती थी। देवी–देवताओं की सवारी के आगे नृत्यपटु देवदासियाँ सुन्दर वस्त्र पहने, झुण्ड के झुण्ड नृत्य करती चला करती थीं। दूर–दूर से लोग इस दृश्य को देखने के लिए आते थे। इससे मन्दिर की प्रसिद्धि और समृद्धि में इज़ाफ़ा होता था।

कई बार मन्दिर व्यवस्था और देवदासियों में टकराव भी होते थे। ऐसे टकरावों में राज्य हस्तक्षेप करता था और कभी–कभी देवदासियाँ अपनी कामकला से मन्दिर के पुजारियों को मुट्ठी में कर लेती थीं। 'कुट्टनीमतम' में यह कथा आती है कि किस प्रकार देवराष्ट्र का राजा मंजरी नामक देवदासी के वासनात्मक नृत्य पर मुग्ध हो गया। देवदासी के साथ शयन की सुविधा के बदले में, या उत्कोच के रूप में पुजारियों को गाँव मिले।[20]

ब्राह्मणों ने देवदासी प्रथा को प्रश्रय और संरक्षण दिया। इसके प्रमाणस्वरूप 1112 ई. में धारवाड़ जिले में मिले अग्रहार वंश के एक शिलालेख को देखा जा सकता है, इसमें कहा गया है कि ब्राह्मण सेनापति चालुक्य विक्रमादित्य (चतुर्थ) ने इट्‌टगी (अपने मूल स्थान) पर बहुत से मन्दिर बनवाये थे जिसमें जगह–जगह से, उच्चकुलीन, बुद्धिमती, चतुर और रूप–सौन्दर्य की स्वामिनी रति और रम्भा जैसी देवदासियों को बुलाकर राजाश्रय दिया गया। इस सन्दर्भ में यह भी बता देना उचित होगा कि इट्‌टगी के अग्रहार ब्राह्मण वे थे, जिनके बारे में यह प्रचलित था कि वेद, वेदांगों, पराविज्ञान और तर्कशास्त्र में उनको कोई पराजित नहीं कर सकता।

यह कहा जा सकता है कि चाहें वे ब्राह्मण हों या पुजारी या सामान्य जन, उन्होंने इस प्रथा को सहयोग और संरक्षण दिया। वस्तुतः सत्ता और पुजारी वर्ग दोनों एक दूसरे पर अन्योन्याश्रित थे, जिसकी छत्र–छाया में यह प्रथा फली–फूली।

देवदासी प्रथा का एक महत्त्वपूर्ण पक्ष था, इसका वंशानुगत व्यवहार। एक बार यदि किसी देवदासी को किसी अनुष्ठान या उत्सव के दौरान देवता की सवारी के आगे नृत्य करने का अवसर मिल जाता था तो उस पर उसका अखण्ड अधिकार हो जाता था, उसकी आगे की पीढ़ियों में यह अधिकार स्थानान्तरित होता चलता था। इस अवसर पर होने वाली आय पर भी उसका अधिकार वंशानुगत होता था।

मन्दिर–संस्कृति में 'देवदासी' बनाने की प्रक्रिया बड़ी आकर्षक थी। मध्यकाल से बीसवीं शताब्दी के प्रारम्भ तक देवता को अर्पित की गयी कन्या को पुजारी द्वारा एक मंगलसूत्र पहना दिया जाता था। मंगलसूत्र पहनाने का आयोजन प्रत्येक मन्दिर–व्यवस्थापन अपनी–अपनी आर्थिक क्षमता के अनुरूप करता था। अकसर यह आयोजन बड़ा ही भव्य होता था, जिसमें मन्दिर–व्यवस्था और पुजारियों का पूर्ण सहयोग होता था। ब्राह्मणवादी व्यवस्था में स्त्री यज्ञोपवीत आदि संस्कारों से बाहर ही रखी गयी, उसके लिए केवल 'विवाह संस्कार' का प्रावधान किया गया। किशोरी–कुमारी को देवता को समर्पित करना 'विवाह संस्कार' का ही प्रतीक माना गया। रजस्वला होने के बाद कन्या का विवाह देवता की प्रतिमा से किया जाता था। इसका सामान्य तौर पर यह अर्थ होता था कि पुजारी ही ईश्वर के प्रतिनिधि के तौर पर उस कन्या से सम्भोग करेगा। देव को अर्पण करने की प्रक्रिया में परम्परागत विवाह संस्कार के रीति–रिवाज ही अपनाये जाते

थे। 'मधुयामिनी' के पहले विवाह के अवसर पर गाये जाने वाले गीतों को ही गाया जाता था। देवदासी को 'नित्य सुमंगली' अर्थात 'अखण्ड सौभाग्यवती' माना जाता था। विवाह–संस्कार के बाद देवदासी मन्दिर में रीति–रिवाज और नृत्य सम्बन्धी कर्तव्यों का निर्वाह करती थी। कन्या के रजस्वला होने के अवसर पर जो आयोजन किये जाते थे उनसे मन्दिर के सम्मान में श्रीवृद्धि होती थी, साथ ही उच्च एवं अभिजातवर्गीय लोगों का ध्यान भी मन्दिर की ओर आकर्षित होता था। जिस मन्दिर में जितनी सुन्दर और युवा देवदासियाँ होती थीं, उस मन्दिर की प्रसिद्धि और समृद्धि उतनी ही ज़्यादा होती थी। 'देवपत्नी' बनाने के आयोजन में समाज के प्रायः सभी वर्गों के लोग अपने–अपने ढंग से भाग लेते थे। इसी अवसर पर अभिजातवर्गीय लोग अपनी मनपसन्द देवदासी का 'रक्षिता' के रूप में चयन कर लिया करते थे।

भारत के विभिन्न भागों में देवदासी प्रथा अपने–अपने ढंग से फैली। तमिलनाडु की देवदासी प्रथा के बारे में श्रीनिवासन ने लिखा कि देवदासी बनने की परम्परा में लड़की के लिए एक भव्य समारोह आयोजित किया जाता था, इसके बाद उसे अपनी बहनों, जो देवता को समर्पित नहीं होती–से अलग कर दिया जाता। मन्दिर में सेवाकाल के दौरान देवदासी को कठिन मानसिक और शारीरिक श्रम से गुजरना पड़ता। इसके अतिरिक्त उसे नृत्य में निष्णात होना पड़ता तथा सार्वजनिक तौर पर यह भी दिखाना पड़ता था कि वह अपने किस आश्रयदाता की रक्षिता है। कोई व्यक्ति (ज़्यादातर समृद्ध) यदि किसी देवदासी विशेष को रक्षिता बनाना चाहता था तो उसके रजस्वला होने की प्रतीक्षा करनी पड़ती थी। किसी व्यक्ति की कितनी अधिक रक्षिताएँ हैं–यह समाज में उसके सम्मान को बढ़ाने वाली बात समझी जाती थी। मुस्लिम, ईसाई या निम्न जाति के लोगों के साथ देवदासियों के शारीरिक सम्पर्क पर पाबन्दी थी। देवदासी की माँ या नानी द्वारा ब्राह्मणवंशीय या राजकीय वंश के व्यक्ति का चुनाव किया जाता था, ताकि देवदासी की सन्तान अच्छी नस्ल की हो। देवदासी की सन्तति को पिता द्वारा वैधता प्राप्त नहीं थी। वे पिता के नाम से नहीं जानी जाती थी न ही पिता की सम्पत्ति में उन्हें कोई हिस्सा मिलने का ही प्रावधान था। सन्तानें अपने पिता से मिलने का अवसर तभी पाती थीं जब पिता उनकी माँ से मिलने आयें।

उड़ीसा में देवदासियों को 'महारी' कहा गया–'महारी' का अर्थ है

वे महान स्त्रियाँ जो अपनी मानवीय वासनाओं पर नियन्त्रण रख सकती हैं और अपने–आप को पूर्णरूप से ईश्वर को समर्पित कर सकती हैं। ये महान नारियाँ पंचेन्द्रियों पर नियन्त्रण रख सकती हैं। श्री चैतन्यदेव ने देवदासियों को परिभाषित करते हुए कहा है कि वे देव–सेविकाएँ हैं और नृत्य और संगीत द्वारा ईश्वर की सेवा करती हैं। ओडिसी नृत्य गुरु पंकज दास जो स्वयं 'महारी' परिवार से सम्बद्ध हैं–वे लिखते हैं–''महारी का अर्थ है–महा–रिपु–आरी, जो पाँच महान शत्रुओं पर विजय प्राप्त कर चुका है।''

चौदहवीं शताब्दी के उत्तरार्ध में महारी देवदासियों का पतन प्रारम्भ हो गया था। जैसे ही मुस्लिम शासकों का आगमन हुआ, पर्दा–प्रथा उड़ीसा मे प्रारम्भ हो गयी। स्त्रियाँ निरन्तर अपनी पहचान खोती चली गयीं। 1956 के उड़ीसा गजट में केवल नौ देवदासियों और मन्दिर में संगीत और वाद्य–यन्त्र बजाने वाले ग्यारह सदस्यों का उल्लेख है। 1980 आते–आते हरप्रिया, कोकिलप्रभा, पारसमणि और शशिमणि–ये चार देवदासियाँ जीवित थीं। 1990 तक केवल पारसमणि ही जीवित रही। उड़ीसा के मन्दिरों में बीसवीं शताब्दी के पूर्व–मध्य तक ही देवदासियों के दैनिक नृत्यों के प्रमाण मिलते हैं। 1990 के उत्तरार्ध तक पारसमणि देवदासी को जगन्नाथ मन्दिर के वार्षिकोत्सवों में देखा गया।

कर्नाटक में देवदासियों की येल्लम्मा परम्परा आज भी जीवित है। लड़कियों को देवी येल्लम्मा की सेवा में बहुत कम उम्र में समर्पित कर दिया जाता है। समर्पण का पूरा आयोजन विवाह जैसा होता है। देवदासियों को वेश्यावृत्ति करनी पड़ती है। इससे प्राप्त धन से उनके पूरे परिवार का जीवनयापन होता है। कर्नाटक के बगलकोट की एक रिपोर्ट के अनुसार, क्योंकि येल्लम्मा देवदासियों को सामाजिक स्वीकृति मिली हुई होती है अत: वेश्यावृत्ति करने में उन्हें किसी ग्लानि का अनुभव नहीं होता। येल्लम्मा के अनुयायी ज़्यादातर वे लोग हैं जो जीवन के अभावों और संघर्षों के सताये हुए होते हैं। वे अपनी पत्नी, बच्चों के साथ समवेत रूप में देवी येल्लम्मा की सेवा का प्रण लेते हैं ऐसे लोग अशिक्षित और निर्धन होते हैं। रोगी, निर्धन, अभावग्रस्त, कष्टदायी परिस्थितियों के सताये हुए लोग येल्लम्मा के देवी रूप का गुणगान और उनकी महिमा का संगीतमय वर्णन करते हैं। जोगतियाँ (स्त्रियाँ) और जोगपा (पुरुष) जो स्वेच्छा से देवी की सेवा में नियुक्त होते हैं–उनके दीक्षा ग्रहण की वृहद् आनुष्ठानिक प्रक्रिया होती है। येल्लम्मा की सेवा में भर्ती होने वाले नये अनुयायियों

को तीन पवित्र सरोवरों में स्नान करके पुजारियों के पास शपथ ग्रहण के लिए जाना पड़ता है।

आधुनिक काल में उच्च जातियों से देवी येल्लम्मा के अनुयायियों की संख्या में आश्चर्यजनक रूप से कमी आयी, लेकिन आर्थिक एवं सामाजिक तौर पर पिछड़े और अनुसूचित जातियों और जनजातियों द्वारा अब भी 'येल्लम्मा पन्थ' अपनाया जाता है। आर्थिक रूप से दलित और कमज़ोर वर्ग की स्त्रियाँ चाहकर भी इसे छोड़ नहीं सकती। देवी की कृपा से पुत्र प्राप्ति, रोग मुक्ति के साथ–साथ वेश्यावृत्ति की धार्मिक स्वीकृति की सुविधा के कारण येल्लम्मा पन्थ के अनुयायियों की संख्या काफ़ी है। हालाँकि स्वयंसेवी संस्थाओं के प्रयासों से इनकी संख्या में पहले से कमी आयी है, लेकिन आज भी पूरे कर्नाटक में लगभग 25,000 देवदासियाँ उत्तरी कर्नाटक, बेलगाम, बीजापुर, रामचूर, कोप्पल, धारवाड़, शिवमोगा आदि ज़िलों में फ़ैली हुई हैं।[21]

महाराष्ट्र में देवदासियों को 'मुरली' कहा जाता है, और उनके पुरुष संगी को 'वाझा'। महाराष्ट्र में देवदासी प्रथा दूसरे राज्यों से इसी मायने में अलग है। मुरली और वाझा आपस में जोड़े बनाकर रहते हैं। 'मुरली' वे देवदासियाँ कहलायी, जिन्होंने 'खांडोबा' देवता को अपना सम्पूर्ण जीवन अर्पित कर दिया। 'मुरली' और उसकी कन्याएँ देवदासी प्रथा को आगे बढ़ाती हैं। महाराष्ट्र का जेजुरी मन्दिर जो एक ऊँची पहाड़ी पर स्थित है–में मुरली और वाझा की विशिष्ट जीवन पद्धति देखने को मिलती है। ये समूहों में, मन्दिर परिसर में ही सुबह से शाम तक रहते हैं–मुरलियाँ मन्दिर के दर्शनार्थियों को आकर्षित करती हैं और देह–व्यापार अनवरत गति से चलता है, वहीं 'वाझा' मन्दिर के आस–पास ही नृत्य–गान एवं शिक्षा माँगकर जीवनयापन करते हैं। आम आदमी तथा पुलिस–प्रशासन उन्हें वहाँ से नहीं हटा सकता, क्योंकि वे धर्म के नाम पर ये सब कृत्य करते हैं। यहाँ तक कि यदि कोई अनाथ बच्चा उन्हें मिल जाता है तो वे उसे भी देह–व्यापार और भिक्षाटन के लिए बाध्य करते हैं। यहाँ तक कि यदि कोई अनाथ बच्चा उन्हें मिल जाता है तो वे उसे भी देह–व्यापार और भिक्षाटन के लिए बाध्य करते हैं। दक्षिण महाराष्ट्र के ज़िलों–अकेले कोल्हापुर और साँगली में लगभग 200 देवदासियाँ अभाव और दबाव के चलते देवपत्नीत्व ग्रहण करने के लिए विवश है। यदि कोई स्वयंसेवी संस्था उनको यह धार्मिक वेश्वावृत्ति करने से रोकती भी है, तो जीवनयापन

के विकल्पों के अभाव में यह कार्य सफल नहीं हो पाता। कई संगठन देवदासियों की बच्चियों को 'सुधारगृहों' में लाकर रख भी देते हैं लेकिन अठारह वर्ष की होते–होते वे वापस देह व्यापार में जुट जाती हैं। उनकी आय पर उनका पूरा परिवार निर्भर होता है। सरकार की ओर से सन् 2004 में देवदासी प्रथा उन्मूलन के सजग प्रयास किये गये। महाराष्ट्र सरकार ने देवदासी बनने और बनाने को दण्डनीय अपराध घोषित कर दिया और पकड़े जाने पर 10,000–50,000 की राशि के दण्ड का प्रावधान किया। यह भी कहा गया कि देवदासियों को वैकल्पिक रोज़गार के लिए कुटीर उद्योगों का कर्ज़ दिया जायेगा। ज़िला और राज्य स्तर पर देवदासी नियन्त्रण समितियों के गठन की बात भी की गयी। सरकार के ये प्रयास यथार्थ से दूर थे क्योंकि देवदासियों की गणना का सही प्रयास ही नहीं किया गया। इसलिए उनके पुनर्वास की दिशा में भी कारगर कदम नहीं उठाये जा सके। समाजकार्य के लिए स्थापित कॉलेज निर्मला निकेतन की उपप्रधानाचार्य के अनुसार, "देवदासी प्रथा, बालिका वेश्यावृत्ति महाराष्ट्र, कर्नाटक, आन्ध्र प्रदेश के साथ–साथ राजस्थान के नट–समुदाय में आज भी प्रचलित है।"

भारत के राष्ट्रीय महिला आयोग ने देवदासी प्रथा के उन्मूलन के सन्दर्भ में देश के विभिन्न राज्यों से आँकड़े एकत्र किये। उड़ीसा सरकार द्वारा आयोग को सूचना मिली कि अब वहाँ यह प्रथा पूरी तरह समाप्त हो चुकी है, केवल एक देवदासी पुरी के मन्दिर में जीवित है। तमिलनाडु सरकार ने भी यही बयान दिया जबकि आन्ध्र प्रदेश सरकार ने कहा कि राज्य में 16,624 देवदासियाँ हैं तथा कर्नाटक सरकार द्वारा 22,941 देवदासियों के वेश्यावृत्ति में लिप्त होने की सूचना दी गयी। आयोग को महाराष्ट्र सरकार की ओर से, इस सन्दर्भ में कोई जानकारी उपलब्ध नहीं करायी गगी और कहा गया कि राज्य द्वारा देवदासी मेण्टनेंस अलाउंस के लिए विज्ञापन दिया गया, जिसके लिए 8,793 प्रार्थना–पत्र आये। इनमें से 2,479 प्रार्थना–पत्रों को निरस्त कर दिया गया और 6,314 को देवदासी पोषणवृत्ति के योग्य पाया गया। सन् 2007 तक 1,432 देवदासियाँ महाराष्ट्र सरकार की ओर से पोषणवृत्ति पा रही थीं।[22]

देवदासियों की अच्छी संख्या आन्ध्र प्रदेश में है, विशेषकर करीमनगर, वारंगल, निज़ामाबाद, महबूबनगर, कुरनूल, हैदराबाद, अनन्तपुर, मेडक, आदिलाबाद, रंगारेड्डी, नेल्लोर, नलगोंड़ा और श्रीकाकुलम ज़िलों में। आज

भी कर्नाटक के रायचूर, बीजापुर, बेलगाम, धारवाड़, बेलारी और गुलबर्ग ज़िलों में सैकड़ों स्त्रियाँ देवदासी बनकर वेश्यावृत्ति कर रही हैं। महाराष्ट्र में पुणे, शोलापुर, कोल्हापुर, सांगली, मुम्बई, लातूर, उस्मानाबाद, सतारा, नांदेड़, और सिन्धुदुर्ग ज़िलों में देवदासियाँ अच्छी संख्या में मौजूद हैं।[23]

जोगेन शंकर[24] ने देवदासी प्रथा की परम्परा के पुष्ट होने के धार्मिक और मनोवैज्ञानिक कारण बताये थे–

1. भारत में मानव–बलि की प्रथा थी। मानव बलि के प्रतीक के रूप में जीवित मनुष्य को देवता को समर्पित करना उसी प्रथा का अनुकरण है।
2. ज़मीन की उपज बढ़ाने या किसी मनोकामना के पूर्ण होने पर कन्या को देवता को अर्पित करना धार्मिक भावना का प्रतीक था।
3. भारत की द्रविड़ संस्कृति में लिंग पूजा प्रचलित थी। देवता को पुरुष मानकर उसे कन्या समर्पित करना–उसी परम्परा का अवशेष है।
4. अतिथि एवं गणमान्य व्यक्तियों के सम्मान एवं आतिथ्य के लिए भारतीय संस्कृति में कन्या को दान दिये जाने के प्रसंग मिलते हैं। धार्मिक वेश्यावृत्ति के बीज इसी परम्परा में देखे जा सकते है।
5. वर्णव्यवस्था के अन्तर्गत ब्राह्मणों ने समाज के निचले तबके के शोषण को वैधता प्रदान करने के लिए इस प्रथा का पोषण किया होगा।
6. राज्य व्यवस्था को आर्थिक संबल प्रदान करने में देवदासियों द्वारा महत्त्वपूर्ण भूमिका निभायी जाती थी। अतः इस प्रथा को राजकीय संरक्षण मिला।

यद्यपि सन् 1934 में पारित अधिनियम द्वारा भारत में देवदासी प्रथा के उन्मूलन की घोषणा की गयी लेकिन सत्तर वर्षों के बाद भी लगभग 4,50,000 देवदासियाँ धर्म के नाम पर देह–व्यापार से सम्बद्ध हैं। अशिक्षा और अस्पृश्यता ने इस प्रथा को पोषण दिया। आज कई स्वयंसेवी संस्थाएँ देवदासियों और उनके परिवारों के सुधार के लिए आगे आयी हैं। इनमें से कई संस्थाएँ उनकी स्वास्थ्य परियोजनाओं पर भी कार्यरत हैं। एड्स और एच.आई.वी., सरवाइकल कैंसर जैसे रोगों के प्रति देवदासियों को जागरुक किया जा रहा है, उन्हें स्वास्थ्य कार्ड भी दिये जा रहे हैं ताकि वे स्वयं और अपने ग्राहकों को एड्स जैसे रोगों से मुक्त रखें। स्वयंसेवी संस्थाएँ, उनके पुनर्वास पर भी ध्यान दे रही हैं। कृषि, टोकरी बुनना, कपड़ों की बुनाई जैसे काम उन्हें सिखाये जाने के रचनात्मक प्रयास हो रहे हैं। इसके

अतिरिक्त उन्हें रोगों की रोकथाम के बेहतर उपाय भी सिखाये जा रहे हैं। परिवार नियोजन कार्यक्रम तथा कन्या–बालिका के लिए मुफ़्त भोजन और स्कूली शिक्षा इन्हीं उपायों में प्रमुख हैं।[25]

देवदासी प्रथा के जड़ से समाप्त न हो पाने के पीछे भारतीय समाज का मानसिक अनुकूलन है, जिसे पहचानने के लिए उन्नीसवीं सदी के धर्म सुधार आन्दोलनों पर दृष्टि डालना ज़रूरी है। जहाँ राजारामोहन राय, केशवचन्द्र सेन जैसे पश्चिमी ज्ञान–विज्ञान से सम्पन्न समाज सुधारकों और बुद्धिजीवियों ने इस प्रथा को समूल नष्ट करने का बीड़ा उठाया वहीं पुनरुत्थानवादियों जिनमें थियोसोफिकल सोसायटी का स्थान प्रमुख था–ने इस प्रथा को बनाये रखने के पक्ष में प्रयास किये। जोगेन शंकर ने लिखा है कि सुधारवादियों का उद्देश्य था इस प्रथा को हटाना, जिसमें ईसाई मिशनरी के लोगों, चिकित्सकों, पत्रकारों और सामाजिक कार्यकर्त्ताओं ने भाग लिया। उनकी माँग थी कि उन सारे उत्सवों और अनुष्ठानों को बन्द कर दिया जाये जिसमें कम उम्र की हिन्दू लड़कियों को देवदासी बनाया जाता है। उन्होंने संगोष्ठियों और विचारगोष्ठियों का आयोजन किया ताकि वे देवदासी प्रथा के विपक्ष में जनमत बना सकें। सुधार आन्दोलनों की वैचारिकता ईसाई धर्म से प्रेरित थी। ईसाई धर्मगत नैतिकता और मूल्य–रक्षा की तर्ज़ पर इस प्रथा को केवल वेश्यावृत्ति से जोड़कर देखा गया। इस सुधारवादी दृष्टि के पीछे राष्ट्र–चेतना काम कर रही थी। ब्रिटिश शासन वेश्यागृहों को बनाये रखने के पक्ष में था। जो लोग साम्राज्यवाद के ख़िलाफ़ थे उनके लिए ज़रूरी था कि वे इस धार्मिक वेश्यावृत्ति का विरोध करें। 'Indian Social Reformer' (इण्डियन सोशल रिफ़ॉर्मर) जैसे अंग्रेज़ी अखबार ने सुधारवादियों का पक्ष लिया। आम जनता से यह अपील की गयी कि जो लोग सुधारवादियों के पक्ष में हैं वे नाच–पार्टियों में नहीं जायेंगे और घरेलू उत्सवों में देवदासियों को सम्मिलित–आमन्त्रित नहीं करेंगे। इस आन्दोलन के बाद देवदासियों की संख्या में कमी आयी। सुधारवादी आन्दोलन के समानान्तर ही पुनरुत्थानवादी आन्दोलन भी चलाया गया, जिसने अपने आपको राज्यों की चुनावी राजनीति एवं पश्चिमी प्रभाव से पृथक रखा। थियोसोफिकल सोसायटी के सदस्यों ने इसका समर्थन किया क्योंकि भारतीय नृत्य–गीत की परम्परा को पुनरुज्जीवित करने में उनकी गहरी दिलचस्पी थी। थियोसोफिकल सोसायटी की मादाम एच.पी. ब्लावट्स्की और कर्नल एस.एस. ओल्कॉट ने दक्षिण भारत का दौरा कर मन्दिर संस्कृति

से जुड़ी 'सादिर' नृत्यकला का संरक्षण एवं पुनरुद्धार करने का प्रयास किया, जिन्हें दक्षिण भारतीय आभिजात्य वर्ग का प्रबल समर्थन मिला। आगे चलकर 'सादिर नृत्य' को भरतनाट्यम के रूप में रूक्मिणी देवी अरूंडेल ने प्रसिद्धि दिलायी। वे स्वयं थियोसोफिस्ट थी। थियोसोफिकल सोसायटी ने भरतनाट्यम के प्रचार–प्रसार के लिए रूक्मिणी देवी को प्रचुर आर्थिक सहायता मुहैया करवायी। वस्तुतः पुनरुत्थानवादियों ने देवदासी प्रथा के आदर्श संस्थागत रूप को उभारने और प्रस्तुत करने का रचनात्मक प्रयास किया। उनका मानना था कि देवदासियाँ प्राचीन देवमन्दिरों में देवताओं के सम्मुख नृत्य–गान करने वाली पवित्र कुमारियाँ होती हैं, जिनकी कला में संस्कृति का स्वरूप सुरक्षित रहता है। पुनरुत्थानवादियों ने देवदासियों को वेश्यावृत्ति से सम्पृक्त नहीं किया, बल्कि उन्हें कलाकार की गरिमा दी। उन्होंने जनता में इसका प्रचार किया कि मन्दिर संस्कृति नृत्य और संगीत कला को पुष्पित–पल्लवित करने और संरक्षित करने का काम करती है और देवदासी नृत्य–नाट्य–योग का ही एक रूप है, जो किसी मनुष्य की आध्यात्मिक शक्ति को उन्नत करता है। वे चाहते थे कि सादिर नृत्य के शास्त्रीय स्वरूप को सुरक्षित रखा जाये, इसलिए इसे शुद्ध करने के लिए कुछ सुधार भी किये गये। इन प्रयासों के परिणामस्वरूप बहुत सी ब्राह्मण कन्याओं ने मन्दिरों में देवदासियों से नृत्य–शिक्षा लेनी प्रारम्भ कर दी।

समाजसुधारकों द्वारा देवदासियों की छवि 'पतित स्त्रियों' के रूप में प्रस्तुत की गयी, वहीं पुनरुत्थानवादियों ने उन्हें 'नन' या 'चिरकुमारी' माना। आधुनिक काल में 'देवदासी प्रथा' के पीछे पुरुषसत्तात्मक मानसिकता के षड्यन्त्र को पहचाना गया। वस्तुतः इसे स्त्री के, विशेषकर अभावग्रस्त और दलित वर्ग के सांस्थानिक शोषण के रूप में पहचाना जाना ज़रूरी था। मन्दिरों में अनुष्ठानों और उत्सवों में नृत्य की परम्परा तो कब की शेष हो चुकी, अब बचा रह गया है स्त्री के दमित मानसिक अनुकूलन का लाभ उठाकर, धर्म और पारिवारिक ज़िम्मेदारी के नाम पर दैहिक शोषण। कभी मनौती पूरी करने के लिए, कभी जीवनयापन के लिए–"अशिक्षित और हाशिए का उपेक्षित समाज अपनी कन्याओं को देवदासी बनने के लिए बाध्य करता रहा। एक बार देवदासी बन जाने पर 'धर्म' के नाम पर स्त्री को सामान्य स्त्री–सा जीवन जीने की छूट कभी नहीं दी गयी।"

सन्दर्भ

1. नेशनल कमीशन फॉर वीमेन http://ukgeocitiesicom/dalitsnuk/dalitrights/issue6.html
2. आर.एस. शर्मा, भारतीय सामन्तवाद, अनुवादक–आदित्य नारायण, दिल्ली, 1973, पृ. 2
3. El. 32, P. 290 cited by K.R.Shrinivasan, Some Aspects of Religion as Revealed by early monuments and Literature of the South Madras : University of Madras, 1960, p. 15
4. Ibid
5. J.A.S.B. 9, i`- 766 F, Cited in B.N. Sharma, Social and Cultural History of Northern India, C 100-1200, New Delhi 172, p. 75
6. P. Thomas, 'Indian women through the Ages,' Bombay 1964, p. 237
7. B.P. Majumdar, 'Socio-Economic History of Nothern India,' 1020-1194 A.D. Calcutta, p. 372
8. वही, पृ. 371
9. SII-Volume 2, Part III No. 66
10. वी. यशोदा देवी, 'आन्ध्र प्रदेश का इतिहास', JAHRS, 26, पृ. 61
11. SII No. 110
12. RT. VII, p. 850-60
13. Ibid
14. RT. IV, p. 17-32
15. कथासरित्सागर, पाठ तीन, तरंग–1 पृ. 247–49
16. Socio-Economic History of Northern India, Calcutta, 1960, p. 371
17. Alberuni's India, Edward C. Sachau (Ed. and translated) New Delhi, 1964. Vol. II, p. 157
18. Alberuni's India, Op Cit., p. 157
19. EI. XI, p. 26-28
20. कुट्टनीमतम्, पृ. 747–49
21. येल्लम्मा सस्कृति–Deccan Herald, 6 March, 2007
22. Donors, Devotees and daughters of God : Temple women in Medieval Tamil Nadu—Leslie C. Orre
23. जोगेन शंकर, देवदासी प्रथा : एक समाजशास्त्रीय विश्लेषण, द्वितीय सं., आशीष पब्लिशिंग हाऊस, दिल्ली
24. वही
25. Devadasis (Prohibition of Dedication Act), 1982

भाषा में स्त्री और स्त्री की भाषा का प्रश्न

•

प्रोमिला

"हमें भाषा की खोज करनी ही होगी, अन्यथा हम नष्ट हो जायेंगे।"

"We have to invent; otherwise we will perish."

(Annie Leclerc says in 'Woman's Word')

सामाजिक समानता में भाषा की क्रीड़ा किस प्रकार बाधक हुई है, बँधी–बँधायी श़ाब्दिक परिपाटियाँ क्यों स्त्री की दोयमता की ढाल बनी हुई हैं, ऐसे भाषिक मुहावरे जिनकी कोई वास्तविक सत्ता नहीं किस प्रकार सामाजिक वाग्जाल में स्त्री को घेरे बैठे हैं? यह दर्शाते हुए बीसवीं शताब्दी की प्रसिद्ध स्त्री चिन्तक लुईस इरीगरी ने कहा है कि यदि स्त्री भाषा की परिधि में बेग़ानी है, बाहरी है। यदि वह पुरुष केन्द्रित स्थितियों का जवाब देने में असमर्थ है तो इसका बुनियादी कारण है सैकड़ों वर्षों से उसका सांस्कृतिक तौर पर अधीन होना।[1]

यही बात बेट्टी फ्रीडन ने भी कही थी। उन्होंने पहचाना था कि अंग्रेज़ी भाषा अपने बोलने वालों से एक जैसा नाता नहीं निभाती। वह एक साामजिक उत्पाद है और कहा था कि यह एक समस्या है जिसका कोई नाम नहीं।[2] आज फिर से यही बात बार–बार विचारने की आवश्यकता उभर रही है तो बहुत कुछ इसी कारण से कि स्त्री–स्वतन्त्रता के परिप्रेक्ष्य में भाषा के स्तर पर दृढ़ता के साथ उस संघर्ष को आगे नहीं बढ़ाया गया।

'स्त्री–परतन्त्रता' और 'स्त्री–उत्पीड़न' पर चर्चा तो बहुत हुई परन्तु जिस भाषा के आसरे यह कार्य सम्पन्न होता है उस पर किसी ने गहराई से उँगली नहीं रखी। स्त्रीवादियों ने भाषा का सवाल उठाया है तो इस

बात को पहचानकर कि उक्त वाग्जाल के परिणामस्वरूप ही संस्कृति के वर्चस्वशाली बने रहने का ख़तरा सदैव मँडराता रहेगा। यह समझकर कि पुरुष सत्तात्मक समाज में स्त्री का हाशिएकृत होना और भाषा का प्रश्न, दोनों सम्बद्ध हैं।

''एक पिरामिडी, वर्गीय समाज में भाषाओं का ढाँचा भी पिरामिडी होता है। समर्थ और सम्पन्न वर्ग की भाषा यदि इस पिरामिड के उच्च शिखर पर है तो असमर्थ और असम्पन्न वर्गों की भाषा पिरामिड के निचले स्तर पर... भाषा का विषमताओं से भरा पिरामिड आर्थिक वर्ग–विषमताओं के पिरामिड का केवल प्रतिबिम्ब या दर्पण मात्र नहीं है। आज के युग में भाषा का पिरामिड एक स्वतन्त्र शक्ति बन गया है।''[3] और वर्ग ही नहीं समाज की लैंगिक संरचना भी इस शक्ति की जद में है। स्त्री–पुरुष स्तरीकरण या बँटवारे का रूप सर्वप्रथम भाषिक बुनावट में ही दृष्टिगोचर होता है। एक ओर मानव–भावों की अभिव्यक्ति का सहज माध्यम भाषा तथा दूसरी ओर वर्चस्वशाली और वर्चस्वहीन का यह भेद। भाषा की संरचना पर सवाल स्वाभाविक है। इस सवाल के मायने हैं–''बिखरे समूह की भाषा के माध्यम द्वारा सामूहिक रूप से एक सांस्कृतिक रूप से एक सांस्कृतिक वातावरण की उपलब्धि।''[4] और समस्या का कारण सम्भवतः वही है जिसकी ओर संकेत करते हुए कहा गया है कि ''मरदानी भाषा और जनानी भाषा भी एक ऐसा विभेद है, जिसके पीछे स्त्री को हेय मानने की प्रवृत्ति है। चूँकि सामाजिक स्तर पर यह विभेद काफ़ी गहरा है अतः इसने स्त्री के पूरे व्यक्तित्व को प्रभावित किया है, अभिव्यक्ति जिसका एक अंग है। हाय, उफ, धत, चलो हटो, मैं तो मर गयी आदि जनानी भाषा के नमूने माने जाते हैं। पुरुष इन शब्दों का प्रयोग नहीं करते...।''[5]

इस तथ्य की पुष्टि करते हुए चेरिस क्रैमर (1981) ने स्पष्ट किया कि कैसे पुरुष एक वर्चस्वशाली समूह के रूप में स्त्री कें हितों को दबाता है। उन्होंने इसे दो स्तरों पर फलीभूत होते हुए दर्शाया–

पहला, महिलाएँ (और अन्य अधीनस्थ समूहों के सदस्य) अपने मनोवाँछित भावों को कभी भी और कहीं भी अभिव्यक्त करने के लिए उस रूप में सक्षम एवं स्वतन्त्र नहीं है जैसे कि पुरुष हैं, क्योंकि शब्द और उनके उपयोग के मानदण्ड वर्चस्वशाली समूह, पुरुषों द्वारा तैयार किये गये हैं। दूसरा, महिलाओं की धारणाएँ पुरुषों से अलग हैं क्योंकि महिलाओं की

अधीनता का अर्थ ही है कि वे अलग तरह से जीवन को अनुभव करती हैं। अतः शब्द और बोलने के मानदण्ड महिलाओं के अनुभव से उत्पन्न और उनके अनुकूल साबित नहीं हो रहे हैं।[6]

शब्दों या अभिव्यक्ति के स्तर पर कायम सदियों पुराने दबावों का उदाहरण है अरस्तु द्वारा सोफोक्लीज़ का उद्धृत यह कथन कि "मौन महिलाओं का आभूषण है।" और सेण्ट पॉल द्वारा कोरिंथियंस को लिखे पत्र का हवाला जिसमें उन्होंने महिलाओं को मूक रहने की सलाह देते हुए कहा कि "महिलाओं को चर्चों में चुप रहना चाहिए क्योंकि उन्हें बात करने की अनुमति नहीं है... और यदि वे कुछ भी जानने की इच्छा रखती हैं तो वे घर में अपने पतियों से पूछ सकती हैं, चूँकि एक औरत का चर्च में बात करना अनुचित है।" (First Corinthians 14 : 33-35 states, "let the women keep silent in the churches for they are not allowed to speak,... and, if they desire to learn anything, let them ask their own husbands at home; for it is improper for a woman to speak in the church.")

यानी भाषा में जिस वर्चस्ववादी लैंगिक विभाजन का उल्लेख इरीगरी ने किया था, वह उक्त सभी उदाहरणों में स्पष्ट देखा जा सकता है। इसीलिए डेल स्पेन्डर (1985) ने घोषणा की कि ऐतिहासिक क्रम में, महिलाओं को सांस्कृतिक रूपों के उत्पादन से बाहर रखा गया है, और भाषा भी अन्ततः एक सांस्कृतिक उत्पाद है। अतः स्त्री उससे भी बाहर रही है।[7] और क्योंकि स्त्री को अपनी भाषा और अभिव्यक्ति नहीं दी गयी है, इसलिए पुरुष की बनायी भाषा का आश्रय लेना उसकी बाध्यता है। वस्तुतः धर्म, अर्थ, काम, मोक्ष की सारी अवधारणाएँ ही पुरुष–सत्ता की निर्मितियाँ हैं।

होना तो यह चाहिए था कि स्त्री के विवेक और सचेतना को भाषा की अपनी विशिष्ट निष्पक्ष परम्परा के साथ सम्बद्ध किया जाता। इस सम्बद्ध भाव के साथ पूछा जाता कि हमारे समाज और संस्कृति में क्या मुक्तकारी है और क्या उत्पीड़नकारी? पर ऐसा हुआ नहीं। भाषा–संरचना में शब्दों की अर्थ छवियों का उपयोग कुछ इस रूप में किया जाता रहा कि जैसे भाषा का स्त्री–जीवन और द्वन्द्वों से कोई नाता ही न हो। भाषा भावों, विचारों की अभिव्यक्ति का एक ऐसा सामान्य निष्पक्ष माध्यम घोषित हुई जिस पर कोई आशंका नहीं की जा सकती। उसे भाषा विज्ञानियों की एकवचनीयता से आगे बढ़कर जाँचने, परखने की कोई बात नहीं उठी। जिससे मुँह मोड़ने का परिणाम सदियों की गुलामी के

रूप में प्रत्यक्ष हुआ। वर्तमान के प्रयोजनों को साधने के लिए भाषा से लीपा–पोती करना या पुरुष–भाषा में स्त्री–स्वतन्त्रता की सम्भावनाओं की अपेक्षा करना–दोनों कटु सत्य साबित हुए। और स्त्री के आज का सीधा सम्बन्ध इन्हीं कटुसत्यों से निर्धारित हैं, जिन्हें आदिम काल से गढ़ी गयी भाषायी इकाईयों ने आत्मसात कर लिया है। अपने समय और समाज के लिंगाधिपत्य को सहमति प्रदान की है तथा भाषा को अपने मूल में वर्चस्वधर्मी तथा बन्धनकारी बना दिया है।

अर्थबोध और भावभूमि के तौर पर भाषा की वह अवधारणा निश्चय ही अप्रमाणिक है जो सामाजिक सम्बन्धों में निहित स्तरीकरण और दमन को आसरा देती आयी है। यह दमन इतना गहरा रहा है कि स्त्री बोलचाल की भाषा में आज पुरुषों की अपेक्षा अधिक संकोच, धाराप्रवाहिता का अभाव, तार्किकता की कमी और कम–से–कम स्वग्राही भाव प्राप्त होता है। सामान्यतः स्त्रियाँ पुरुषों की तुलना में अधिक ख़ामोश, कम–से–कम दख़लंदाज़ी करने वाली, अधिकांशतः इशारों की भाषा में बोलती, पुरुष से अधिक क्रियाओं का प्रयोग करती, बातचीत के क्रम में प्रतिस्पर्धी के स्थान पर सहयोग की रणनीति पर ज़ोर देती हैं।[8]

यानी भाषा में सत्ता समीकरणों के चलते स्त्री की जो दोयम अभिव्यक्तियाँ तैयार हुई हैं वह हाल–फिलहाल की घटना नहीं है। विभाजन आरम्भ से ही निर्मित हुए। इतिहास की कहानियाँ पुरुष भाषा में, पुरुष गाथाओं की पाण्डुलिपियाँ बनीं। जिन्हें परखते हुए मनोविज्ञानी कैरोल गिलीगन ने स्त्री की आवाज़ के बारे में लिखा है। इतिहासकार कैरोल स्मिथ–रोज़नबर्ग ने स्त्री शब्दों को सुनने की चाहत रखी है। नृविज्ञानी शर्ले आर्डनर और के. वारेन ने स्त्री की ख़ामोशी और मौन की चर्चा की है। साहित्य आलोचक एलेन शोवाल्टर और टोरिल मोई ने स्त्री की भाषा और शाब्दिक योजना का विश्लेषण किया है।[9]

वास्तव में समय के साथ अधिकांश भाषानुकूलित वक्ता लिंगानुसार एक–सी वस्तु के अभ्यस्त हो जाते हैं। एक प्रकार का दुष्चक्र निर्मित होता है जिसमें प्रत्येक स्त्री एक जैसी भाषाभिव्यक्तियों का प्रयोग करती है। भाषा का यही दुष्चक्र या वाग्जाल स्त्री की समस्या है। निस्सन्देह उसकी यह समस्या सार्वजनिक है किन्तु हर सचेत स्त्री वैचारिक अनुभव के स्तर पर इसका प्रतिपल सामना करती है। जिस भाषाई संरचना के माध्यम से स्त्री अभी तक स्वयं को व्याख्यायित करती आयी है आज उसी भाषा से

उसकी टकराहट है। यह टकराहट आज भाषा से उसके नये सम्बन्धों के स्थानापन की माँग कर रही है। स्त्री के लिए भाषा को मात्र संस्कृति प्रदत्त वस्तु स्वीकार कर अभिव्यक्ति के लिए प्रयुक्त करना कठिनतर हो गया है चूँकि हम देख रहे हैं कि उसके लिए भाषा मात्र सम्प्रेषण या संवेदन का माध्यम नहीं रही है। वह स्त्री–भावों का नियन्त्रण तथा नियमन करने का औज़ार साबित हुई है और यदि इस दिशा में चेतने का श्रेय लेखिकाओं को है तो इस कारण क्योंकि रचनात्मक स्तर पर इस बोध का उदय पहले हुआ है। वे भाषायी तीन–पाँच के प्रति पहले सतर्क हुई हैं। उन्होंने भाषा के विभाजन को सांस्कृतिक संकट के एक अंग के रूप में जाना है। उसके दुर्निवार प्रभाव से मुक्त होने तथा उसके मायाजाल को तोड़ने के लिए संघर्ष किया है। इस क्रम में उनका लेखन कर्म आवयविक रूप से ही सम्बद्ध नहीं है बल्कि अपने आज में चेतना का समानार्थी बना है। स्त्री लेखन में भाषा की रचनात्मक पहचान के अनेकों सजग यत्न हो रहे हैं। शब्दों और वाक्यों, अर्थों और संकेतों के मध्य भाषा संवेदनाओं का ऐसा सजग विनियोग हो रहा है, जो तमाम तयशुदा भाषायी रुढ़ियों को बदल देने के लिए कटिबद्ध है।

भाषा की अमूर्त संरचना में समाहित पराधीनता बोध और सामाजिक उत्पीड़न से मुक्ति की भावना को अभिव्यक्ति देती नासिरा शर्मा के उपन्यास 'शाल्मली' की नायिका सवाल उठाती है–''बताओ, हम औरत क्या हैं? गीली मिट्टी? कितनी बार हम अपने को मिटाकर नये–नये रूप में ढलें? यानी हमारा कोई अस्तित्व नहीं, अधिकार नहीं, विवाह का अर्थ है, अपना जन्म स्थान भुला देना और एक मनुष्य की इच्छा और रुचि का दास बन जाना?'' (पृ. 75) स्त्री की नियति उजागर करते इन वाक्यों के बरक्स पुरुष अपनी भाषा में कहता है–''तुम अपने बारे में निर्णय लेने वाली कौन हो? मेरी इच्छा के बिना न अब तुम अपने घर जा सकती हो न इस घर से बाहर। ...नियम और धर्म केवल काग़ज़ पर लिखने के लिए होते हैं या फिर तुम औरतों के लिए बनाये जाते हैं।'' (पृ. 127, 144)

पुरुष की भाषा ने स्त्री को सामाजिक संस्थाओं, नैतिक नियमों और मानवीय मूल्यों के प्रति, यहाँ तक की अपने अस्तित्व के प्रति भी आशंका में डाल रखा है। स्त्री के लिए शब्द उसकी प्रकृति और देहात्मा में उतर गया शाश्वत यथार्थ है। प्रभा खेतान के उपन्यास 'छिन्नमस्ता' में प्रिया कहती है, ''मुझे प्रेम, सेक्स, विवाह ये सारे सदियों पुराने घिसे हुए शब्द

लगने लगे थे। नहीं, शब्द नहीं, मांस के ताज़ा टुकड़े। लहू टपकते हुए इन शब्दों के पीछे की दीवानगी और आदिकाल से चली आ रही परम्पराओं का चेहरा सिर्फ़ औरत के आँसुओं से तरबतर है–नहीं, मैं औरत नहीं बनना चाहती थी।'' (पृ. 124) मृदुला गर्ग के उपन्यास 'कठगुलाब' की मरियम भी बोलती है–''औरत होना विडम्बना को जन्म देता है। ...नहीं, औरत होना एक विडम्बना है। नहीं, औरत ख़ुद एक विडम्बना है। जहाँ औरत होगी, विडम्बना जन्म लेगी। औरत, तेरा नाम विडम्बना है।'' (पृ. 113) यहाँ 'औरत' शब्द में छुपा स्त्री–जीवन का जन्म से मरण तक का तनाव इन शब्दों में प्रकट होता है। यह नकार की नहीं सामाजिक–यथार्थ बोध और विद्रोह की भाषा है। स्त्री के लिए 'औरत' शरीराकृति की भिन्नता बताता शब्द ही नहीं मनुष्य–जीवन की समान सम्भावना से दूरी का पर्याय है।

जिसे स्त्री आज तक स्वयं का अनुभव और अभिव्यक्ति समझती आयी है। उसमें कितनी उसकी अपनी भाषा है और कितनी पुरुष की यह संज्ञान स्त्री की सचेतना के लिए बड़ा संज्ञान है। इसी संज्ञान ने स्त्री को भाषा और उसमें छिपे वर्चस्व को विश्लेषित करने का साहस दिया है। जिससे एक ओर, चली आ रही भाषा और अर्थसंरचनाओं पर प्रश्नचिह्न है तो दूसरी ओर, स्त्री–भाषा के गठन का प्रयास। कृष्णा अग्निहोत्री अपनी आत्मकथा 'लगता नहीं है दिल मेरा' में लिखती हैं–''मेरे मरघट, मधुबन नहीं बने परन्तु यहाँ जलती भावनों के शव ज़िन्दगी की ओर खींच ले जाते हैं और एक प्रश्न उभरता है–हम क्यों नहीं मानव बने रह सकते?''[10] ये भाषायी चित्र आरम्भकालीन कथा–साहित्य में उभरी स्त्री–जीवन की छवियों और अभिव्यक्तियों से कितने भिन्न रहे यह ऊषा देवी और बंग महिला की कहानियों के उदाहरणों से देखा जा सकता है। ऊषा देवी की कहानी 'मन की देवी' की कमला शराबी पति से पिटकर भी कहती है, ''मारते पीटते हैं तो मेरे ही लिए, मुझे वह जिस सुख, आराम से रखना चाहते हैं, वैसा उनसे बनता नहीं, अपनी कमी, अपनी अयोग्यता पर उन्हें क्रोध आता है, दुःख होता है। फिर वह गुस्सा उतारें किस पर। मेरे सिवा उनका है भी कौन? ...उन्हीं ने मुझे पत्नी का आसन देकर मेरे नारीत्व का सम्मान किया है, न।'' बंग महिला ने 'दुलाईवाली' कहानी में लिखा है कि–''उनके कमरे के पास वाले कमरे में एक भले घर की स्त्री बैठी थी। वह बेचारी सिर से पाँव तक ओढ़े, सिर झुकाये एक हाथ लम्बा घूँघट

काढ़े, कपड़े की गठरी–सी बनी बैठी थी।''[11] यहाँ कोमल, शक्तिहीन दबी हुई भाषा और 'गठरी–सी' जैसा प्रयोग रिवाजों और नैतिकता के दबाव की सच्चाई बयाँ करता है।

निस्सन्देह स्त्री जीवन को अभिव्यक्त करते अनेकों शब्द प्रकृत्या ही स्वयं में कुछ अस्पष्ट, अनिश्चित एवं नकारात्मक अर्थ वाले होते हैं। विज्ञानशास्त्र की सुनिश्चित और सकारात्मक अर्थ प्रणाली में उन्हें बाँधना सम्भव नहीं होता। 'घर' भी एक ऐसा ही शब्द है। यह शब्द स्त्री के सन्दर्भ में अजब अस्पष्टता रखता है। पर फिर भी इस शब्द की वस्तुनिष्ठता पर चर्चा कभी नहीं की गयी। पुरुष सत्ता की सुविधा और वर्चस्व स्थापना के लक्ष्य की प्राप्ति हेतु ही यह व्याख्यायित होता आया है। किन्तु अब लेखिकाओं ने 'घर' की परम्परागत अर्थाभिव्यक्ति पर सवाल उठाते हुए उसकी नयी व्याख्या की पहल की है। समाज के भीतर काम करने वाले उन अन्तर्विरोधों की ओर इंगित किया है जो स्त्री के लिए 'घर' की शब्दावली में छल निर्मित करते आये हैं।

कृष्णा सोबती 'ऐ लड़की' उपन्यास में लिखती हैं, ''घर का खेल बराबरी का नाहीं, ऊपर–नीचे का है... इसी प्रभुताई के आगे गिरवी पड़ी रहती है माँ।'' (पृ. 65) चित्रा मुद्गल के उपन्यास 'एक ज़मीन अपनी' की अंकिता नीता से कहती है 'हरगिज अलग न होती... अगर मुझे कोल्हू का बैल समझकर आँखों पर पट्टी बाँधे रखने पर मजबूर न किया जाता... मेरे लिए घर की व्यवस्था का अर्थ है... अब भी है... विश्वास करो, अपनी सार्थक और सहिष्णुता की अन्तिम सीमा तक मैं घर बचाने के लिए हाथ–पाँव मारती रही... कारण न आर्थिक तंगी, न सन्देह, नहीं जीने दे रही है तो सधांशु की निरंकुश प्रवृत्ति। ...उसने सदैव अपने को थोपने की कोशिश की... उसकी निरंकुशताएँ घर के अर्थ को भ्रष्ट करने लगी थीं...।'' (पृ. 163) स्त्री के लिए 'घर' की अपनी संकल्पना है जो पुरुष के अर्थ से नितान्त भिन्न है।

किन्तु अंकिता हालात के समक्ष हार नहीं मानती और अन्त में पति सुधांशु से कहती है–''सुधांशुजी, औरत बोनसाई का पौधा नहीं–जब जी चाहा उसकी जड़ें काटकर उसे वापस गमले में रोप दिया... वह बौना बनाये रखने की इस साज़िश को अस्वीकार भी तो कर सकती है।'' (पृ. 177) बोनसाई से स्त्री–अस्तित्व का बिम्ब पुरुष समाज की नग्न सच्चाई को प्रकट करता है।

यहाँ यह बात निःसंकोच कही जा सकती है कि रचित भाषा के गलियारे में स्त्री–जीवन से लेकर स्त्री–देह से जुड़े सारे शब्द सत्ता की रणनीति से व्याख्यायित हुए हैं। पुरुष ने अपनी दमनकारी स्थिति से अपने शिकार की भाषिक छवियाँ निर्मित की हैं। जहाँ एक ओर कोमलता, दयामयी, स्नेहशील जैसे विशेषणों से स्त्री–देह को क़ैद किया गया है। वहीं दूसरी ओर शरीर सम्बन्धी अनुभूतियों की सहज अभिव्यक्ति पर ताले जड़ दिये गये हैं। कामुक शब्दावली स्त्री–शरीर का आईना बन गयी है। उसके लिए अपनी देह का यथार्थ पुरुष रचित मिथकों, प्रतीकों तथा संकेतों की गर्द से धुँधला गया है। श्लीलता–अश्लीलता, शुचिता–अशुचिता, अच्छे–बुरे के मानदण्डों से स्त्री की ज़ुबान बन्द है। शरीर के बन्धन अस्तित्व और अस्मिता के मूल्यहीन होने के बोध में बदल गये हैं। कामशास्त्र की परम्परा रखने वाले समाज ने स्त्री द्वारा देह–रहस्यों के उद्‌घाटन की भाषा–निर्माण का स्पेस ही निर्मित नहीं होने दिया है। पर सारे दबावों और भाषिक फार्मूलों के मध्य भी 'घर' की ही भाँति 'देह' की भी अपनी चेतना से अभिव्यक्ति दर्ज करने में ये लेखिकाएँ नहीं चूकी हैं।

मृदुला गर्ग के उपन्यास 'चितकोबरा' की नायिका मनु कहती हैं, ''शरीर ही संगीत है, शरीर ही नृत्य। शरीर ही ईश्वर है, शरीर ही आराधना। शरीर ही चेतना है, शरीर ही विस्फोट, शरीर के बन्धक रहने पर मन–मस्तिष्क नगण्य है। पर शरीर लालची नहीं है। अपना प्राप्य पा लेने पर शान्त हो जाता है।'' (पृ. 189)

कृष्णा सोबती के उपन्यास 'मित्रों मरजानी' की मित्रो स्वयं से कहती है, ''सात नदियों की तारू, तवे–सी काली मेरी माँ और मैं गोरी–चिट्‌ठी उसकी कोख पड़ी। कहती है इलाके के बड़भागी तहसीलदार की मुँहादरा है मित्रो... अब तुम्हीं बताओ, जिठानी, तुम जैसा–सत्तबल कहाँ से पाऊँ–लाऊँ, देवर तुम्हारा मेरा रोग नहीं समझता... और मेरी इस देह में इतनी प्यास है, इतनी प्यास कि मछली–सी तड़पती हूँ।'' (पृ. 20)

मैत्रेयी पुष्पा के 'फरिश्ते निकले' उपन्यास में उजाला की मरणासन्न हालत देखकर बेला बहू को अपना समय याद आ जाता है–''सूली पर चढ़ने वाले लाखों बार आँखें खोलने के लिए कहेंगे, अपना शिश्न लड़की के होठों पर रगड़ेंगे और होंठों के बीच घुसाने की जिद ठानेंगे। अगर लड़की नहीं सम्भव होने देगी तो उसकी योनि की चीरफाड़ जैसी दर्दनाक क्रियाएँ करने लगेंगे। बलात्कार जिसके साथ हुआ हो... ऐसी बेला बहू ने

लेटी हुई लड़की की पीठ को सहारा देते हुए उठाया और अपने सीने से लगा लिया।'' (पृ. 140)

यहाँ देह से लेकर बलात्कार जैसे कृत्य पर मौन के स्थान पर अनुभूति से कढ़ी और प्रतिरोध में पकी नयी भाषा सामने आती है, जो पुरुष रचित स्त्री की देह सम्बन्धी शब्दावलियों, विशेषणों और कामुक अधोभिव्यक्तियों के गढ़ में सीधी सेंध लगाती है। यह भाषा स्त्री के नितान्त अपने भीतर से उपजे भावानुभावों और बोधात्मकता का प्रतिरूप है। जिसमें स्त्री का कोई विवेचनात्मक हठ नहीं, अपने लिंग को पहचानने, समझने की पहल है। इस अर्थ में स्त्री भाषा की संकल्पना भौतिक देह–निष्कर्षों से पार जाती है, आत्म की कचोट को वहन करने वाली शैली उभरती है।[12] यानी शब्दों का अनर्थ सम्बन्ध छीज रहा है। परम्परागत भाषायी सत्ता केन्द्रों से टकराने के क्रम में लेखिकाएँ नये मुहावरे गढ़ रही हैं। एक नया वैचारिक कंस्ट्रक्ट तैयार हो रहा है। अज्ञात, अचिह्नित जीवन–पक्ष और मनोभाव शब्द पा रहे हैं।

'मित्रो मरजानी' में लेखिका लिखती हैं–''सुमित्रावन्ती ने त्यौंरियाँ चढ़ा अपनी दनदनाती आँखों से धनवन्ती को घूरा और कड़ाही के उबलते दूध पर पानी का छींटा दे मारा।'' (पृ. 25) यहाँ 'दनदनाती आँखों' का प्रयोग ठेठ स्त्री अभिव्यक्ति का परिचायक बनता है। असहज दाम्पत्य जीवन से मिला अपमान स्त्री को किस गहराई तक यन्त्रणा देता है इसे 'अकेला पलाश' उपन्यास में व्यक्त करते हुए मेहरून्निसा परवेज लिखती हैं–''अवमानना के जख़्म सूखने के बजाय भीगे हुए कम्बल की तरह भारी होते जा रहे हैं, जो न हटाकर एक ओर रखा जा सकता है, न ऊपर ओढ़कर अन्दर की घुटन में जिया जा सकता था।'' (पृ. 258)

अनामिका की नये मुहावरेदार भाषा उनके उपन्यास 'अवान्तर कथा' से पता चलती है–''छोटे बच्चे जिस जिद्द से छितरा–छितरा जाते हैं–टेलीफ़ोन की घण्टी कभी कमरे की दीवार से सिर टकराती थी, कभी फ़र्श पर लोट–लोट जाती थी।'' (पृ. 15) 'चाक' उपन्यास में लेखिका मैत्रेयी पुष्पा भी लिखती है, ''मुँह से निकली बात गाँव में ऐसे फिर गयी जैसे दही की मटकिया में मथनी।'' (पृ. 274)

लेखिकाओं की भाषा उनके इन्फ्रास्ट्रक्चर यानी बाहरी आधारभूत संरचना और उनकी मनोरचना की सम्मिलित परिणति है। यहाँ भाषा प्रत्येक तयशुदा अर्थरूप के खण्डन की प्रक्रिया में है। स्थिति ऐसी है कि जो कहना होता

है शब्द उसके लिए अपर्याप्त पड़ जाते हैं। वाक्यों में डॉट्स प्रयोग के रूप में अनेकानेक अर्थछवियाँ दरारों के बीच से झाँकने लगती हैं। राजी सेठ के 'तत सम' उपन्यास में घर की चाहना रखती वसुधा कहती है, ''बम्बई से सोचा था लखनऊ में... नहीं लखनऊ में भी कहाँ बना। निमिष पल में खेमे उखड़ गये। किसे कह सकता है कोई घर?... दीवारें... रसोई... काँच और स्टील के बर्तन? ...फर्नीचर, गलीचे या फिर एक व्यक्ति... केवल एक व्यक्ति और उसके चारों ओर सिरजा हुआ संसार।'' (पृ. 161) इसी प्रकार 'मेरे आका' नामक आत्मकथा की लेखिका तहमीना दुर्रानी लिखती हैं– ''...मुझसे बिल्कुल खड़ा नहीं हुआ जा रहा था, लेकिन मैंने उसका हुक्म माना। ...'अपने कपड़े उतारो' ...'' (पृ. 156)

भाषा के प्रति लेखिकाओं की सचेतना और सजगता को दर्शाते ऐसे अनेकों उदाहरण उपन्यासों, कहानियों में प्राप्त होते हैं। पता चलता है कि लेखन में उभरती स्त्री–भाषा सम्बन्धी मान्यताओं का निरूपण इन दिशाओं में हो रहा है–

- समाज में विद्यमान स्त्री–भाषा एवं साहित्य में अभिव्यक्त भाषा के सह–सम्बन्धों की व्याख्या।
- भाषायी लैंगिकता के उदय एवं विकास की दशाओं के कारणों का निरूपण।
- भाषा की जटिल व्याकरणिक संरचना में स्त्री स्थिति की व्याख्या।
- सांस्कृतिक परिवर्तनों के मध्य भाषा में होने वाले बदलावों, प्रभावों एवं परिणामों का प्रतिपादन।
- नयी स्त्री–भाषा को सही रूप में परिभाषित करने तथा उसके प्रायोगिक औचित्य का निरूपण आदि।

यानी भाषा अब लेखिकाओं की अभिव्यक्ति का पुरु, वर्चस्व सहेजता उपकरण नहीं बल्कि वह शुद्ध और गहन संवेदन तथा बोधन है जिससे रगड़ खाकर वर्जीनिया वुल्फ का वह कथन काफ़ी पीछे छूट रहा है जिसमें उन्होंने लिखा था कि इससे पहले तकनीकी और शिल्प, जो प्रकटतः बहुत सरल पर वास्तव में बहुत अस्पष्ट है, के स्तर पर कठिनाई पेश आती है। वाक्य गठन के प्रचलित रूप उसे अनुकूल नहीं लगते। ये पुरुष निर्मित वाक्य हैं जो स्त्री के उपयोग के लिहाज़ से बहुत शिथिल, बहुत स्थूल, बहुत औपचारिक हैं।[13]

सन्दर्भ

1. Margaret Whitford, 'Luce Irigaray : Philosophy in the Feminine,' p. 35
2. Catherine Helen Palczewski, 'Communicating Gender Diversity : A Critical Approach' By Victoria Leto DeFrancisico, p. 112
3. पूरनचन्द्र जोशी, 'परिवर्तन और सांस्कृतिक आयाम,' पृ. 109
4. अन्तोनियो ग्राम्शी, 'प्रिजन नोट बुक,' पृ. 349
5. राजकिशोर, 'स्त्री–पुरुष कुछ पुनर्विचार,' पृ. 74
6. Catherine Helen Palczewski, 'Communicating Gender Diversity : A Critical Approach,' Victoria Leto DeFrancisco, p. 113
7. Dale Spender, 'Man made and Language,' p.52 (Historically, women have been excluded from the production of cultural forms, and language is, after all, a cultural form-and a most important one.)
8. जगदीश्वर चतुर्वेदी, 'स्त्रीवादी साहित्य विमर्श', पृ. 270
9. 'Readings for a History of Anthropological Theory', Ed. Paul A. Erickson, Liam D. Murphy Article Language Gender and Power—Susan gal, p. 315
10. रामचन्द्र तिवारी, 'हिन्दी गद्य साहित्य,' पृ. 397
11. जगदीश्वर चतुर्वेदी, 'स्त्रीवादी साहित्य विमर्श,' पृ. 135, 140
12. के.पी. प्रमिला, 'स्त्री–अध्ययन की बुनियाद,' पृ. 139
13. Cameron, Deborah (Ed.), 'The Feminist Critique of Language : A Reader,' Article—Virginia Woolf-women and fiction, p. 50, Second Edition, Rutledge, 1998.

तातै कामिनी एक ही कहन सुनन को भेद

•

सुषमा भटनागर

'महिला वर्ग' में कविता में नारी के स्थान की पड़ताल ग़ैर–मौजूँ प्रश्न नहीं है। धनात्मक रूप में बात रखी जाये तो यह एक व्यापक और बुनियादी प्रश्न है जो रासो काव्यों से अकविता तक की कविता को नाप लेता है। इसके अन्तर्गत यह देखना है कि इस व्यापक काव्य–फलक पर नारी का स्थान क्या रहा है? काव्य का विषय बनाकर उसे किस रूप में अंकित किया है? उसे सिर्फ़ इस्तेमाल की वस्तु 'जिंस' माना गया है अथवा समाज के ढाँचे की एक महत्त्वपूर्ण सहायक शक्ति।

'सनातन नारी' की अवधारणा से अलग प्रत्येक युग अपनी व्यवस्थानुसार नारी को कविता में उतारता रहा है। रासो–काव्यों के कवि पहले आश्रयदाता के चारण थे, अतः उन्होंने नारी को केवल आश्रयदाता के क्रीड़ा–कन्दुक के रूप में ही देखा। उस समय के राजाओं के लिए नारी केवल शक्ति–प्रदर्शन का बहाना था। अपने दुर्द्धर्ष पौरुष से परेशान इन राजाओं के लिए नारी की उपादेयता सिर्फ़ इतनी थी–

जिहि की बिटिया सुन्दर देखी
तिहि पर जाहि धरहि हथियार

(आल्हखण्ड)

इस प्रकार... की उक्तियों से नारी के स्थान का अन्दाजा लगाया जा सकता है। कविता में उसका शास्त्रीय नख–शिख वर्णन एवं परिपाटीबद्ध षड्ऋतु वर्णन के समानान्तर वियोग–वर्णन ही आया, उसकी असली दर्द भरी कहानी अनलिखी ही रह गयी। सामूहिक जौहर की ज्वाला में जीवति जल जाने वाली नारियों की सामाजिक दुर्दशा और उपेक्षा कविता में उदात्तीकृत की गयी।

इन भाँडों के हाथों से निकलकर नारी सन्तों, सूफियों और भक्तों की गिरफ़्त में जा पड़ी, जिन्होंने उसे माया, ब्रह्म, आह्लादिनी शक्ति बनाया मगर उसके भौतिक अस्तित्व को वे त्याज्य मानते रहे। सन्तों ने नारी को 'काली नागणी', 'विष', 'नरक', 'नरक का कुण्ड' कहा। किसी ने नारी को भक्ति, मुक्ति और ज्ञान के मार्ग का अवरोध माना, उसका प्रभाव अत्यन्त विनाशकारी बताया।

सूफियों के यहाँ नारी की और भी दुर्गति हुई। सन्तों ने तो नारी से पवित्रतावादी परहेज़ ही रखा लेकिन सूफियों के मज़ाजी और हक़ीकी इश्क़ के बीच नारी की दशा बिल्कुल 'दुई पाटन के बीच' वाली हो गयी। संयोग से सम्भोग तक की सारी स्थितियों को जीते हुए भी बेचारी पद्मावतियाँ साधना के ढोंग से छली जाती रहीं। उनका नारीत्व तो जैसे साधना का माध्यम भर बनकर रह गया। वह नारी के भौतिक स्वरूप के साथ विशुद्ध खिलवाड़ था। ध्यान देने योग्य बात है कि प्रसिद्ध सूफी काव्य पद्मावत का नायक विवाहेतर सम्बन्ध द्वारा इस साधना–पथ पर अग्रसर होता है। यह केवल संयोग मात्र नहीं है कि सारी दार्शनिक अन्योक्ति के जाल से बाहर उसकी पत्नी नागमती का विरह–वर्णन सर्वाधिक मार्मिक है। नारी वहाँ मुहावरे के ठीक अभिधात्मक स्तर पर पुरुष के पाँव की धूल बन गयी है, उस निम्न स्तर तक पहुँचने के लिए बाध्य हो गयी है–

यह तन जारों खार के, कहौं कि पवन उड़ाउ
मकु तेहि मारग होइ परौं कैत धरे जेहि पाउ।।

राम–काव्य में स्त्री के स्थान को लेकर तो वर्षों से विवाद चला आ रहा है। तुलसी की प्रसिद्ध पंक्तियाँ–'ढोल, गँवार, शूद्र, पशु, नारी...' इस विवाद का एक महत्त्वपूर्ण सूत्र है, जिसे विद्वान समुद्र की उक्ति कहकर ढाल बनाते हैं। वस्तुतः इस बासी विवाद के इतर भी तुलसी काव्य में नारी के स्थान के संकेत मिल जाते हैं। पुत्र से गालियाँ खाती कैकेयी, गर्भिणी रूप में परित्यकता सीता (इस अंश को तुलसी बड़ी सफ़ाई से बचा गये हैं) राम–काव्य में नारी के स्थान को स्पष्ट कर देती है।

कृष्ण–काव्य की प्रतीकाच्छन्न 'रागानुराग सम्बन्ध रूपा भक्ति' भी नारी के स्वतन्त्र अस्तित्व में बाधक बनी। यहाँ 'प्रेमलक्षणा भक्ति' के आवरण में एक सम्पन्न ग्रामनायक अनेकानेक गोपियों से क्रीड़ा करता रहा और भक्ति–विह्वल रसिक गद्गद होते रहे। गोपियॉ तो गोपियाँ, वृषभानुजा भी इस नायक की उँगलियों पर नाचती हैं। राधा एक गोपी द्वारा कृष्ण

को सन्देश भेजती हैं। गोपी के लौटने पर वह उसके हाव–भाव ताड़ जाती हैं। राधा मान करती हैं मगर कृष्ण के मनुहार के आगे उन्हें झुकना पड़ता है। अगले दिन से फिर वही क्रम आरम्भ हो जाता है। इस दृष्टि से 'सूरसागर' का खंडिता प्रकरण देखने योग्य है। इसमें नाम देकर कृष्ण का अनेक गोपियों से सम्बन्ध बताया गया है यानी कुल मिलाकर नारी की स्थिति भोग्या की ही बनी रही।

'सन्तन कहा सीकरी सो काम' के काल में नारी की दशा इतनी असहाय थी। जब सीकरी ही कवियों का ठौर बन गयी तो रही–सही कसर भी पूरी हो गयी। शोधकर्ता भले ही उनकी कविता में साहित्यिक–तत्व खोज लें, वास्तव में इस काल में स्वकीया–प्रेम के माहात्म्य–गान की आड़ में कृत्रिम उत्तेजना के शमन के लिए नारी को इस्तेमाल किया गया। अन्धाधुँध रानियों, वेश्याओं और पातुरियों का संचय करने वाले सामन्तों की छत्र–छाया में रहने वाले कवि इससे ज़्यादा कर भी क्या सकते थे। सारे नायिका–भेद और नख–शिख वर्णन की आड़ में नारी के प्रति मूल दृष्टिकोण तो यही था–

"काल अन्धकारी जगत, लखै न रूप कुरूप।
हाथ लिए डोलत फिरै, कामिनी छरी अनूप।
तातैं कामिनी एक ही, कहन सुनन को भेद।
राचै पागै प्रेम रस, मेरे मन के खेद।।"

–देव

भारतेन्दु काल में धीरे–धीरे पूँजीवादी के उद्‌भव से आधुनिक दृष्टि की शुरुआत हुई। पहली बार साहित्य लोकोन्मुख हुआ। सामाजिक–राजनैतिक समस्याएँ साहित्य का विषय बनने लगीं। हास्य कविता के माध्यम से व्यवस्था पर व्यंग्य बाण चलाये जाने लगे। स्त्री की दशा में भी परिवर्तन की झलक दिखाई दी। भारतेन्दु की पहेलियाँ अंग्रेज़ों पर व्यंग्य हैं, पर आन्तरिक स्तर पर यह नारी–शोषण को भी उजागर करती है–

रूप दिखावत सब रस लूटै
फन्दे में जो पड़ै न छूटै।।
कपट कटारी जिय में हूलिस
क्यों सखि साजन नहिं सखि पूलिस।।

इसी साजन शैली में अनेक पहेलियाँ 'भीतर–भीतर सब रस चूसे' के दोहरे ढंग से नारी की असहाय दशा को व्यंजित करती है।

परवर्ती युग में पुनरुत्थानवादी दौर में नारी–उद्धार का नारा बुलन्द हुआ। विधवा–विवाह, नारी शिक्षा जैसे विवादास्पद मसलों पर साहित्यिक स्तर पर चर्चा आरम्भ हुई। द्विवेदी–युग के प्रतिनिधि कवि मैथिलीशरण गुप्त ने 'भारत–भारती' में नारी की महत्ता को रेखांकित किया–

ऐसी उपेक्षा नारियों की जब स्वयं हम कर रहे,
अपना किया अपराध उनके शीश पर हैं धर रहे।
भागें न क्यों हमसे भला फिर दूर सारी सिद्धियाँ,
पातीं स्त्रियाँ आदर जहाँ रहती वहाँ सब सिद्धियाँ।

फिर भी 'यशोधरा' और 'साकेत' में सामन्ती मूल्यों का अवशेष रह ही गया। उद्‌देश्य के स्तर पर ये रचनाएँ आधुनिक हैं। साहित्य में उपेक्षित नारियों को काव्य का केन्द्रीय पात्र बनाया गया। कवि की पूरी सहानुभूति भी इन्हें प्राप्त हुई–

अबला जीवन, हाय तुम्हारी यही कहानी
आँचल में है दूध और आँखों में पानी।

प्रश्न यह उठता है कि इस मौलिक सहानुभूति से क्या स्त्रियों (अबलाओं) को परिवर्तन के लिए कोई उत्साह प्राप्त हुआ? इसके अतिरिक्त काव्य में भी इन नायिकाओं की स्थिति बहुत अच्छी तो नहीं है। गौतम की गोपा हो, चाहे लक्ष्मण की उर्मिला, उनका प्रधान कार्य पति के वियोग में, महलों के पिंजरे में रहकर आँसू बहाना ही रहा। गोपा की स्थिति तो आज के सन्दर्भ में अकल्पनीय है। वह एक अच्छी–खासी धाय की तरह राहुल को पालती है और अन्त में गौतम उसे भी नहीं छोड़ते। नारी का इससे दुःखद अवसान क्या हो सकता है। इस पर कमाल यह है कि पुनरुत्थानवादी कवि इस अंश को बहुत गौरवान्वित करके प्रस्तुत करता है।

इस दृष्टि से अपने युग और कृति की सारी असंगतियों के साथ अयोध्यासिंह उपाध्याय 'हरिऔध' के 'प्रिय प्रवास' की राधा अधिक स्वतन्त्र है। वह प्रिय–वियोग में 'साकेत' की 'उर्मिला' की तरह मकड़ी के प्रति सहानुभूति जताने की हास्यास्पद स्थितियों को नहीं जीती। वह कृष्ण–वियोग में व्यक्तित्व का प्रसार करती है और सम्पूर्ण ब्रज के लिए अपने को उपयोगी बनाती है।

सही अर्थ में नारी की स्थिति में उल्लेखनीय अन्तर छायावादी हिन्दी कविता में आया। पूँजीवादी व्यवस्था से उदभूत रोमाण्टिक कविता की

विद्रोह भावना नारी को भी साथ लेकर चली। उसके व्यक्तित्व को एकाधिक कोणों से देखा गया–

देवि, माँ, सहचरि, प्राण।

–पंत

आज जिस नारी स्वातन्त्र्य की झण्डाबरदारी हो रही है उसकी शुरुआत महादेवी की कविता में हुई। महादेवी ने पहली बार पुरुष–पक्ष से समर्पण की माँग की–

क्यों वह प्रिय आता पार नहीं

अथवा

जो तुम आ जाते एक बार

इस क्रान्तिकारी स्वर को दबाने के लिए एक साहित्यिक साज़िश की गयी। महादेवी की इस विद्रोही चेतना को 'तम की उलझन' बताकर उन्हें युगों पीछे धकेलकर मीरा के साथ प्रतिष्ठित कर दिया। मीरा ने जीवन में भले ही समाज का विरोध किया हो किन्तु उनकी कविता तो निःशेष समर्पण से आगे नहीं बढ़ी। कविता में आये 'विष रो प्याला राणा भेज्या।' जैसे प्रसंग भी चमत्कारी अधिक प्रतीत होते हैं। जहाँ तक 'नारी के स्थान' का प्रश्न है, मीरा में कोई नवीनता नहीं है–

रैण दिना वाके संग खेलूँ, ज्यूँ त्यूँ चाहि रिझाऊ।
जो पहिरावे सोई पहिरूँ, जो दे सोई खाऊँ।

× × ×

जहाँ बैठावें तितही बैठूँ, बेचे तो बिक जाऊँ।

इस प्रकार के दासत्व को बढ़ावा देने वाली कवयित्री के साथ महादेवी की तुलना वाक़ई बहुत गहरी चाल थी। जिन विद्वानों को महादेवी में रहस्यवाद नज़र आ रहा था उन्हें स्वयं महादेवी ने जवाब दिया–

मैं कैसे उलझूँ इति अथ मे,
गति मेरी संस्कृति के पथ में।

वह अपनी सामाजिक भूमिका को बहुत साफ़ मगर छायावादी शैली में घोषित करती रहीं...

रात के उर में दिवस को चाह का शर हूँ।

गद्य में 'शृंखला की कड़ियाँ' और 'अतीत के चलचित्र' की लेखिका से इसी प्रकार की सचेत भूमिका की आशा की जा सकती थी।

महादेवी में सर्वप्रथम स्त्री का ऊर्जस्वित व्यक्तित्व दिखाई दिया।

जाग्रत अहं भावना लक्षित हुई—

सजनि मधुर निजत्व दे,
कैसे मिलूँ अभिमानिनी मैं।

इस पर कुछ नीम हकीमों ने महादेवी में 'सुपर ईगो' खोज लिया। शायद कुछ महत्त्वपूर्ण पंक्तियाँ उनसे 'मिस' हो गयीं...

अज जग उनका कण–कण उनका,
पल भर वे निर्मम मेरे हों।

व्यर्थ ही मनोविज्ञान में घुसपैठ करने की आवश्यकता नहीं है। कवयित्री में समर्पण के प्रति कोई अस्वाभाविक विरक्ति नहीं है। वह केवल 'मेरे हों' की शर्त लेकर चलती है। वह आधुनिक नारी की आत्म–चेतना की ही परिचायक है।

हिन्दी आलोचना का यह षड्यन्त्र था कि ऐसी पंक्तियों को छोड़कर छायावाद के नाम पर केवल ऐसी पंक्तियाँ दोहरायी जाती रहीं जो नारी को हवा बनाने में ही सहायक हैं—

नारी! तुम केवल श्रद्धा हो
विश्वास रजत नग पग तल में;
पीयूष स्त्रोत सी बहा करो
जीवन के सुन्दर समतल में।

(कामायनी)

स्त्री–स्वातन्त्र्य से सम्बद्ध सशक्त कविताएँ मध्ययुगीन रहस्यवाद के धुँध में छिपा दी गयीं।

'छायावाद के पतन' के बाद नारी–दशा में सुधार के लिए पन्त ने बहुत खुले शब्दों में नारी–मुक्ति का नारा दिया—

मुक्त करो नारी को मानव
चिरबन्दिनी नारी को
युग–युग की बर्बर कारा से
जननि, सखी, प्यारी को।

पुकार तो मधुर थी मगर उसे कार्यान्वित करना अभी उतना आसान नहीं था। तथाकथित प्रगतिवादी भी नारी को सामन्ती चश्मे से ही देख रहे थे। 'गुनिया का यौवन' कविता सारी 'चुहल' और 'सुपरस' के बाद—'चल दी हो का? मलिकौ–जुहार', में पर्यवसित हो जाती है। नारी को अभी मायाविनी मानने का पिछड़ापन बाकी था—

किन्तु नारी सिर्फ़ नारी
हो—तुम्हें मैं जानता हूँ,
तब प्रणय की ही खेलाड़िन
मैं तुम्हें पहचानता हूँ।

(अंचल : लाल चुनर)

इस सब के बावजूद नये दृष्टिकोण की शुरुआत हो चुकी थी। नारी के प्रेरक रूप को स्वीकार किया जा रहा था—

मुझे जगत जीवन का प्रेमी बना रहा है प्यार तुम्हारा।

(त्रिलोचन)

नयी कविता के आरम्भ में नारी के प्रति पिपासा—पूर्ति का भाव सामने आया। वह पुरुष की तुष्टि का साधन मात्र मानकर गुहारी गयी—

आह, मेरा श्वास है उत्तप्त
धमनियों में उमड़ आयी है लहू की धार
प्यार है अभिशप्त
तुम कहाँ हो नारि?

(अज्ञेय)

विभाजन के बाद पर नारी की सामाजिक स्थिति में परिवर्तन के कारण कविता में उसकी तस्वीर बदली। नारी अब भार्या के स्थान से ऊपर उठ चुकी थी। इसलिए अब पुरुष को 'तुम्हारे पास रहकर' 'सम्भावनाएँ' नज़र आने लगीं। स्त्री का होना 'दुःख तेरे होने का' उसकी दृष्टि से टकराया। दरअसल इसी समय वह सही अर्थों में 'सहचरी' बनी। पहली बार उसका अस्तित्व 'सेतु' बनने के प्रति विद्रोह कर उठा—

क्या मैं सिर्फ़ एक सेतु थी तुम्हारे लिए
लीला भूमि और युद्ध क्षेत्र के
अलंघ्य अन्तराल में।

(कनुप्रिया)

मगर यहाँ भी नारी निरापद न रह पायी। 'भावुक तन्मयता' की कीमत उसे बुद्धि से चुकानी पड़ी। वह 'बाबरी मित्र' के दर्जे पर पहुँचकर बौद्धिक दृष्टि से दिवालिया हो गयी—

जितनी समझ तुमसे अब तक पायी है कनु
उतनी बटोर कर भी
कितना कुछ है जिसका कोई भी अर्थ मुझे समझ नहीं आता है।

'इतिहास' के स्थान पर लघु अस्तित्व को रखने पर तो यह हाल हुआ, मगर जब अकविता के पुरोधा ने 'इतिहास–हंता' की स्थिति अपना ली तो नारी का अस्तित्व ही ख़तरे में पड़ गया–

माँ और बहिन और पत्नी और प्रिया में अब कोई अन्तर नहीं
दिखता है मुझे
कुलटाएँ देवियाँ नज़र आती हैं।

एक ओर ऐसी कविताएँ विष फैला रही थीं तो दूसरी ओर रीतिकालीन पलायनवादी कामासक्ति का उच्छिष्ट ढो रही थीं। प्रहार के सही आलम्बनों से भिड़ने में असमर्थ, ये आक्रोशी कवि नारी पर ही बिफरते रहे–

मैं तुम्हारे मुख को सी देता हूँ एक कच्चे चमड़े की डोरी से
और आँखों में मिर्ची की बारीक सिलाई आँझ देता हूँ
तुम्हारी आँखों से बहते खून को
चाटते हुए
मुझे सुख मिलता है।

(जगदीश चतुर्वेदी)

पूँजीवादी देशों को पतनोन्मुख संस्कृति से भकुआये 'भूखी पीढ़ी' के छिछोरे कवि 'सात लाख युवतियों के उपस्थ पर लात मारकर', 'काफ़ी करेंगे ऐशोआराम' के ख़्वाब देखने लगे। नारी–अंगों का केन्द्रीकरण ऐसी कविता में इतना बढ़ा कि चन्द्रकान्त देवताले को लिखना पड़ा, "पुरुष वर्ग को स्त्री की कविता नहीं करनी चाहिए। क्योंकि ऐसा करने से वह कविता कम और योनि ज़्यादा करता है। पुरुष के पास स्त्री का एक ही कोण उभरा है और उस पर वह कभी पिघलता रहा है और कभी इस्तेमाली का जंग चढ़ाता रहा।"

इन सीमांतिक दृष्टि वालों से अलग आक्रोश को लेकर चलने वाले भी कुछ कवियों ने नारी की सम्भावनाओं को पहचाना। ऐसे कवियों ने नारी की शक्ति को स्वीकृति देते हुए प्रेरित किया। इस प्रकार हिन्दी कविता में नारी ने युद्ध का आलम्बन बनने से लेकर सक्रियकर्ता बनने तक की लम्बी यात्रा तय की है।

समकालीन स्त्री कविता में प्रकृति

•

शान्ति नायर

स्त्री कविता (विशेषकर समकालीन) के इतिहास को अगर परखा जाये तो उसमें मुखरित स्वर आधिपत्य के विरोध का ही पाया जाता है। इस बात में सन्देह नहीं कि आधिपत्य की वाँछा ने मनुष्य को हमेशा शोषण के लिए प्रेरित किया है। स्त्री हर काल में शोषण को अपने ऊपर विविध रूपों में जहाँ अनुभव करती रही है, वहीं वह इस शोषण को अपने चारों ओर प्रकृति पर भी होता हुआ देखती है। इस पर अपनी चिन्ता व्यक्त करती है, और अपने प्रतिरोध को इस सन्दर्भ में दर्ज करती है। स्त्री पर आधिपत्य और प्रकृति पर आधिपत्य के समीकरणों को समकालीन स्त्री कविता समान्तरता में अपनी संवेदना में अनुभव करती है। इसे अभिव्यक्ति देती है।

पितृसत्तात्मक व्यवस्था जिस प्रकार स्त्री के सहज जीवन में हस्तक्षेप करती है, उसी प्रकार प्रकृति में भी करती है। प्रकृति एवं स्त्री दोनों की उर्वरता को वह नियन्त्रित करती है। स्त्री एवं प्रकृति की सहजता एवं स्वाभाविकता में व्यवस्था द्वारा हस्तक्षेप होता है। हिन्दी की सुप्रसिद्ध कवयित्री कात्यायनी की कविता 'एक भूतपूर्व नगरवधू की दुर्गपति से प्रार्थना' में इस सन्दर्भ को हम देख सकते हैं। कविता माँग करती है कि व्यवस्था के भीतर स्त्री को भोग वस्तु के रूप में मानने की जो मानसिकता पनप रही है, उसका सर्वथा त्याग होना चाहिए। कविता में स्त्री प्रकृतिप्रदत्त वास्तविक रूप में अपने को प्रतिष्ठित करने की कामना करती है। जिस स्त्री शरीर को साधन मानकर, सौन्दर्य पिपासा या काम पिपासा को शान्त करने के लिए प्रयुक्त किया जाता रहा है, कविता उसके नितान्त प्राकृतिक महत्त्व की ओर पाठक को ले जाती है। चित्रकला, मूर्तिकला, साहित्य तथा घर

बाहर सभी क्षेत्रों में जिसे काम और सौन्दर्य का प्रतिमान माना गया, विविध तरीक़ों से भोगे गये स्त्री के उन स्थानों का प्राकृतिक धर्म शिशु को दूध पिलाने का है। मनुष्य को छोड़कर सभी जीवों में ये शिशु को दूध पिलाने के धर्म को निभाते हैं न कि नर जीव की काम पिपासा शान्त करने का। कविता कहती है–

"देखो मेरे स्थनेओं से बहता हुआ दूध
उस अप्रतिम सौन्दर्य के अवशेषों को भी
मटियामेट कर रहा है
जो कभी पागल बना देता था तुम्हारे लोगों को।
मुझे इन स्थानों को
प्यासे विकल शिशु अधरों तक ले जाने दो।"

(कात्यायनी)

इन पंक्तियों में स्त्री की वह कामना निहित है, जिसमें वह अपने मूल प्राकृतिक रूप को प्राप्त करना चाहती है और उसी के अनुसार जीने की कामना करती है।

प्रकृति एवं स्त्री दोनों ही शोषण का शिकार होते रहे हैं। प्रकृति के परिपालन में उसे पुष्ट करने एवं सहेज कर रखने में पुरुष की अपेक्षा स्त्री की भूमिका कहीं अधिक होती है। परन्तु जो कुछ श्रेष्ठ है, उसका उपयोग एवं उपभोग पुरुष निर्बाध रूप से करता है। प्रकृति के साथ जुड़कर उसके साथ तादात्म्य स्थापित कर, कार्यरत स्त्री किस प्रकार अपनी भूख मिटा पाने तक में असमर्थ होती है, इसे उर्मिला शुक्ल कविता 'अनाज पछोरती औरत' में अभिव्यक्ति देती हैं। 'सार सार को गहि करें' यह सूप की प्रवृत्ति बतायी गयी है। परन्तु अनाज पछोरती स्त्री सूप में अपने लिए कुछ भी नहीं पाती है–

"अनाज के चंद दाने ही बचे थे
सूप में वह बिन रही थी उन्हें
कंकर पत्थर को
बिखेर–बिखेर कर
ढूँढ़ रही थी दाने।"

(उर्मिला शुक्ल)

दूसरों के लिए बेहतर का इन्तज़ाम करते–करते स्त्री स्वयं खाली हो जाती है, पस्त हो जाती है।

"और वह ज़ोर–ज़ोर से फटक रही थी
खाली सूप
कंकर, पत्थर और दाने
कुछ भी नहीं है वहाँ
फिर भी पछोर रही है वह
खाली सूप।

(उर्मिला शुक्ल)

स्त्री की मेहनत और सहजने की प्रवृत्ति से बनी प्रकृति से स्त्री को वंचित रखने वाली दीवारें वास्तव में समाज में होती हैं परन्तु वे अदृश्य होती हैं। अर्थात व्यवस्था में यह मान्यता स्वीकृत है, कि प्रकृति में जो कुछ भी श्रेष्ठ है, उसका उपयोग पुरुष करेगा। पुरुष के उपयोग एवं उपभोग के उपरान्त यदि कुछ शेष रह जाता है, तो वह स्त्री के हिस्से में आता है। अपने द्वारा पालित, संरक्षित प्रकृति के सन्दर्भ में भी उसकी स्थिति यही है। समान अधिकार के तहत प्रकृति के सन्दर्भ में भी स्त्री का उतना ही अधिकार होता है, जितना कि पुरुष का। कात्यायनी की स्त्री, स्त्री के लिये बने इन अलिखित नियमों को तोड़ना चाहती है और समान अधिकार की माँग करती है–

"मुझे उन फसलों तक जाने दो
अपने यौवन को अमरत्व प्रदान करने के लिए
जिनका रस निचोड़ कर तुम पीते हो,"

(कात्यायनी)

अकसर इस बात को भी देखा जाता है कि किस तरीके से शारीरिक श्रम का शोषण होता है हल चलाने से लेकर बैल की जगह ख़ुद को बाँधकर खेत जोतने से लेकर फ़सल काटने तक का कार्य स्त्री करती है। परन्तु कृषि सम्बन्ध परम्परागत रस्मों से उसे दूर कर दिया जाता है क्योंकि इनके माध्यम से पुरुष वर्चस्व की स्थापना होती है। निर्मला पुतुल अपनी कविता 'धनुष मत छुओ' में इसे अभिव्यक्त करती हैं। कविता यहाँ इस सत्य से हमें वाक़िफ करती है कि स्त्री के श्रम की काबिलियत का तो निरन्तर उपयोग किया जाता है, पर अपने अधिकारों की माँग कर बैठना स्त्री के लिए निषिद्ध है। वह भूमि जो स्त्री के लिए उसके जीवन का एक हिस्सा है, पुरुष की सम्पति है। स्त्री के लिए यही नियम है कि–

"मत माँगो पिता की सम्पत्ति पर अधिकार"।

(निर्मला पुतूल)

स्त्री प्रकृति के सन्दर्भ में कुछ भी कहने की अधिकारिणी नहीं होती। पत्थरों की अवैध कटाई हो या प्रकृति का दोहन। इन सभी के ख़िलाफ़ बोलने वाली औरत देश के कई हिस्सों में आज भी डायन करार दी जाती है। इस विडम्बना को स्त्री कविता व्यक्त करती है। यहाँ एक नागरिक होने के नाते स्त्री आज भी सुरक्षित नहीं है। इस बात की ओर भी निर्मला पुतुल इशारा करती हैं–

> *"यहाँ तो जौहर और माझी धान के देवता भी बिक जाते हैं बोतल भर दारू में।"*

(निर्मला पुतुल)

आज विकास के नाम पर परियोजनाओं को महत्त्वाकांक्षा का जीता–जागता सबूत कहकर महिमामण्डित किया जा रहा है। परन्तु स्त्री कविता ऐसी विकास परियोजनाओं पर प्रश्नचिह्न लगाती है, जो आम आदमी से उसका जीने का अधिकार छीन लेती हैं। स्त्री कविता इस बात की ओर इशारा करती है कि किस प्रकार विकास के नाम पर होने वाले हस्तक्षेप प्रकृति का तो नाश कर ही रहे हैं साथ ही साथ आदिवासी परगनाओं की सम्पूर्ण संस्कृति को जड़ से उखाड़ रहे हैं। प्रकृति और संस्कृति का यह नाश सबसे अधिक प्रभाव डालता है आदिवासी स्त्री के ऊपर। स्त्री ही प्रकृति पर सर्वाधिक आश्रित रहती है। यही उसकी आत्मनिर्भरता है, और आत्मविश्वास भी। 'संथाल परगना' कविता प्रकृति के विनाश को रेखांकित करती है।

यहाँ भूमि तो उसे छीन ही ली जाती है साथ ही साथ जन समुदायों की अपनी निजी संस्कृति और उसमे निहित अनेक प्रकार के ज्ञान के तत्वों का भी लोप हो जाता है। वर्तमान के जीते–जागते मनुष्य को उसके पूरे वजूद के साथ इतिहास में तब्दील कर दिया जाता है। स्वास्थ्य लाभ के लिए उसे अतीत बनाकर छोड़ देने की यह प्रक्रिया वास्तव में अमानुषिक है और इसे कविता व्यक्त करती है–

> *"तीर धनुष मांदल नगाड़ा बाँसुरी*
> *सब बटोर लिए जा रहे हैं।*
> *लोक संग्रहालय*
> *समय की मुर्दा गाड़ी में लादकर।"*

(निर्मला पुतुल)

पर्यावरण विभाग ने जिन ग़ैर–सरकारी प्रवृत्तियों को जन्म दिया है

उनमें पर्यावरण की रक्षा का काम करने वाली ग़ैर–सरकारी संस्थाओं, विशेषज्ञ सलाहकारों की सेवाओं एवं ग़ैर–सरकारी संस्थाओं की तो ऐसी बाढ़ आ गयी है कि इनका ब्योरा और अता–पता रखने के लिए मार्गदर्शिका पुस्तिकाओं तक का भी अपना एक उद्योग बन गया है। ग्रामीण जनसंख्या प्रधान भारत के पर्यावरण की रक्षा करने वाली इन संस्थाओं के कार्यालय मुख्यतः दिल्ली, राज्यों की राजधानियाँ, विश्वविद्यालयों के प्राध्यापक और कहीं–कहीं पर व्यवसायी लोग हैं। ये सरकारों और विदेशी संस्थाओं से अनुदान प्राप्त करने के तौर–तरीक़ों में सिद्ध है। इनका मुख्य कार्य सम्मेलन, परिसंवाद, कार्यशालाएँ चलाना और शिविर संगठित करना उसके बाद पुस्तक रूप में उसकी रिपोर्ट लेना होता है। पर्यावरण विभाग की मुख्य प्रवृत्ति इनको सहायता देना रहा है। इस प्रकार की संस्थाओं के माध्यम से पर्यावरण की रक्षा एक आन्दोलन न बनकर एक व्यवसाय बन गया है। यहाँ एक और अविकसित–अर्धविकसित लोग आत्मनिर्भरता के ख़तरे को लेकर चिन्तित हैं। वहीं दूसरी ओर उनकी बेहतरी के लिए आ पहुँचे समाज सेवकों अफसरों ठेकेदारों बिचौलियों का सुरा सुन्दरी में डूबा उत्सव है। इसे संथाल परगना में अभिव्यक्त किया गया है।

पश्चिम का प्रकृति के साथ रिश्ता प्रतिपक्षी का रहा है। इस पर विजय पाने का। परन्तु हमने प्रकृति को अपने से अलग नहीं माना है। आज व्यावसायीकरण, बाज़ारीकरण, नगरीकरण आदि के फलस्वरूप मनुष्य का नैतिकता बोध नष्ट होता जा रहा है। निर्मला पुतुल की 'बूढ़ी पृथ्वी का दुख' कविता में हम इस मुद्दे को देखते हैं जिस प्रकृति में हम जी रहे हैं उसके प्रति हम कितने उदासीन हैं। यहाँ तक कि मनुष्य इन्द्रिय सुख मात्र के लिए किसी का भी शोषण करने पर उतर आया है। वहीं दूसरी ओर दशा यह है कि जीवन को जी लेने की तेज़ रफ़्तार में हममें अपने चारों ओर के परिवेश और प्रकृति के किसी भी ध्वनि, गन्ध, दृश्य के प्रति संवेदना जाग्रत नहीं हो रही है।

प्रकृति में मौजूद जैव व्यवस्था को बनाये रखने का उत्तरदायित्व चिन्तन–मनन की शक्ति से सम्पन्न मनुष्य का है। परन्तु निरंकुश भाव से प्रकृति का शोषण मनुष्य कर रहा है। इससे पारिस्थितिक संकट की स्थिति आ पहुँची है। यहाँ एक ऐसा वर्ग है जो तकनीकी आशावाद को भीतर पाले हुए है। अर्थात विज्ञान और तकनीकी के आधार पर एक अहंकार मिश्रित आशावाद के लिए प्रकृति को अपने तले लाने का संकल्प लिए

तकनीकी के मार्ग पर है। दूसरी ओर इस विडम्बना को देख रहे व्याकुल निस्सहाय निराश लोग हैं। जिनकी निराशा और दुःख है, जिसे पारिस्थितिक निराशावाद कहकर पुकारा जाता है। स्त्री कविता उन्हें जगाने का आह्वान देती है, जो इसके प्रति उदासीन हैं। पेड़ों को कटता जानकर भी अनजान है। इस घाट पर कपड़े और मवेशी धोते होश नहीं है कि उस घाट पर कोई प्यासा पानी पी रहा होगा। पेड़ों पत्थरों की कटाई और हवा पानी के प्रदूषण को नज़रअन्दाज़ करके अपने खोल में सिमट जाने वाले लोगों के प्रति स्त्री कविता अपनी प्रतिक्रिया अभिव्यक्त करती है। ''मुझे तुम्हारे आदमी होने पर सन्देह है'' (निर्मला पुतुल)। अन्याय के प्रति उदासीन होकर रह जाने को भी यहाँ अमानुषिकता से कम नहीं माना गया है।

परिस्थिति से सम्बन्धित समस्याओं पर गौर फरमाने वाले अनेक 'सिटिज़न इनीशियेटिव' ग्रुप आज मौजूद हैं। परन्तु वह एक प्रकार की निराशा को परस्पर बाँटने भर में अकसर सीमित रह जाते हैं। यहाँ निर्मला पुतुल निराशा तक सीमित रह जाना नहीं चाहती हैं। बिटिया मुर्मू के लिए कविता में निराशा के ख़िलाफ़ खड़े होने का आह्वान करती हैं–

''देखो अपनी बस्ती के सीमान्त पर
जहाँ धराशायी हो रहे पेड़
कुल्हाड़ियों के सामने असहाय
रोज नंगी होती बस्तियाँ
एक रोज माँगेंगे तुमसे
तुम्हारी ख़ामोशी का जवाब।''

(निर्मला पुतुल)

उपयोग के उपरान्त प्राकृतिक सम्पदा हमें अगली पीढ़ी के हाथों में सौंपनी है। यह ज़िम्मेदारी मनुष्य की है। परन्तु वह प्रकृति हमारे ही समय में नष्ट होती जा रही है। पर्यावरण से समाज और समाज से राष्ट्र का विकास होता है। इसलिए स्त्री कविता कहती है कि ''आओ मिलकर बचाएँ।'' एक साथ मिलकर प्रकृति की रक्षा का आह्वान स्त्री कविता करती है। बस्तियों को नंगी करने वाली आबोहवा से बचाने, पूरी बस्ती को नशे से बचाने, आँचलिकता और भाषायी अस्मिता को बचाने, जीवन को स्फूर्ति प्रदान करने वाली, मन की संवेदना को बचाने, भोलेपन के साथ–साथ अक्खड़पन और जुझारूपन, प्रतिरोध की ताक़त को बचाने और साथ ही जंगल, नदी, पहाड़, मिट्टी, फसल से भरी प्रकृति को बचाने का आह्वान

स्त्री कविता करती है। वह दृढ़ विश्वास के साथ कहती है इस दौर में भी बचाने को बहुत कुछ बचा है अभी हमारे पास।

गाँधीजी के अनुसार, प्राथमिक आवश्यकताओं की पूर्ति करना ही विकास का प्रथम ध्येय होना चाहिए परन्तु आज विडम्बनात्मक स्थिति यह है कि लोग ऐसे विकास का सपना देखने लगे हैं जो दूसरों को उजाड़ने और अपना स्वार्थ सम्पन्न करने पर आधारित है। इसी कारण आज पर्यावरण के विकास के नाम पर कठोर शोषण हो रहा है। विकास के नाम पर होने वाले प्रदूषण और विस्थापन किस प्रकार जंगलों, आदिवासियों बस्तियों को अपनी चपेट में लेता है इस निर्मम सत्य को स्त्री अपनी कविता में रेखांकित करती है।

'ब्रह्ममुनि' कविता में निर्मला पुतुल बताती हैं कि विकास के समाज पर आधारित ना होने के कारण बहुत संख्या में साधारण जनता का जीवन बद से बदतर होता चला जा रहा है। जिन घरों के लिए बनाती हो झाड़ू उन्हीं से आते हैं कचरे तुम्हारे घर में। झाड़ू यहाँ विकास है और इन ग़रीबों की सहायता, श्रम से ही सम्पन्न होता है यह विकास। परन्तु इस विकास का दुष्परिणाम भी इन्हीं को झेलना पड़ता है। विकास और पर्यावरण को लेकर बैठक की योजनाएँ बन रही हैं पर इनका खोखलापन भी तभी सामने आता है, जब तथाकथित नागरिक ही समाज बोध से रहित होकर नारा लगाते हैं।

इसी प्रकार उपभोक्तावादी संस्कृति योजनाबद्ध रूप से भोज्य वस्तुओं को भी आरोपित कर रही है। इसे हम तीसरी दुनिया के देशों की त्रासदी के रूप में ले सकते हैं। मनोविज्ञान में यह खोज लगातार हो रही है कि अधिकाधिक प्रभावशाली रूप से यह कार्य कैसे सम्पन्न हो। इन वस्तुओं का आकर्षण लोगों पर इस हद तक हावी कर दिया जाता है कि वे इनके लिए बावले हो जाते हैं। प्राकृतिक पौष्टिक आहार के स्थान पर फ़ैशन के नाम पर कृत्रिम आहार का प्रचलन लगभग अनिवार्यता की हद तक होने लगा है। कृत्रिम शहरी वातावरण में जो उपभोक्तावादी संस्कृति का परिवेश है वह मनुष्य के प्राकृतिक स्वाद और रुचियों के दायरे से बाहर चला जाता है। समकालीन कविता का स्त्री स्वर इसके प्रति नकार को अभिव्यक्ति देता है–

"सब्जी रोटी सरकायी
दाल भी तुमको ना भायी

छोड़ रहे मूली ताज़ी
यह कैसी नख़रेबाज़ी।''

इनकी जगह कृत्रिम रुचियाँ ले लेती हैं। कृत्रिम ज़रूरतों के दबाव में आदमी की भूख तक मिट जाती है। तरह–तरह के चटखारों से स्वाभाविक भूख दब जाती है। फिर तरह–तरह के चमत्कारों से कृत्रिम भूख जगायी जाती है।

''खुश होकर खाओ खिचड़ी
यह भी तो स्वादिष्ट बड़ी
अरे दही से नाराजगी
छोड़ो भी नख़रेबाज़ी
ठण्डा शरबत पी करके
आइसक्रीम पर जी करके
हारोगे जीती बाजी।''

(उषा यादव)

अपने देश की प्रकृति से कटने वाले नागरिक के लिए यह एक चेतावनी है कि अपनी अस्मिता को खोकर ऐसी किसी सभ्यता (स्वाद) का वरण नहीं किया जाये जो हमारी प्रकृति के अनुकूल ना हो। आयतित संस्कृति मनुष्य के भीतर रस, गन्ध, स्पर्श आदि सभी मार्गों से प्रवेश करती है। जहाँ रसना अपना निजी स्वाद भूलकर बाज़ार द्वारा प्रदत्त स्वाद की गुलाम हो जाती है, यहाँ मनुष्य अपनी प्रकृति के स्वाद से अनायास काटकर अलग कर दिया जाता है। बाज़ार अपने को बनाये रखने के लिए सशक्त हथियार इसी के माध्यम से तैयार करके तीसरी दुनिया के देशों को अपना गुलाम बना लेता है। जिसमें भूख का प्रकृति से कोई सम्बन्ध नहीं होता ऐसी किसी भी हद तक उकसाया जाता है। यह उकसाना भी प्राकृतिक ना होकर किसी कृत्रिम स्वाद के लिए होता है। सन्देह इस बात को लेकर भी होने लगता है कि वह दिन दूर नहीं जब जीव विज्ञान की जेनेटिक इंजीनियरिंग जैसी उपलब्धियों का प्रयोग करके मनुष्य की स्वाभाविक रुचि को भ्रूण अवस्था में ही समाप्त कर दिया जायेगा। तब स्वाद का अर्थ सीधा शक्तिशाली कम्पनियों द्वारा निर्मित कृत्रिम हानिकारक भोज्य पदार्थों का भोग करना हो जायेगा। हम देखते हैं कि भारतीय समाज में आज बाज़ारवाद का विरोध स्त्री द्वारा होता है। यहाँ कविता में भी इस विरोध और चिन्ता को हम देख सकते हैं। कि 'ऐसा करने से हारोगे जीती बाजी' अर्थात जिस

आत्मनिर्भरता को बनाये रखने के लिए हमने लड़ाइयाँ लड़ी थीं उसे मात्र चटखारेपन से हमें खो नहीं देना चाहिए।

वर्तमान दौर की सबसे बड़ी विडम्बना यह है कि कहीं भी प्रत्यक्ष आक्रमण नहीं होता छीना बहुत कुछ जाता है पर इस छीनने की प्रक्रिया को हम देख नहीं पाते हैं। यहाँ व्यक्ति सम्बन्ध हो, सामाजिकता की भावना हो अथवा संस्कृति हो, सभी को हम अपने हिसाब से नहीं वरन आयातित सभ्यता के अनुसार ग्रहण करने लगे हैं। आत्म विस्मृति की इस अवस्था में मनुष्य और मनुष्य के बीच के सम्बन्ध और मनुष्य तथा प्रकृति के बीच के सम्बन्ध को भी दूसरों की दी गयी परिभाषा के अनुसार ढाला जाने लगा है। हम जानते हैं कि हमने अपनी संस्कृति में कभी भी प्रकृति को शत्रु नहीं माना। उसे अपने से अलग नहीं माना परन्तु आज व्यवसायीकरण, बाज़ारीकरण, नगरीकरण आदि के फलस्वरूप मनुष्य का नैतिकता बोध नष्ट होता जा रहा है। आवश्यकता इस बात की है कि अब वापस अपनी प्रकृति में पहुँचे और पहुँचने के लिए या अपनी स्वाभाविकता में लौटने के लिए हमें सबसे पहले उन परिभाषाओं से बचना होगा जो हमारे लिए बनायी जा रही हैं। ये हमारे सम्बन्धों के लिए दूसरों के द्वारा निर्मित की जाती हैं। अपनी जातीय अस्मिता और क्षमताओं के साथ अपनी प्रकृति से अपना रिश्ता अपनी स्वाभाविकता के माध्यम से कायम रखना होगा इसी का आह्वान स्त्री 'पुरानी हँसी' कविता में करती है–

"नयी परिभाषाओं की भीड़ में
सँभाले जाने चाहिए पुराने सम्बन्ध
नदी और जंगल
रेत और आकाश
प्यार और प्रकाश।"

(अनीता वर्मा)

'जामुन का पेड़; कविता में जामुन के पेड़ के माध्यम से प्रकृति और मनुष्य के रागात्मक और संवेदनात्मक सम्बन्ध को सूचित किया गया है। मनुष्य और प्रकृति के मेल से जिस सामाजिकता का रूपायन होता है उसके ह्रास के कारण उत्पन्न वेदना को कविता अभिव्यक्ति देती है। घर के पास उपस्थित जामुन का पेड़ जीवन का एक हिस्सा है। वह पेड़ प्रकृति है और इस पर विश्वास करते हुए गौरवान्वित होते हुए जिरा बचपन और किशोरावस्था का रूपायन होता है वह अपनी अस्मिता के प्रति विश्वास जगाता है–

"बेहद घना और विशाल
इतना ऊँचा कि
मैं सोचा करती थी
पेड़ की सबसे ऊँची डाल पर चढ़कर
छुआ जा सकता है आसमान भी।"

(ज्योति चावला)

ढेर सारी स्मृतियाँ जामुन के पेड़ से जुड़ी हैं। जिसमें कवयित्री महसूस करती हैं कि हमारा बढ़ना इस पेड़ के अर्थात प्रकृति के साथ ही रहा है। स्मृतियाँ मानव राशि की धरोहर होती हैं और संस्कृति के निर्माण में इनका योगदान कभी भी नगण्य नहीं रहा है। निस्सन्देह प्रकृति भी इन स्मृतियों में शामिल रहती है–

"उस पेड़ से जुड़ी मेरे बचपन की ढेरों स्मृतियाँ
जामुन के पेड़ के नीचे खेलते कूदते बड़े हुए हम।"

(ज्योति चावला)

सुख–दुःख में सहचरी रहती है प्रकृति। मनुष्य भावों के आवेग में प्रकृति को ही अपना साथी पाता है। यह मनुष्य और प्रकृति के बीच के संवेदनात्मक सम्बन्ध की ओर इशारा करता है। कवयित्री इस प्रकृति को जननी के समान ही आश्रय और शुभचिन्तक के रूप में महसूस करती है। यह प्रकृति आत्मविश्वास है। इसकी सूचना भी कविता देती है और कहती है कि–

"यह विश्वास भी कि जामुन का यह पेड़
मुझे गिरने नहीं देगा।"

(ज्योति चावला)

मनुष्य के उल्लास के क्षण भी यहाँ प्रकृति के साथ जुड़े रहे हैं बचपन के छोटे पलों से लेकर यौवन और वार्धक्य तक के उल्लास के क्षण पेड़ से ही जुड़े रहे हैं। यहाँ हर्षित पलों का सहचर होकर पेड़ का अस्तित्व जीवन के अस्तित्व से जुड़ता है। बिजली गुल हो जाने पर पेड़ के नीचे मचाया जाने वाला हुडदंग, यान्त्रिकता से भरे जीवन से थोड़ा परे हटने का समय है जो मनुष्य को कम, परन्तु कभी–कभी मिल जाता था। उसे पेड़ के नीचे बिताने की स्मृति यहाँ मात्र निजी खुशी के 'नोस्ताल्जिया' का वर्णन मात्र नहीं है अपितु पेड़ के नीचे उपजी एक सामाजिकता की ओर किया जाने वाला संकेत भी है।

घर वस्तुतः एक ऐसी संकल्पना है, जिसमें मनुष्य का अपनापा है। इससे उसका अपना वजूद जुड़ा रहता है। घर की किसी भी संकल्पना के साथ अवैध रूप से जुड़ी जामुन के पेड़ की संकल्पना भी यहाँ पर दिखाई देती है–

"घर से दूर घर को याद करते हुए
साथ खड़ा दिख जाया करता था
वही जामुन का पेड़।"

(ज्योति चावला)

यहाँ हम देखते हैं कि प्रकृति के प्रति कविता का जो एप्रोच है वह वस्तु के रूप में नहीं है वरन अपने एक हिस्से के रूप में है। जैसे व्यक्ति के मन में 'मेरा घर' एक भावनात्मक लगाव पैदा करता है। उसी प्रकार पेड़ के प्रति भी 'मेरा पेड़' जैसे ही भावना जुड़ी हुई है। यहाँ किसी भी प्रकार की नारेबाज़ी के बिना प्रकृति के साथ अपने आत्म को जोड़ लेने की स्थिति दृष्टव्य है।

भारतीय संस्कृति में पेड़ की कल्पना भी विशालता के मिथक से जुड़ी है। यह विशालता अपने में आप सभी को समेटती है, अपनी छाया में रागी को स्थान प्रदान करती है। अपनी शाखाओं पर जीवों को प्रश्रय देती है, अपने फलों से भूख को शान्त करने वाली विशालता है यह। प्रकृति को महत्त्व देने वाली भारतीय संस्कृति की भी यही विशेषता है। प्रकृति को काटकर अलग कर देने के साथ ही इस संस्कृति से भी यह भाव तिरोहित होता नज़र आता है।

"जामुन का पेड़ अब नहीं है वहाँ
घरों की इमारतें इतनी ऊँची होती जा रही हैं
उतने ही छोटे होते जा रहे हैं उनके दिल
उन छोटे दिलों में अँट नहीं पाता
वह विशाल जामुन का पेड़।"

(ज्योति चावला)

दिलों का छोटा हो जाना यहाँ अपनी विशालता की संस्कृति से कट जाना है और स्वार्थ की संस्कृति का वरण कर लेना है।

पेड़ के अभाव में कवयित्री को अपने घर की पहचान अधूरी लगती है। सुख और सुविधा के प्रति होने वाले रुझान के कारण प्रकृति से कटे मनुष्य की अस्मिता भी इसी प्रकार अधूरी रह जाती है। पेड़ के अभाव

में घर अब राहगीरों की पहचान में नहीं आता। और संस्कृति की जिस विशालता और महत्त्व के कारण भारत विश्वभर में जाना जाता था वह पहचान भी आज वह खो रहा है। कविता सूचित करती है कि अपनी प्रकृति से कटना अपनी अस्मिता से कटना है–

"अब राहगीरों को होगी
मेरा घर ढूँढ़ने में कठिनाई
कि मोड़ पर खड़ा वह पेड़
अब कहीं इशारा नहीं करेगा।"

(ज्योति चावला)

वर्तमान समय में भूमण्डलीकरण के माध्यम से आते शहरीकरण के प्रभाव में हमने बहुत कुछ खोया है। घर के बुजुर्ग हमारा इतिहास रहे हैं। हमारी संस्कृति की बुनियाद रहे हैं। यह प्रकृति भी हमारा आधार है इसका नष्ट होना या इसे विस्मृत कर देना एक बड़े शून्य को पैदा करता है यह शून्य हमारे जीवन और पहचान के एक हिस्से को खोखला कर जाता है। इस सत्य को कविता व्यक्त करती है–

"अब नहीं लौटेगा वह पेड़
बूढ़े दादा और दादी की तरह
अब हमारी स्मृतियों का
एक कोना सूना ही रहेगा
सदा के लिए..."

(ज्योति चावला)

बाज़ारवाद के आगमन के साथ हम देखते हैं कि 'यूज एण्ड थ्रो' की संस्कृति लोगों के बीच कायम होने लगी है। इसके माध्यम से उपभोक्तावाद की मानसिकता लोगों के मन में जड़ पकड़ने लगी है। इस मानसिकता में सभी कुछ भोग के योग्य है और उसके बाद उसका उससे कोई रिश्ता नहीं होता है। प्रकृति के प्रति भी मनुष्य की मानसिकता में यह बदलाव दिखाई देता है। प्रकृति के प्रति रुझानों की बात करते हुए भी, यह रुझान एक फ़ैशन या थोड़े समय के लिए अपनाये गये एक शौक़ तक ही सीमित रहता है। मनुष्य प्राकृतिक सुषमा को देखने के लिए यात्रा योजनाएँ (टूर पैकेज) तय करता है। इन यात्राओं के दौरान प्रकृति का आस्वादन करने की घोषणा करता है। परन्तु प्रकृति का यह आस्वादन क्षणिक ही होता है। अतः कहा जा सकता है कि कुछ समय के आस्वादन के लिए ही

मनुष्य प्रकृति से जुड़ता है। यह जुड़ना संवेदनात्मक स्तर पर नहीं होता है। प्रकृति के सौन्दर्य का भी उपभोग किया जाता है। यहाँ पर मनुष्य का प्रकृति के साथ कोई गहरा रिश्ता कायम नहीं होता। प्रकृति से प्राप्त वस्तुओं को भी यहाँ पर मनुष्य केवल अपने उपयोग के उत्कृष्ट साधन के रूप में स्वीकार कर पाता है। 'पहाड़ से लौटते हुए' शीर्षक कविता इस ओर संकेत करती है–

''साथ नहीं ला पाये हम वह हवा
जो छू जाती थी मन
कहाँ साथ आये वह सौंधी गन्ध
बारिश में धुले पहाड़ों की मिट्टी की पेड़ों की।''

(रश्मि भारद्वाज)

पहाड़ घूमने गये यायावर उसकी सुषमा का आस्वादन करके लौटते हैं तो ढेरों तस्वीरें खींच लाते हैं। कैमरे में प्रकृति का संवेदनात्मक अंश ख़ूबसूरती का चित्र बनकर ही साथ आ पाता है, चित्र में वह संवेदना नहीं होती जो महसूस की जा सकती है। पहाड़ों से लाये गये फल आडू और आलूबुखारे की खूशबू से घर के एक कोने का भर जाना भी क्षणिक ही होता है। उसके बाद मन के कोने में अपनेपन का एहसास लिए यह प्रकृति के पेड़, नदियाँ, झरने कहीं शेष नहीं होते। आस्वादन के उपरान्त भुला ही दिये जाते हैं ये। प्रकृति के प्रति वर्तमान मनुष्य में आया बेगानापन है, जो समकालीन स्त्री कविता यहाँ व्यक्त करती है।

प्रकृति को देखना वहाँ की संस्कृति और उसमें जीने वाले मनुष्य को देखना भी होता है। इस बात की ओर कविता इशारा करती है कि पहाड़ों पर जीने वाले मनुष्य और उनके तथा पहाड़ों के रिश्ते को देखे बिना पहाड़ को देखना अधूरा ही है। पहाड़ी लोगों को देखते हुए हम मनुष्य की प्राकृतिक क्षमताओं को देख पाने में सक्षम होते हैं। जो आधुनिक औद्योगिक सभ्यता के नाम पर वर्तमान तथाकथित शहरी सभ्य मनुष्य भुला चुका है। यायावर की आँखों ने पहाड़ों की सुषमा का आस्वादन किया, हाथों ने वहाँ की प्राकृतिक सम्पदा को बटोरा बावजूद इसके बहुत कुछ है जो रह गया, जो आधुनिक मनुष्य अपने साथ नहीं ला पाया–

''नहीं बटोर पायी फिर भी मेहनतकश चेहरों कि वह बेतरतीब रेखाएँ
हुनर हर हाल में जिये जाने का

पथरीले संकरे रास्तों से गुजर कर भी
खोजती रहती हैं जो मंज़िलों का पता।''

(रश्मि भारद्वाज)

'कचनार पर कविता' शीर्षक अपनी कविता में अलका सिन्हा बताती हैं कि आजकल प्रकृति के साथ होने वाले रागात्मक या संवेदनात्मक सम्बन्धों को ही अप्राकृतिक मान लिया जाने लगा है। जीवन का व्याकरण इतना बदल गया है कि भीड़ में भागता आदमी पास–परिवेश से कटा व्यक्ति आज स्वाभाविक माना जाने लगा है और अन्य व्यक्ति अस्वाभाविक माने जाने लगे हैं। अलका सिन्हा कहती हैं कि उस कचनार के पेड़ पर कविता लिखना भी लोगों को आज अस्वाभाविक लगता है जो जीवन के रागात्मक आज से जुड़ा रहा है।

''कितना अप्राकृतिक लगता है
आज के समय में
कचनार पर कविता लिखना।''

(अल्का सिन्हा)

वर्तमान समय की विडम्बनात्मक स्थिति को स्त्री कविता व्यक्त करती है लोगों का सम्बन्ध प्रकृति के साथ संवेदनात्मक स्तर पर ना होकर यान्त्रिक हो चला है जो लोग प्रकृति को जानने का दावा करते हैं वह भी उस के सन्दर्भ में किताबी ज्ञान ही रखते हैं। विचित्र बात यह है कि जिस परिवेश में हम जी रहे हैं उसमें अपने आस–पास की प्रकृति से मनुष्य बिल्कुल बेगाना होता चला जा रहा है।

''कैसे पहचानूँ इस भीड़ में कचनार
जानती ही क्या हूँ मैं
इस ख़ूबसूरत नाम के सिवा
चलो खोज भी लो शब्दकोश में अर्थ
देख भी लूँगी इण्टरनेट पर चित्र।''

(अल्का सिन्हा)

कविता बताती है कि हम प्रकृति के दोहन में लगे हुए हैं लेकिन प्रकृति को पहचानने की हमारी क्षमता समाप्त हो गयी है।

हम अपने पास–परिवेश की प्रकृति को ना तो जान पाते हैं ना पहचान पाते हैं। जहाँ मनुष्य और प्रकृति के बीच संवाद की स्थिति समाप्त हो जाने की सूचना मिलती है वहीं उससे आ पहुँचे ख़तरे भी हमें

दिखाई देने लगते हैं। प्रसिद्ध विचारक कार्ल मार्क्स ने प्रकृति को मनुष्य का शरीर माना है अगर मनुष्य अपने शरीर के साथ संवाद की स्थिति नहीं बनाये रख पाता तो वह अनन्तर उसके प्राण के लिए ख़तरनाक हो सकता है। इसी सत्य को प्रकृति और मनुष्य के बीच की संवादात्मकता के सन्दर्भ में भी देखा जा सकता है। वर्तमान मनुष्य की मानसिकता लाभाधिष्ठित हो गयी है। इस लाभ–हानि की मानसिकता के कारण प्रकृति में से अधिकाधिक दोहन के प्रति तो मनुष्य पूर्णतया सचेत रहता है, परन्तु प्रकृति को जानने–पहचानने की क्षमता उसमें विलुप्त होती चली जा रही है। यह संवादात्मक का ह्रास वास्तव में एक विडम्बनात्मक स्थिति को जन्म दे रहा है–

"इस दोहन में इतना मशगूल हैं हम
कि देख नहीं पातीं
हमारी आँखें
कि हमें देते देते कितना चुप गये हैं ये सब
इतने पर भी ख़त्म नहीं होते
यह जुनूनी मंसूबे
पर्वतों की चोटियाँ
सागर चाँद सितारे
या आसमान पर
फतह शगल है हमारा।"

(पूनम अग्रवाल)

वायुमण्डल, आकाश और जल से बनी है पृथ्वी। ना तो मनुष्य मात्र की है ना ही मनुष्य में भी वर्चस्वशाली वर्ग की। जो प्रकृति हमें अपने पूर्वजों से प्राप्त होगी उसे सँभालकर उपयोग करने के उपरान्त और अधिक समृद्ध करते हुए आगे आने वाली पीढ़ी को सौंपने की ज़िम्मेदारी जिस मनुष्य के ऊपर है स्वार्थ के कारण वह प्रकृति के दोहन में इतना मशगूल हो गया है कि उसके ही समय में नष्ट होती चली जा रही है प्रकृति। दोहन की हद जब पार हो जाती है तब प्रकृति प्रकोप के रूप में प्रकृति अपनी प्रतिक्रिया व्यक्त करने लगती है। पूनम अग्रवाल की यह कविता 'सुनामी' इसी सन्दर्भ को अभिव्यक्ति देती है। यहाँ स्त्री कविता मनुष्य और प्रकृति के समीकरणों के बिगड़ने के ख़तरों को काव्यात्मक ढंग से इस प्रकार व्यक्त करती है कि जब प्रकृति पर आधिपत्य और उनका

दोहन मनुष्य का शगल हो जायेगा तब मानव राशि का नाश प्रकृति का भी शगल हो सकता है।

इसी सत्य को 'धरती का आर्तनाद' शीर्षक कविता में शीला गुजराल विविध सन्दर्भों में अभिव्यक्ति देती है। 'धरती का आर्तनाद' कविता में कवयित्री प्रदूषण की समस्या को उठाती है और इससे होने वाले नाश की ओर इशारा करती है और वर्तमान औद्योगिक सभ्यता के चलते अपनी स्वच्छ पारिस्थितिकी के विनाश की ओर इशारा करती है। साथ ही साथ प्रकृति के विनाश के कारण आगे आने वाली पीढ़ी में विनाश की सम्भावनाओं की ओर भी इशारा करती है।

"मेरे तन को छलनी कर
लाखों पेड़ पौधों को उखाड़ देते
किसानों का रोज़गार ही नहीं छीनते
शेष धरा की उर्वरता भी
जिन पेड़ों से गिरते धराशाई सूखे पत्ते
कभी मेरा स्वास्थ्यवर्धक भोजन थे
अब रासायनिक खाद पर निर्भर मैं
बनती जा रही हूँ बंजर।"

(शीला गुजराल)

कविता अपने विस्तार में इस सत्य को बताती है कि अविकसित या अर्ध विकसित देशों में पहले भी आत्मनिर्भरता की मात्रा कम रही है। परन्तु आज प्रकृति के नाश या उससे छीने जाने के कारण वह भी लगातार घटती जा रही है। साधारण मनुष्य अपनी ज़रूरतों के लिए किस प्रकार एम.एन.सी. का मुँह ताक़ता है, ग़रीब सरकार अपनी हरित सम्पदा और पानी एम.एन.सी. को बेचने के लिए मजबूर है और साथ ही साथ एम.एन. सी. से ख़रीदने या निर्भर रहने के लिए भी। कृषि संस्कृति के प्रति हाथ को भी चिन्ता के रूप में समकालीन स्त्री कविता अभिव्यक्त करती है निर्मला पुतुल की कविता 'उतनी दूर मत ब्याहना बाबा' की पंक्तियाँ हैं।

"उसके हाथों में ना देना मेरा हाथ
जिसके हाथों ने कभी कोई पेड़ नहीं लगायी
फसलें नहीं उगायी जिन हाथों ने।"

प्रकृति से कटा मनुष्य आत्मनिर्भरता से दूर होता है। उपनिवेशन के मार्ग से आयी शिक्षा प्रणाली ने मनुष्य को प्रकृति से काटकर सहज–स्वाभाविक

ज्ञान से तो वंचित कर ही दिया है। समाज की मानसिकता में भी यह बदलाव आया है कि प्रकृति से सीधे जुड़े कार्यों को करने वाले लोग समाज में महत्त्वहीन होने लगे हैं। इसका कारण यही है कि उपनिवेशन के एक आवश्यक घटक के रूप में यह बात आती है कि उपनिवेशक की जाने वाली जनता अपनी प्राकृतिक सम्पदा के उपयोग से कटती जाये। इसके लिए एक ऐसी मानसिकता सृजित की जाती है कि प्रकृति से सीधे जुड़े हुए लोग महत्त्वहीन हैं। समाज में व्याप्त इस मानसिकता के कारण व्यक्ति अपनी ही प्रकृति से दूर होता जाता है।

भारत एक कृषि प्रधान देश रहा है हमारी संस्कृति कृषि रही है। पर आज स्थिति यह है कि किसान यह चाहता है कि वह किसान न बना रहे और न ही अपनी आगे की पीढ़ी को खेती की ओर अग्रसर करना चाहता है। परिणामस्वरूप हमें खाद्य सामग्री सम्बन्धी बुनियादी ज़रूरतों के लिए बहुराष्ट्रीय कम्पनियों पर आश्रित होना पड़ता है। इससे इतर आत्मनिर्भरता को महत्त्व देने वाली संस्कृति की प्रतिष्ठा का आहवान स्त्री कविता करती है। इसमें स्त्री कहती है कि पेड़ न लगाने वाले, फसल न उगाने वाले व्यक्ति के हाथों में मत देना मेरा हाथ। यहाँ ध्वनित होता है कि मेरा नाता उस संस्कृति से मत जोड़ना जो संस्कृति आत्मनिर्भर ना हो।

पितृसत्तात्मक समाज में स्त्री के लिए बहुत से प्रतिबन्ध लगाये जाते हैं। ये प्रतिबन्ध कहीं खुलेआम घोषित किये जाते है, कहीं अदृश्य दीवारों की तरह चारों ओर बरकरार रहते हैं। असुरक्षा के नाम पर इन प्रतिबन्धों के रहते हुए खुलकर प्रकृति के समीप आना और प्रकृति के साथ तादात्म्य स्थापित कर पाना, स्त्री के लिए कभी सम्भव नहीं होता। जीवन को जीने की एक लय होती है जिसमें प्रकृति की लय सम्मिलित रहती है। जीवन और प्रकृति के सन्दर्भ में एक व्याकरण है और इस व्याकरण को स्त्री अपनी भाषा में अपनाना चाहती है। वह अपनी लय में प्रकृति की लय को मिला देना चाहती है इसकी अभिव्यक्ति स्त्री कविता करती है–

"उन विशाल सघन वृक्षों तक जाने दो मुझे
जिनके पत्तों से फूटती मर्मर ध्वनि
यहाँ सीधे मेरी आत्मा तक आ रही है।
ऐसे ही एक वृक्ष के तने से पीठ टिकाकर
कम से कम एक बार
भले ही वह ज़िन्दगी में आख़िरी बार हो,

अपने मन का गीत गाना है मुझे
जिसकी कभी किसी ने फ़रमाइश न की हो।''

(कात्यायनी)

व्यवस्था की पाबन्दियों के रहते प्रकृति के इस रंग–रूप, रस–गन्ध और उसके सहज संगीत का पूरा अस्वादन स्त्री को कभी भी करने नहीं दिया जाता। प्रकृति से खुलकर मिलने, उससे तादात्म्य स्थापित करने की तीव्र इच्छा भी स्त्री कविता व्यक्त करती है–

''मुझे अपने लिए एक बार
खुले आसमान के नीचे जाने दो
तारों से टपकती ओस सनी रोशनी से भीगने दो''।

स्त्री का व्यवहार क्षेत्र पहले की अपेक्षा विस्तृत हुआ है तो स्त्री लेखन के कैनवास का क्षेत्रफल भी उसी अनुपात में फैलता हुआ नज़र आता है जीवन के प्रत्येक क्षेत्र में स्त्री गतिरोधों को पार करके बढ़ती हुई दिखाई देती है। स्त्रीपक्षीय चिन्तन स्त्री को नागरिक के रूप में पहचान दिलाता है। तो वह एक नागरिक तथा संवेदनशील व्यक्ति के रूप में अपना परिचय देती है और अपने कर्तव्यों के प्रति सचेत होती है। हम देखते हैं कि स्त्री कविता प्रकृति एवं मनुष्य, प्रकृति एवं स्त्री के समीकरणों के संवेदनात्मक पक्षों को आर्द्रता के साथ छूती है। वहीं अपने समय के आर्थिक, सामाजिक, राजनीतिक पहलुओं के साथ प्रकृति के सम्बन्धों के प्रति भी वह बोधवान होती है और अपने गहन चिन्तन की प्रामाणिकता और प्रासंगिकता का परिचय देती है।

आत्मसंघर्ष और आत्मालोचन करती नीलेश रघुवंशी की कविता

•

प्रभा वि. भट्ट

कविता मनुष्य की आदिम गुनगुनाहट की उपज है। कवि मन की अनुभूति जब प्रकट होने के लिए बार–बार मचलने लगती है तो वेगवती जल की धारा के समान सम्पूर्ण बन्धनों को तोड़कर वह काव्य सरिता के रूप में प्रवाहमान हो उठती है। नारी ह्रदय तो अधिक संवेदनशील होता है। जब वह कविता लिखता है तो देशकाल के बन्धनों से परे होकर सम्पूर्ण सृष्टि को अपने में सहज ही समाहित कर लेता है।

सन् 60 के बाद पुरुष लेखकों के साथ–साथ महिलाओं ने भी काव्य के क्षेत्र में अपनी लेखनी चलायी है। इस समय में कात्यायनी, प्रभा खेतान, अनामिका, कुसुम कुमार, निर्मला पुतुल, सविता सिंह, रमणिका गुप्ता, रश्मि मल्होत्रा, कल्पना सिंह, माया सिंह आदि कवयित्रियाँ उभरकर आयीं। परन्तु इस दौर की इन सब कवयित्रियों से अलग अपना ही एक अलग संसार लेकर आने वाली कवयित्री है 'निलेश रघुवंशी'। आर्य स्मृति साहित्य सम्मान से पुरस्कृत उनकी कृति है, 'घर निकाशी'। इसमें छोटी, बड़ी इकहत्तर कवितायें संग्रहित हैं। जिनमें खासकर निम्नवर्गीय लड़की, उसकी संवदेना, उसकी इच्छाएँ, उसकी विवशताएँ उभरकर आती हैं। किसी कवि का कथन है कि कविता हमारे चारों ओर की चीज़ों, घटनाओं, गतियों, स्थितियों, आहटों और अन्तरालों में हर समय मौजूद होती है, वह हमारे आस–पास तैरती रहती है और एक समर्थ कवि उसे पहचान कर एक परिचित शक्ल दे देता है। नीलेश जी की कविताओं को पढ़कर यह सुखद एहसास होता है कि हमारे आस–पास दैनिक जीवन के कार्यकलाप, उसका मामूली और सहज

ब्योरा कविताओं में किस तरह छिपे हुए हैं। अनुभवों को देखने–पहचानने का नया ढंग, इनकी कविताओं में पाया जाता है।

नीलेशजी के लिए कविता हमारे सामान्य निम्न मध्यवर्गीय जीवन से अलग नहीं है। इनके अनुभव भारतीय निम्न वर्गीय युवती के सहज सुलभ अनुभव हैं, जो उनकी काव्यचेतना में विलक्षण दग्धता के साथ अनुदित होते हैं। कम और सहज शब्दों में मनोभावों का यह कायान्तरण इनकी कविताओं को न केवल परमप्रियता सौंपता है बल्कि अपनी सार्वजनिक अर्थ प्रतीति से इस दुनिया को उद्‌घाटित एवं प्रकाशित भी कर डालता है। नीलेश रोज़मर्रा की घरेलू वस्तुओं, व्यवहारों और रिश्तों को अपनी कविता के लिए चुनती हैं तथा अपने काव्यगत कौशल से उनमें ऐसे विश्वसनीय सन्देश भरती हैं कि पाठकों को सर्वथा एक नये बोध का अहसास होता है। उनकी कविता अपने समय के मौलिक और मानसिक द्वन्दों को अनदेखा करके अभिव्यक्ति का कोई अपरिचित लोक नहीं रचती। वह जीवन को जारी रखने वाले कामों का निषेध नहीं करती बल्कि उन्हीं कर्मों में से अपने को उत्पन्न करती है। जब कोई लड़की कविता लिखना चाहती है तो कहा जाता है–

''जब कभी कविता लिखती है लड़की
कहा जाता है सीखो मशीन चलाना
सिलो कपड़े बुनो स्वेटर
मत बुनो शब्द, मत बनो कवि
यह सब फ़िज़ूलखर्ची है वक़्त की।''[1]

आगे कवयित्री प्रसिद्ध रूसी कवयित्री मरिना त्स्वोतायेवा को याद करके कहती है–

''मैं भी बनूँगी कवि
मशीन पर सिलते हुए कपड़े सिलूँगी कविता
बुनते हुए स्वेटर बुनूँगी शब्द।।''[2]

दरअसल यह नीलेश की बुनियादी काव्य दृष्टि है। इस संग्रह में कुछ ऐसी कवितायें हैं जो निम्नवर्गीय लोगों के आर्थिक अभावों को रूपायित करती हैं। जैसे अभाव, बिना टिकट यात्रा करती लड़की, हँसी, पिता की पीठ आदि कविताएँ। लड़की यह जानते हुए भी कि पकड़े जाने पर दण्ड पायेगी बिना टिकट सफ़र करती है ताकि उस टिकट के पैसे से भाई–बहनों के लिए कुछ ले जा सके–

"इन पच्चीस रुपयों से ले जा सकती है
फल पिता के लिए।
ख़रीद सकती है, एक ज़रूरी किताब
अपनी छोटी बहन के लिए।"[3]

लड़की का जीवन, उसके सपने जो केवल घर की चारदीवारी के अन्दर तक सीमित हैं, जो केवल चुटकी भर सिन्दूर की प्रतीक्षा करती है और उसके मेहंदी रचे हाथ काम करते–करते मेहंदी की सुगन्ध को उन वस्तुओं तक भी पहुँचा देते हैं। सिन्दूर का महत्त्व बताते हुए वह कहती है–

"छोटी सी डिबिया में बन्द सिन्दूर
नहीं जानते तुम अपना मूल्य
जाना है हम सबने लम्बी प्रतीक्षा के बाद।"[4]

'ढाबा' शीर्षक कविता के आठ अंश अपनी विषय–वस्तु में तो अनूठे हैं ही, वे सड़क के किनारे मोटरों के शोर, बैलगाड़ियों की धीमी रफ़्तार के बीच बसे हुए एक मामूली और ग़रीब ढाबे की गतिविधि, उससे जुड़े परिवार के जीवन दृश्यों, उसके मासूम विवरणों के ज़रिये एक पूरी दुनिया का रूप निर्मित कर देते हैं। 'ढाबे' को केन्द्र में रखकर हिन्दी में शायद नीलेशजी ने ही पहली बार सोचा है–

"भरा होता जिस दिन ढाबा
साँस रह जाती ऊपर की ऊपर
छूट जाता हाथों से पैन
ले लेता उसकी जगह चिमटा।"[5]

परम्पराएँ रुढ़ियाँ जिन्हें हम भूल गये उन पर भी कविताएँ हैं। 'दुर्घटना' नामक छोटी कविता अपने आप में एक पूरे संसार का निर्माण करती है।

दरअसल, घर सहेजने की चिन्ता स्त्री की सबसे बड़ी चिन्ता है, जो परम्परा और संस्कार से उसे मिलती है। इस उपक्रम में वह धीरे–धीरे अपने आप को भूलती जाती है। 'हंडा' कविता इसे बख़ूबी चित्रित करती है। यहाँ हंडा स्त्री का मन है। इसमें स्त्री युवावस्था में अपने सपने सँजोती है, इच्छाएँ और उमंग जमा करती है। बचपन भी अटाटूट भरा है इसमें। फिर सपने एक–एक कर चटकते गये स्वयं अपनी ही पुकार से। अब तो हंडा घर सहेजता, मासूम सपने बेचता एक वस्तु है–

"दर्ज है उसमें किस तरह सहेजती वह घर
टूटे न कोई बिखरे न कोई
बच रह सके मासूम सपने।"[6]

इनकी कविताओं में जीवन के अन्वेषण की प्रक्रिया जारी है। बीसवीं सदी के अन्त की कल्पना देखिये–

''शताब्दी के अन्तिम बरसों में
हो जाये वह सब कुछ
हो नहीं सका जो गुजरे बरसों में
अन्तिम बरस
बना दे इस सदी को
उजाले और उल्लास से भरा...''[7]

कवयित्री का दूसरा संग्रह है 'पानी का स्वाद'। जो 2004 में प्रकाशित हुआ। इसमें भी कुल मिलाकर 90 छोटी–बड़ी कवितायें हैं। आज का वर्तमान जीवन उदासी से भरा हुआ है–पुराने पड़ गये कपड़ों की तरह उदासी को बेचकर नये चमचमाते बर्तन ख़रीद लेने चाहिए।''[8]

उदासी कविता के अन्त में आने वाली ये पंक्तियाँ मानो इस कविता संग्रह के 'टोन' को सूचित करती हैं। जीने की ऊष्मा और ललक से भरी ये कविताएँ लेखिका की एक नयी पहचान कराती हैं। इस संग्रह की कविता में एक नये ढंग का रोमान दिखाई देता है जो जीवन के दैनन्दिन टकरावों के भीतर से पैदा हुआ है। कहा जाता है कविता मनुष्यता की मातृभाषा है। मनुष्यता संवेदना से पहचानी जाती है। संवेदना मनुष्य को सम्बन्धों में बाँधती हैं। पर आज सम्बन्ध बिखर रहे हैं, परिवार टूट रहे हैं–'घर' कविता में कवयित्री कहती है–

''घर को टूटते किसने देखा
धीरे–धीरे टूटता गया घर...
हुआ जो हाल अपने घर का, न ही किसी के भी घर का
फुसफुसाते हैं सब
घर में पहले से कोई दरार नहीं
कोई छेद, धब्बा नहीं कोई
बस अचानक टूटना शुरू हुआ घर
टूटते, टूटते, टूट ही गया
सारा का सारा घर।''[9]

जहाँ घर टूट रहा है वहाँ सम्बन्धों में बिखराव भी आ रहा है। इसी कारण जीवन उदासियों से भर गया है। जीवन की राह में खड़ी कवयित्री पूछ रही है–

"किस रास्ते पर जा रही हूँ
जीवन में प्रेम या प्रेम में जीवन?
जीवन को खोजा प्रेम में, धीरे–धीरे से ही
दूर होता गया प्रेम... ।"[10]

समकालीन कविता में माँ और सन्तान का संवेदनायुक्त संसार पूरी संवेदना के साथ चित्रित है, तो पिता और सन्तान का सम्बन्ध भी चित्रित है। माँ अपने आप में एक संस्कृति है और पिता अपने आप में समाज।

जहाँ कविता में एक ओर पिता अकसर रास्ता दिखाने वाले बुजुर्ग व मार्गदर्शक के रूप में चित्रित हैं, वहीं दूसरी ओर उसके बुढ़ापे का चित्रण भी है। बूढ़े पिता की स्थिति का चित्रण लेखिका इस प्रकार करती है–

"खाँसते हुए ज़िद पर अड़ेंगे, हर एक काम ख़ुद करेंगे'
वश का नहीं जो उनके, करेंगे उसे ही सबसे पहले
तिस पर लोगों का यह कहना–
अरे भई बुढ़ापा है, उलझो मत बिल्कुल ही अच्छा नहीं लगता
पिता बुढ़ापे में अच्छे नहीं लगते
या शायद
अच्छा नहीं लगता बुढ़ापा पिता पर।"[11]

'बच्चा सँभालने वाली लड़की' जब अपने घर में नयी–नयी चीज़ों को लेकर प्रवेश करती है तो घर वाले उन चीज़ों को देखकर ख़ुश होते हैं पर उस लड़की की दर्द भरी पीड़ा से युक्त हँसी और मन को देख नहीं पाते। रुढ़ि, परम्परा, अन्धविश्वासों पर भी जहाँ कुछ कविताएँ हैं, वहीं समाज में व्याप्त छल, कपट और स्थितियों पर व्यंग्य भी है। 'विज्ञापन में किसान' कविता में वर्तमान रिथति में किसानों की दुर्दशा का चित्रण किया है और कहा है कि आज विज्ञापन में ही किसान का खुशहाल जीवन सिमट कर रह गया है।

केदारनाथ सिंह ने ठीक लिखा है कि इस संग्रह के मुखपृष्ठ पर कहा है–"सुख दुःख का, पीड़ा का एक मिला–जुला बोध है, एक विलक्षण सर्जन का बोध, जिसे सिर्फ़ एक स्त्री जानती है। 'पहली रूलाई तक की डायरी' इसी जैविक स्त्री बोध का क्रमिक दस्तावेज़ है, जो शायद हिन्दी में पहली बार इतनी प्रामाणिकता के साथ दर्ज हुआ है। इस काव्यात्मक डायरी को जो बात सबसे अधिक विश्वसनीय बनाती है, वह अजन्में शिशु के साथ माँ की वह चुहल है, जो प्रायः इसके हर टुकड़े में मिल जायेगी।"

माँ बनना हर स्त्री के लिए एक गौरव की बात होती है। कहा भी जाता है कि एक स्त्री का जन्म तथी सार्थक होता है जब वह माँ बनती है। माँ बनने का उस सुखद, सुन्दर एहसास को अनुभव किया जाता है पर उसे शब्दबद्ध करना आसान नहीं। पर नीलेश जी ने इसे बड़ी आसानी व सुन्दरता के साथ शब्दबद्ध किया है। उस अनुभव को रेशे–रेशे उघाड़कर रखा है कि क्या कहें? शब्द नहीं मिलते। जैसे 11 अगस्त, 1999 बुधवार का दिन, ग्रहण का दिन और सन्तरे खाने का मन।

"डर क्यों रही हूँ, इतना?
कल डॉक्टर के यहाँ जाने पर ही मालूम होगा
किसने खाये सन्तरे?[12]
बच्चे का आगमन वह रोमांच साथ ही होने वाला कष्ट
एक बच्चे में इतना कष्ट
हैरत होती है उन्हें देखकर, जने जिन्होंने कई बच्चे
माँ भी तो कैसे हँसकर सुनती हैं
रोटी से छिटक गयी थी मैं तेरे समय
मुँह पर कपड़ा बाँधकर बनाती थी रोटी

× × ×

मेरे बच्चे, कितने अच्छे हो मेरी बनिस्बत तुम
कम से कम रोटी तो बनाने देते हो मुझे।"[13]

गर्भावस्था के उन दिनों में कुछ अच्छा लगता नहीं। कभी–कभी भागदौड़ के कारण बच्चे को भूखा रखने पर पछताना, फिर उसको सांत्वना देना। स्त्री की हर इच्छा का पूरा होना, सब लोगों की नसीहतें, अजन्मे बच्चे से माँ की बातचीत, दीपावली मनाना, पटाखों का शोर, बच्चा डरे नहीं इसलिए उसके कान बन्द करना, धीरे–धीरे माँ के गर्भ में शिशु का बड़ा होना, फिर शिशुजन्म की वह यातना–

"कितना आसान है कहना जनम देना सृष्टि का सबसे सुखद कार्य है
लेकिन कितना मुश्किल है जनम देना
यह पीड़ा, यह कष्ट, तुम क्या जानो
वैसे भी अगर तुम लड़का हुए तो नहीं जान पाओगे कभी भी
और अगर लड़की हुए तो
कैसे सहोगे इतना कष्ट?"[14]

इसी बीच शादी की सालगिरह मनायी जाती है और इन्तज़ार ख़त्म होता है। शिशु का जन्म–

"ये ये ये
तुम्हारे रोने की आवाज़ सुनायी दी
रोने की आवाज़ से मुझे लग रहा है, तुम नन्हें से बदमाश राजकुमार हो,
इतने ज़ोर से क्यों रो रहे हो बेटे?
अप्रैल फूल बनाया तुमने..."[15]

और लड़की का जन्म हो जाता है। शाम की तरह मुस्कुराती नन्हीं–सी कली और सूरज की तरह सुस्ताती माँ। इनके तीसरे काव्य संग्रह का नाम है 'अन्तिम पंक्ति में', इस संग्रह की कविताएँ नीलेश जी की कविता को प्रगीतात्मक संरचना से आगे बढ़कर उसके आख्यानात्मक शिल्प की ओर ले आयी हैं। इस बदरंग और ऊबड़–खाबड़ दुनिया को एक खेत में बदलने और उसमें मनुष्यता को रोपने का सपना वह देखती है। मगर उसी समय यथार्थ की जटिल समस्या उन्हें घेर लेती है–

"एक स्वप्न है जाती हूँ जिसमें बार–बार
लौटती हूँ हर बार
मकड़ी के जाले सी बुनी इस दुनिया के भीतर।"[16]

किसान अब बदल गया, उसकी समस्याएँ भी बदल गयी हैं। वह प्रेमचन्द के समय में भी शोषित था आज भी है। लेकिन आज उसका शोषण अलग ढंग से हो रहा है। सवाल है प्रेमचन्द के जिस होरी को किसान से भूमिहीन मजदूर बनने को विवश होना पड़ा और जिसकी एक दिन लू लगने से मृत्यु हुई वह आज कहाँ है? यह जानना हो तो नीलेश की अत्यन्त मार्मिक और सान्द्र कविता 'किसान' पढनी चाहिए। कविता बड़े प्रमाणित लहजे में इस निष्कर्ष तक जाती है–

"लुटा–पिटा अगली फसल की आस में गाँव को लौटता
ये हमारे समाज का किसान है न किसान का समय है ये।"[17]

नीलेश जी साधारण जन समाज से आवयविक रिश्ता कायम करती हैं क्योंकि वे काव्य–वस्तु के लिए नहीं भाषा और भाव के लिए उसके पास जाती हैं। 'मल्लाह का शोकगीत' इसका सुन्दर उदाहरण है। जिसमें सागर में आने वाले तूफान के कारण मल्लाह के अस्त–व्यस्त होते जीवन

का चित्रण किया गया है। उसकी दयनीय स्थिति का वर्णन करते हुए कवयित्री कहती है–

''समुद्र क्यों छल करता है जब–जब जीवन के साथ
क्यों मल्लाह के घर सुख–समृद्धि नहीं आती
क्यों छल और तट एक दूसरे के पर्याय हैं
हाय हमने भी जीवन भर लाखों–करोडों को मारा
पानी जिनका जीवन था, उसे उन्हीं से अलगाया
मल्लाहों की क़िस्मत
मछली को मारें तो मन मारें तो पेट से मरें
फफक–फफककर रोता है बूढ़ा मल्लाह।''[18]

माँ भगवान के समान होती है। इतनी दयालु कि अपनी सन्तान के लिए सब कुछ त्याग करती है। उसकी हर ज़िद को पूरा करती है, पर क्या सन्तान अपना कर्तव्य निभाती है? माँ और पुत्र में कितना 'फ़र्क़' है–

''भूखी होते हुए भी भूख न होने का उपक्रम करती
बार–बार पेट को पल्लू से ढँकती
कभी भी चिल्लाकर चाय रोटी नहीं माँगती माँ
कितना फ़र्क़ है माँ खाना दो और बेटा खाना दो में।''[19]

समकालीन कवि जैसे विलुप्त होते पेड़–पौधों और पशु–पक्षियों की प्रजातियों को बचाने का पक्षधर है, उसी तरह लुप्त होती बोलियों और भाषाओं को बचाने का पक्षधर भी है। भाषा का महत्त्वपूर्ण उपकरण है शब्द। शब्दों के बिना भाषा की पूर्णता के बारे में सोचा नहीं जा सकता, शब्दों के बिना कविता का तो अस्तित्व ही नहीं हो सकता। जहाँ तक नीलेश जी की भाषा का सवाल है, सरल बोलचाल की भाषा का प्रयोग, सामान्य दैनन्दिन शब्दों का प्रयोग इनकी विशेषता रही है। साथ ही लोकोक्ति और मुहावरों का प्रयोग भी इन्होंने आवश्यकतानुसार किया है। उन्होंने सच ही कहा है कि–''मैं अपनी कविता में समूचे भारतीय जीवन को उसके समूचे रूप में प्रतिबिम्बित करना चाहती हूँ। इच्छा रखना और बात है। पूरी होना बिल्कुल दूसरी बात। सृजन के रहस्य इतने आसान हैं क्या? जितना खोलो, उतने ही ढँकते चले जाते हैं परत दर परत...।''

''मुझे कुछ नहीं चाहिए और सब कुछ चाहिए
यह अन्तर्विरोध ही मेरा आत्मसंघर्ष है...''

अन्त में कवयित्री इतना ही कहना चाहती है कि इस समय हमें चिड़िया

की आँख नहीं देखनी है, बल्कि इस दुनिया को, इस समय को चिड़िया की आँख से देखना है। बहुत गहराई से लेखिका यह महसूस करती है कि इस दुनिया को देखने का नज़रिया हमें बदलना होगा। ऐसा नहीं कि सिर्फ़ दुनिया और समय को देखने के लिए ही चिड़िया की आँख चाहिए, बल्कि ख़ुद को परखने के लिए भी चिड़िया की आँख चाहिए। क्योंकि आज के समय में कविता कवि से आत्मालोचन की माँग कर रही है।

सन्दर्भ

1. नीलेश रघुवंशी, 'घर निकासी', पृ. 24
2. वही, पृ. 24–25
3. वही, पृ. 22
4. वही, पृ. 16
5. वही, पृ. 102
6. वही, पृ. 36–37
7. वही, पृ. 107
8. नीलेश रघुवंशी, 'पानी का स्वाद', पृ. 19
9. वही, पृ. 20
10. वही, पृ. 24
11. वही, पृ. 31
12. वही, पृ. 81
13. वही, पृ. 82
14. वही, पृ. 87
15. वही, पृ. 104
16. नीलेश रघुवंशी, 'अन्तिम पंक्ति में', पृ. 68
17. वही, पृ. 58
18. तही, पृ. 98
19. वही, पृ. 79

समकालीन लेखिकाओं की कहानियों में स्त्री अस्मिता

•

मृदुला शुक्ला

सुश्री महादेवी वर्मा ने 'आधुनिक नारी' शीर्षक निबन्ध में लिखा है–''भविष्य में भारतीय समाज की क्या रूपरेखा हो, उसमें नारी की कैसी स्थिति हो, उसके अधिकारों की क्या सीमा हो, आदि समस्याओं का समाधान आज की जाग्रत और शिक्षित नारी पर निर्भर है। यदि वह अपनी दुरवस्था के कारणों को स्मरण रख सके और पुरुष की स्वार्थपरता को विस्मरण कर सके तो भावी समाज का स्वप्न सुन्दर और सत्य हो सकता है, परन्तु यदि वह अपने विरोध को ही चरम लक्ष्य मान ले और पुरुष से समझौते के प्रश्न को ही पराजय का पर्याय समझ ले तो जीवन की व्यवस्था अनिश्चित और विकास का क्रम शिथिल होता जायेगा।''[1]

उद्धृत पंक्तियों में महादेवी जी की सन्तुलित एवं रचनात्मक दृष्टि ने मेरा ध्यान विशेष रूप से आकृष्ट किया। युगों से समाज में नारी के साथ अन्याय–अत्याचार होता आया है। दैहिक एवं भावनात्मक शोषण के कोड़े उसने बहुत सहे हैं। जीवन में उसकी अनिवार्य व आवश्यक भूमिका के बावजूद उसे सम्मान कम, अपमान ही अधिक मिला है, किन्तु क्या नारी–चेतना, नारी–मुक्ति और नारी–सशक्तीकरण के नाम पर की गयी अतिरेकपूर्ण प्रतिक्रियाओं–चेष्टाओं से नारी का हित हो जायेगा? क्या इससे एक अन्य प्रकार की अनिष्टकारी स्थिति उत्पन्न नहीं हो जायेगी? मानव–सृष्टि की महत्त्वपूर्ण इकाई होने के कारण नारी क्या इससे अप्रभावित रह पायेगी? ये प्रश्न प्रायः मेरे मन में उठते रहते हैं और मन–मस्तिष्क किसी एक उचित विचार–बिन्दु पर टिक ही नहीं पाता।

वस्तुतः वेदों के काल में 'असतो मा सद् गमय' जैसे सार्थक विचारपूर्ण मन्त्रों की रचना करने वाली मैत्रेयी, गार्गी, अपाला आदि विदुषियों के बाद भारतीय इतिहास के मध्यकाल में स्थितियाँ कुछ ऐसी बनीं, जिन्होंने नारी को धीरे–धीरे घर–गृहस्थी की सीमा में कैद कर दिया। उसकी गृहिणी एवं पतिव्रता की भूमिकाएँ ही शेष रह गयीं। और यहीं से उसके साथ अन्याय–अत्याचार का व्यवहार ज़ोर पकड़ने लगा। उसकी जीवन रूपी पुस्तक में मानसिक–दैहिक शोषण के पृष्ठ भी जुड़ने लगे, किन्तु आज की विडम्बना यह है कि अब स्त्री घर की कारा से बाहर आ चुकी है। अपनी प्रतिभा, बौद्धिकता एवं संघर्ष क्षमता से उसने असम्भव को भी सम्भव किया है, पर न अन्याय–अत्याचार रुके हैं, न अपमान–शोषण के प्रहार बन्द हुए हैं। नये–नये कारण खोजकर, नयी–नयी युक्तियाँ अपनाकर अब भी उसे प्रताड़ित–अपमानित किया जा रहा है। "साहित्य समाज का दर्पण होता है" यह उक्ति ध्यान में होने के कारण नारी–अस्मिता को लेकर मन में उठने वाले प्रश्नों के परिप्रेक्ष्य में मैंने कुछ समकालीन हिन्दी कहानियाँ पढ़ीं, तो उनमें एक ओर नयी स्थितियों को यथातथ्य, प्रभावपूर्ण किन्तु तीखे तेवरों के साथ अभिव्यक्त हुआ पाया और दूसरी ओर महादेवी जैसे सन्तुलित–रचनात्मक विचार–बिन्दु भी पाये।

यद्यपि हिन्दी कहानी के समकालीन परिदृश्य में विशेषतः ज्वलन्त मुद्दों पर लिखने वाली लेखिकाएँ अनेक हैं, किन्तु यहाँ मैंने मुख्यतः तीन कथा लेखिकाओं–चन्द्रकान्ता, नासिरा शर्मा और मीराकान्त की कुछ कहानियों को आधार बनाया है, इसलिए कि इनके लेखन ने मुझे आकृष्ट प्रभावित किया, इसलिए भी कि इनके मनोभावों–विचारों से मुझे सन्तुलन और रचनात्मकता के दर्शन अधिक परिमाण में हुए।

अपने अस्तित्व के लिए निरन्तर जूझते कश्मीर की बेटी चन्द्रकान्ता के अब तक लगभग 14 कहानी संग्रह प्रकाशित हो चुके हैं। उनके रचनागत वैशिष्ट्य का उल्लेखनीय बिन्दु इस अभिमत में है–"चन्द्रकान्ता उन बिन्दुओं को भी चिह्नित करती है, जिनके ख़तरों को समझकर मनुष्यता को बोझिल होने से बचाया जा सकता है, आत्मीयता और करुणा का स्पर्श दिया जा सकता है।"[2]

हाल ही में प्रकाशित उनके कहानी–संग्रह 'अलकटराज देखा?' के फ्लैप में तो स्पष्टतः उनकी स्त्री–दृष्टि को, उनकी मानवीय–पक्षधरता का पर्याय कहा गया है–"स्त्री विमर्श के झण्डे उठाये बिना, स्त्री अस्मिता

के प्रश्नों को, सामाजिक–पारिवारिक परिप्रेक्ष्य में शिद्दत से उठाती, स्वतन्त्रचेता स्त्री के पक्ष में खड़ी चन्द्रकान्ता के लेखन का मूल प्रयोजन यह रहा कि मनुष्य के संवेदनशून्य होने से पहले, उसमें थोड़ा–सा मनुष्य बना रहे।'' यह सत्य है कि अब समाज में स्त्री के प्रति दृष्टि बदली है। पुरुष–स्त्री से परे उन्हें मनुष्य समझे जाने का वातावरण बनाने के प्रयत्न हो रहे हैं। चन्द्रकान्ता की दृष्टि इसी ओर उन्मुख है। उनकी 'गुच्छा भर काले केश और दो अंगुल माया' शीर्षक कहानी एक प्रकार से परिवार में बेटी जन्मने के समय के वातावरण को अभिव्यक्त करती है। आज 'बेटी बचाओ, बेटी पढ़ाओ' नारा ज़ोरों पर है। कन्या भ्रूणहत्या के विरुद्ध बने कानून को तरह–तरह से प्रसारित किया जा रहा है, ऐसी स्थिति में एक ओर बेटी–बेटे में भेद न मानने की प्रवृत्ति, बेटी आगमन पर ख़ुशी मनाने का भाव भी दृष्टिगत होता है और कहीं बेटी के जन्मने से मन में हल्की–सी खरोंच लगती भी दिखाई देती है। कहानी का परिदृश्य यही है। अस्पताल में कुणाल की पत्नी भर्ती है। बेटी होने की सूचना मिलती है, तो कुणाल के पिता कहते हैं–''बेटियों को धरती कहा गया है, मैं तो मानता हूँ वे धरती होने के साथ स्वयं ही बीज भी होती हैं, जो धरती पर हरे गाछ उगाती हैं, धरती को धरती होने का आश्वासन देती हैं। वे तो सृष्टा होती हैं, तुम्हें और हमें जन्म देने वाली।'' यहाँ चन्द्रकान्ता ने बहुत कुशलता से अवसर पाते ही बेटी अर्थात स्त्री की महत्ता को सटीक तर्कों के साथ प्रतिपादित किया है।

अस्पताल में एक अन्य बेटी का जन्म हुआ है, उसकी माँ को छुट्टी मिल गयी है। अधिक बिल आने पर पिता भड़का हुआ है, उसके मुख से जब रुढ़िवादी विचार वाला यह वाक्य निकला–''इतना भारी बिल? क्या लूट मची है। लड़का होता तो भी कोई बात थी...।'' तो वहाँ खड़ी दाई ने हाथ जोड़कर कहा–''ख़ुशी–ख़ुशी जाइये साहब! माँजी, तुम्हारे घर तो गंगा पधारी है, इसका मान करो! अब बेटियाँ मुल्क पर राज कर रही है। इसे पढ़ाओ–लिखाओ! बड़ी होकर यह बड़े काम करेगी। अस्पताल का बिल ही नहीं, तुम्हारी पोती होने का कर्ज़ भी उतारेगी।'' समाज के सामान्य वर्ग के लोगों की सोच में बेटी–जन्म के प्रति आने वाले बदलाव का यह रेखांकन निश्चय ही ध्यान खींचता है।

इस कहानी का अन्त तो सर्वाधिक महत्त्वपूर्ण है, जहाँ एक ओर लड़की–जन्म को अपराध मानने वाले हमारे समाज की एक माँ पति व

परिवारजनों की परवाह न करते हुए ख़ुशी मनाती दिखती है तो दूसरी माँ यह संकल्प लेती है कि बेटी को शारीरिक रूप से सशक्त बनायेगी। चन्द्रकान्ता प्रश्नों के साथ समाधान भी रखती हैं। बेटी का होना सर्वाधिक दुःखद इसीलिए होता है, क्योंकि उसकी सुरक्षा एक बड़ा दायित्व होता है। सुरक्षा के लिए उसे सक्षम–सबल बनाना होगा, यह चन्द्रकान्ता का स्पष्ट अभिमत है। कहानी की अन्तिम पंक्तियाँ उनके सार्थक विचारों को समुचित प्रभाव के साथ व्यक्त करती हैं–''लेकिन वह वही थी, नयी–नयी माँ, जो बुड़बुड़ करते सास–ससुर और उन्हें चुप रहने की इल्तजा करते अपने पति से लापरवाह शॉल के नीचे से मिठाई का डिब्बा निकालकर दाई को पकड़ा रही थी। मुझसे नज़र मिली, तो मुस्करा दी। नहीं कोई उदासी, कोई नाराज़गी नहीं थी। आँखों में उत्सव की कौंध थी, जो एक नयी माँ ही मना सकती थीं आश्चर्य! मैं अचानक किसी करिश्मे से गंगोत्री पहुँच गयी। मेरी गंगा को कुणाल ने एहतियात से बाँहों में समेटा था। मैंने अपने आप से वादा किया कि इस नन्हीं जान को जो भी बनना हो बने, जो भी सीखना हो सीखे, पर उस 'जो भी' के साथ मैं इसे कराटे ज़रुर सिखाऊँगी।''

प्रायः यही होता है कि जब विवाहित बेटी पर ससुराल में अत्याचार होते हैं, मायके वाले प्रतिकार नहीं करते। बेटी की प्रतिष्ठा, उसके बच्चों का सुख उन्हें शायद प्रतिकार से रोक देता है। चन्द्रकान्ता ने इसी स्थिति को उकेरती कहानी लिखी है 'पीर पर्वत'। इसमें प्रसंग है कि पिता राघव से पति द्वारा अपने साथ दुर्व्यवहार करने की बात बेटी प्रिया ने कहने की कोशिश की थी, पर वे समझ नहीं पाये। स्पष्ट उसने कहा नहीं। फिर एक दिन उसको जलाकर मारे जाने की सूचना आयी। उसके बेटे मुन्ना के लिए राघव फिर चुप रहे, यद्यपि मुन्ना को अपने पास रखकर पाला–पोसा। न तो घटना धटित होने के समय और, न उसके बाद उनकी ओर से अत्याचारी दामाद पृथ्वी को दण्डित करने का प्रयत्न हुआ। अन्दर ही अन्दर अवश्य वे पीड़ित थे। यह बात उन्हें बराबर कचोटती थी। एक दिन उनकी पोती सिया ने कह ही दिया–''अच्छा दादाजी, एक बात बताइए, आपने प्रिया बुआ का केस क्यों नहीं लड़ा ? क्या आपको नहीं लगता कि आपने प्रिया बुआ के साथ ही अन्याय नहीं किया, बल्कि समाज में आये दिन हत्या और शोषण का शिकार होती अनेकानेक प्रियाओं के हत्यारों की हिम्मत बढ़ाने का अपराध भी किया है।'' यहाँ चन्द्रकान्ता की स्त्री–दृष्टि

का महत्त्वपूर्ण पक्ष अन्याय–अत्याचार के विरुद्ध डटकर खड़े होने तथा अपराधी को सजा दिलाने के रूप में प्रत्यक्ष होता है।

निबन्ध, आलोचना एवं पत्रकारिता तीनों विधाओं के महत्त्वपूर्ण हस्ताक्षर आचार्य विद्यानिवास मिश्र ने साहित्य के प्रयोजन के सन्दर्भ में कहा है–"यह सही है कि साहित्य का आराध्य मानुष सत्य है, चरम सत्य के रूप में मनुष्य नहीं, मनुष्य होने का भाव आराध्य है, वह मानुष सत्य हर संस्कृति में अवतीर्ण होता है, पर उसके साथ ही यह भी उतना ही सही है कि मानुष सत्य की पहचान हमें सबसे पहले अपने संस्कारों से, अपने जातीय विचारों से मिलती है, इसलिए उन विचारों–संस्कारों के प्रति हमारा गहरा दायित्व पहले होता है, हम उन्हें समझें, अपने को उनसे बना मानें और तब हममें सामर्थ्य हो, हमें तीव्र आवश्यकता अनुभव हो, तो उनका अतिक्रमण करें, उनका नवनिर्माण करें।"[3]

कहानी ही नहीं, अनेक उत्कृष्ट उपन्यास लिखने वाली भारतीय ही नहीं, ईरान और अफगानिस्तान के हालातों पर लेखनी चलाने वाली, सर्जनात्मक लेखन के साथ पत्रकारिता के क्षेत्र में भी सफलता के शिखर छूने वाली नासिरा शर्मा की कहानियों में स्त्री–अस्मिता का विषय केन्द्र में तो रहा है, किन्तु विद्यानिवास मिश्रजी के अभिमत के अनुरूप उन्हें भी पहले अपने को, अपनी स्थितियों को समुचित रूप से जानना, मुख्यतः धार्मिक–सामाजिक सिद्धान्तों को जानना–समझना अति आवश्यक लगा है। यों तो उनके लगभग आठ कहानी संग्रह प्रकाशित हो चुके हैं, किन्तु 1998 में प्रकाशित 'ख़ुदा की वापसी' संग्रह नारी–अस्मिता के सन्दर्भ में विशेष उल्लेखनीय है। पुस्तक के 'निवेदन' में नासिराजी ने स्पष्ट किया है–"औरत को अपनी लड़ाई ख़ुद लड़नी है तो फिर अपने लिए बनाये शरीयत कानून का पूरा ज्ञान और देश के अन्य धर्म–कानूनों को भी जानना ज़रूरी है, तभी वह अपनी लड़ाई लड़ सकती है, वरना दूसरों के भरोसे रही, तो उसको वही मिलेगा, जो दूसरे उसे देना चाहेंगे।"

संग्रह की पहली कहानी 'ख़ुदा की वापसी' मुस्लिम महिला के अपने अधिकारों को पाने के संघर्ष–पथ की ओर बढ़ने को दर्शाती है। पढ़ी–लिखी फरज़ाना पति जुबैर द्वारा छली जाती है 'मेहर' के सन्दर्भ में। मुस्लिम समाज में 'मेहर' औरत के पक्ष में प्रचलित परम्परा है, जो वर की ओर से धनराशि के रूप में देय होती है। फरज़ाना के भाई फिरोज़ के शब्दों में–"मेहर उस ईमानदारी की सिक्योरिटी है जिसको आगे की शादीशुदा

ज़िन्दगी में शौहर को अपने बर्ताव और व्यवहार से साबित करना है या यूँ कहा जाये कि मेहर औरत की कीमत न होकर मर्द की ज़मानत है।''

इसी 'मेहर' की राशि को फरज़ाना का पति जुबैर शादी की पहली रात ही उस पर भावनात्मक दबाव बनाकर माफ़ करा लेता है। फरजाना जब वास्तविकता समझती है तो मायके आ जाती है। वहाँ उसका भाई अपने एक मित्र मौलवी अली इमाम को बुलाकर सारी वास्तविकता से अवगत कराता है। इमाम का यह कथन–''लाहौल... क्या जिहालत है... यह तो सरासर मर्द समाज में मर्द की एक चाल है, ताकि वह औरत का हर हथियार छीन ले, कहीं प्यार से, कहीं कानून से, कहीं जुल्म से...।'' एक प्रकार से स्त्रियों के प्रति पुरुषों के व्यवहार का उद्घाटन करता है, तो कहानी के अन्त में फरजाना की कल्पना में ही सही जुबैर का यह कहना–''खुदा रहीम है तो दुनियावी ख़ुदा कैसे जालिम हो सकता है? देर में ही सही, समझ तो गया कि इनसान को सिर्फ़ अपने ही नहीं, बल्कि दूसरों के हक़ और ख़ुशी का भी ध्यान रखना चाहिए... इसलिए वापस आया हूँ।'' मैं तुम्हारे पास ख़ुदा बनकर नहीं, इनसान बनकर लौटा हूँ और इनसान ही बना रहना चाहता हूँ।'' एक सुखद स्थिति को प्रत्यक्ष करता है। यहाँ नासिराजी कटुसत्य का पर्दाफ़ाश करने के साथ एक सुखद समाधान भी देती हैं, यही उनकी नारी–दृष्टि का विशेष पक्ष है।

निस्सन्देह स्त्री के लिए अपने अधिकारों–कर्तव्यों को जानना सर्वाधिक आवश्यक है, तभी वह अपनी अस्मिता की रक्षा कर सकेगी और स्वाभिमान के साथ जीवनयापन कर सकेगी। नासिराजी के लेखन विशेषतः स्त्रियों के परिप्रेक्ष्य वाले लेखन का यही आधार बिन्दु रहा है कि निराशा दूर हो और नवनिर्माण हो। वस्तुतः ''उनके पहले संग्रह 'पत्थर गली' से लेकर 'इब्ने मरियम', 'संगसार', 'शामी कागज़', 'सबीना के चालीस चोर' और 'ख़ुदा की वापसी' तक सभी में भले ही मूल समस्याओं और घटनाओं को लेकर विभेद रहा हो, लेकिन उनका विजन हमेशा स्पष्ट रहा–ख़ारिज होती आस के सिरे पर एक नयी उम्मीद की तलाश, जो नये दिन की तामीर हो।''[4]

इस नयी उम्मीद की तलाश तथा नये दिन की तामीर के लिए ही मानो उन्होंने 'दिलआरा' कहानी लिखी है, जिसमें विधवा साजदा महिलाओं को इस्लाम और उसमें दिये गये महिलाओं के अधिकारों का ज्ञान कराने का संकल्प लेती है। जब वह शिक्षण–कार्य शुरू करती है, मौलाना अकरम तथा उन जैसे संकीर्ण मनोवृत्ति के लोग उसका विरोध करते हैं, पर वह

अपने काम में संलग्न रहती है। वह यह स्पष्ट कर देती है–''लड़कियों के दिमाग़ को रोशन करना और सही राह दिखाना, उन्हें अपने हक़ और नाहक़ के बारे में जगाना, उन्हें बर्बाद नहीं आबाद करना है। यह कोई बग़ावत या औरत की आज़ादी का परचम नहीं है, बल्कि मिली हुई आज़ादी पर जो ग़र्द व गुबार पड़ गया है, उसकी धूल झाड़ रही हूँ।''

वस्तुतः नासिराजी यही तो चाहती हैं। केवल विरोध–विद्रोह के द्वारा द्वेष बढ़ाना, आपस में भेद की दीवारें खड़ी करना उनका अभिप्रेत कभी नहीं रहा। स्त्री को मनुष्य समझा जाये। उसके साथ समानता का व्यवहार हो, इसीलिए तो उनकी पात्र साजदा विरोधियों को दो टूक उत्तर देती है–''बात औरत को बाहर निकालने या मरद के मुकाबिल खड़ा करने भर की नहीं है, बल्कि बात उसे एक इनसान समझकर उसकी पूरी शख़्सियत की है। उसको वह सारे हक़ मिलने चाहिए, जिनसे वह अपनी दिमाग़ी और जज़्बाती ज़रूरतों को पूरा कर सके और एक सेहतमन्द नज़रिये के साथ वह इस दुनिया के हर फैसले में शामिल हो सके।''

एक स्त्री, जो माँ, पत्नी, बेटी और बहन भी होती है, उसके लिए जाति, धर्म व धन सबसे ऊपर उसकी इज़्ज़त होती है और उसके रिश्ते होते हैं। 'तीसरा मोर्चा' कहानी में एक ऐसी ही औरत के द्वारा, जो साम्प्रदायिक दंगों में पुरुषों की हवस का शिकार बनी है, स्त्री–अस्मिता के प्रश्न को अत्यन्त मार्मिकता से उठाया गया है। उस औरत के उत्तरों के माध्यम से मानो नासिराजी स्त्री पात्र की सोच प्रस्तुत करती हैं। कश्मीर में दंगों से पीड़ित हो भाग रहे राहुल व रहमान नामक मित्रों को रास्ते में बेहोश पड़ी औरत मिलती है। उसके चेहरे पर पानी छिड़क वे होश में लाते हैं। जैसी कि स्थिति है और दुनिया का चलन भी, वे उत्सुक हैं, उसका अता–पता, उसकी जाति व धर्म जानने को। उसकी हालत अच्छी नहीं हैं। वे उसे सहारा देकर साथ ले जाने को तैयार हैं, किन्तु वह तैयार नहीं होती है वह जो उत्तर देती है, उसमें सत्य भी है और एक दिशा–निर्देश भी, विशेषतः स्त्री अस्मिता के सन्दर्भ में।

''मैं एक औरत हूँ और औरत की अस्मत तो हिन्दू–मुसलमान नहीं होती... ।''

''हिन्दू और मुसलमान तो सिर्फ़ वह मर्द होते हैं, जो अपने मज़हब के उन्माद में औरत की आबरू लूटकर अपना धर्म निभाते हैं... मैं कौन हूँ... मेरा नाम, मेरा मज़हब क्या है ? मेरा मोहल्ला, मेरा पता क्या है?

बताऊँ आपको कि मैं दो बच्चों की माँ हूँ और बच्चों का बाप साल भर से लापता है?''

''तुम दोनों जाओ भाई... मैं माँ हूँ। मुझे बच्चों को दफ़नाना है। ...पत्नी हूँ... मुझे अपने शौहर का इन्तज़ार करना होगा... औरत हूँ इसलिए जुल्म के ख़िलाफ़ मुझे ज़िन्दा रहना है... मुझे भागना या मुँह छुपाना नहीं है... मुझे अभी ज़िन्दा रहना है।''

नितान्त समकालीन लेखिका मीराकान्त भी आतंकवाद से पीड़ित कश्मीर की बेटी हैं। उनके लेखन में कटु यथार्थ का अवश्य अभिव्यक्ति मिली है, पर निराशा, कुण्ठा और अवसाद का कोई स्थान नहीं है। मुख्यतः उनकी पहचान नाट्य–लेखन के क्षेत्र में रही है, पर कहानियों के लिए भी उन्हें सराहना मिली है। उनके अब तक तीन कहानी संग्रह आ चुके हैं। जहाँ तक लेखन में स्त्री–अस्मिता की बात है, उनकी भी सोच में स्त्री–अस्मिता के प्रश्न रहे हैं, पर चाहत उसे एक मनुष्य के रूप में देखे जाने की ही रही है। 'कागज़ी बुर्ज' कहानी संग्रह के फ्लैप में उल्लेख भी है–''मीराकान्त की अनेक कहानियों में स्त्री–जीवन और किसी न किसी रूप में मात खाये हुए मानव मन की ऊबड़–खाबड़ संरचना की अनवरत यात्रा है। चाहे भीतर जमी स्मृतियों के किनारे बसा डायस्पोरा का दर्द हो, इतिहास के गर्त में दबी–घुटी दूर से आती कोई आर्त पुकार हो, ज़िन्दगी से धकियाये लोगों के चटखते सपने हों अथवा जीवन–संघर्ष में सामान्य–असामान्य को जुदा रखने वाली लकीर पर चलते हुए लगभग सन्धि प्रदेश की दुनिया में जा पहुँची किसी स्त्री की बेबस तन्हा ज़िन्दगी हो–ये सब सार्थक पड़ाव हैं, उस रचनात्मक यात्रा के, जो दुर्गम ऊँचाइयों और गहरी खाइयों के फासले तय करती है।''[5]

भारतीय समाज में प्रायः स्त्री–सन्तान यानी बेटी के पालन–पोषण में लापरवाही बरती जाती रही है। उसके विवाह के सन्दर्भ में भी यही होता है कि जैसे–तैसे ब्याह देना है। विवाह हो जाये, वह अपने घर की हो जाये, बस। 'धामपुर' कहानी में इन्हीं स्थितियों को अत्यन्त मार्मिक ढंग से वर्णित किया गया है। नित्या की प्रभा बुआ विवाह के बाद पति के घर में सुख नहीं पातीं, जब–तब परेशान हो मायके आती हैं, पर वहाँ भी किसी को उनकी चिन्ता नहीं है। घर स्त्री का एक अत्यन्त प्यारा सपना होता है, किन्तु कहानी में प्रभा बुआ उसे पाकर भी नहीं पा पातीं। यहाँ अत्यन्त मार्मिक अभिव्यक्ति है। कहानी में नित्या याद करती है–''नज़रों के सामने

उसका बचपन घूम गया, जब वह अन्य खेलों के साथ एक खेल यह भी खेलती थी–घर–घर। आओ, घर–घर खेलें का वाक्य बच्चियाँ छुटपन में अपनी सखियों से सुनती हैं। क्या वही यौवन की देहरी पर पहुँचकर माँ–बाप और बुजुर्गों से सुनती हैं–आओ, तुम भी घर–घर खेलो। घर–घर यानी धामपुर, जो सच नहीं खेल ही की तरह एक सुनहरा भ्रम होता है। एक ऐसी मरीचिका जो लगातार खरे सच का आभास देती है और जिसके लिए व जिसके सहारे स्त्रियाँ जीवन बिता देती हैं, बिताती चली आयी हैं सदियों से और शायद बिताती रहेंगी आगामी सदियों भी।''

दुर्भाग्य यह है कि स्त्री के साथ यह विडम्बना आज भी है। प्रभा बुआ एक दिन लापता हो जाती हैं। ससुराल के अनादर एवं मायके की उपेक्षा से निराश हो विक्षिप्त–सी स्थिति में कहीं निकल जाती हैं। कोई उनका पता नहीं लगाता, किन्तु नित्या निकल पड़ती है प्रभा बुआ की ससुराल यानी धामपुर उनका पता लगाने। लेखिका के शब्दो में–''बसों की मंज़िलें प्रायः तय होती हैं और वे अपने यात्रियों को उनकी तयशुदा मंज़िल तक पहुँचाती भी हैं। फिर नित्या ? अपने धामपुर के लिए रवाना होने के बावजूद वह नहीं जानती थी कि इस बस से अपनी मंज़िल तक पहुँचेगी या नहीं। कहीं बीच में तो नहीं उतर जायेगी ? यह फैसला शायद बस में सवार हो जाने के बाद करे। फिलहाल उसने उन लोगों से विदा ली थी, जो घर की बेटियों को हर हालत में हर बार बदस्तूर धामपुर की बस में बैठा आते हैं।'' अन्तिम पंक्ति में एक सार्थक प्रतिक्रिया व्यक्त हुई है, जो मायके वाले विवाहित बेटी की चिन्ता नहीं करते, उनसे नाता तोड़ने का विचार उन्हें सचेत करने के लिए ही है।

हमारी समाज–व्यवस्था ही ऐसी है कि, सदियों से स्त्री–पुरुष को लेकर अलग–अलग मानदण्ड रहे हैं। लड़की जैसे–जैसे बढ़ती है, भेदभाव के ये मानदण्ड उसके सामने आते हैं और वह परेशान होती है कि ऐसा क्यों? अनेक बार उसकी ये परेशानी उसके स्वस्थ मानसिक विकास में बाधक भी बनती है। इसी प्रश्न को मीराकान्त ने, 'कहाँ नहीं है मौलश्री' शीर्षक कहानी में केन्द्र में रखा है और पूरी गहराई के साथ। कहानी की बच्ची मौलश्री ने जब एक दिन अपने आस–पास से प्राप्त ज्ञान के आधार पर कहा–''हौ, लड़के कोई खाना बनाते हैं।'' तो इसको गलत सिद्ध करने के लिए माँ राधिका ने पति मुकुल का सहयोग लिया। वह नहीं चाहती थी कि मौलश्री ऐसे एकपक्षीय विचार मन में रखे। इसी तरह एक बार जब स्कूल

में उसे सहपाठी लड़के के साथ सोने को कहा गया। मौलश्री ने रो–रोकर आँखें सुजा लीं। पता चलने पर कारण पूछा गया तो बताया कि–"मैं किसी लड़के के पास नहीं सोऊँगी। मुझे लड़की अच्छे नहीं लगते।" "क्यों अच्छे नहीं लगते।" यह पूछा गया तो उत्तर था–"वो गन्दे होते हैं।" इसके बाद फिर माँ राधिका ने परिवार के अन्य सदस्यों के सहयोग से उसे महसूस कराने के प्रयास किये कि "लड़के और लड़कियाँ दोनों अच्छे होते हैं। बस जो लड़का गन्दा काम करता है, वह गन्दा लड़का और जो लड़की गन्दा काम करती हैं, वह गन्दी लड़की होती है। कोई लड़की या लड़का इसलिए गन्दा नहीं होता कि वह लड़की या लड़का है। पापू लड़के हैं, बाबा लड़के हैं, मामू लड़के हैं, चाचा लड़के हैं और सब कितने–कितने अच्छे हैं।" तात्पर्य यह कि मनोवैज्ञानिक तरीक़े से मौलश्री के मन में पड़ी भेदगत गाँठों को खोलने का प्रयास हुआ है।

वस्तुतः मीराकान्त की चाहत है कि, जो लड़का–लड़की को अलग समझने की प्रवृत्ति अब तक हमारे समाज में रही है, उसे छोड़ दिया जाये। लड़कियों को मनुष्य समझा जाये। इसीलिए तो कहानी में माँ राधिका इस भेदभाव पर मौलश्री के मन में उठने वाले प्रश्न हर लड़की के मन में उठते देखना चाहती है। प्रश्न उठना, चेतना–जागृति का प्रतीक है, प्रश्न उठेंगे तो लोग सोचेंगे, तभी यह दुष्प्रवृत्ति मिट सकेगी। लेखिका के शब्दों में–"वह (राधिका) ज़रुर चाहती है कि मौलश्री मस्त रहे, खेले, ख़ुश हो, छोटे–मोटे मायूस क्षणों को या उस बच्ची को कहीं और छोटा बना देने वाले लम्हों को सहेजकर न बैठ जाये। मगर क्या वह यह भी चाहती है कि उसके भीतर की वह चुभन भी मर जाये ? वह चुभन, जो जीवन सत्य है आज का, शक्ति है संघर्ष की। वह दर्द, जो इन्द्रधनुष बना देता है जिजीविषा को, वह बोध जो करीब लाता है व्यक्ति को व्यक्ति के, स्पर्श देता है उसे खट्टे–मीठे अनुभवों के। नहीं, हरगिज़ नहीं। उसे मालूम है, मौलश्री की माँ होने के नाते उसे हमेशा पी.टी.एम. की मीटिंग के एक दिन बाद ही बुलाया जाता रहेगा। कभी इस घटना को लेकर, तो कभी उस बात को लेकर। मौलश्री को भीतर से बाहर लाने के उसके प्रयास भी शायद जारी रहेंगे तथा मौलश्री के मन में पड़ी एक गाँठ यदि खुलेगी, तो उसके खुलने से पहले दूसरी लग जायेगी। अन्ततः मन की ये गाँठें ही उसे ले जायेंगी किसी ऐसी दिशा की ओर, जो बेशक इन विसंगतियों को आईना दिखाती होंगी।"

लड़की–लड़के में भेद करने और तदनुसार ही उसे पालने अथवा लड़की को ब्याहने के बाद उसकी परवाह न करने से भी ज़्यादा दुःखद व अमानवीय स्थिति वह होती है, जब एक ओर पति के रूप में पुरुष पत्नी को मनुष्य न समझकर अपनी दासी मानता है और मारना–पीटना, ज़बर्दस्ती शारीरिक संसर्ग करना अपना अधिकार समझता है, तो दूसरी ओर अपनी सुख–सुविधा के लिए अपनी बेटी के जीवन को बर्बाद करने में भी नहीं हिचकता। कहानी 'गली दुल्हनवाली' एक ऐसे ही पुरुष पति व पुरुष पिता के अत्याचारों को रेखांकित करती है। प्रख्यात आलोचक परमानन्द श्रीवास्तव ने इस कहानी में अभिव्यक्त पुरुष अत्याचार पर टिप्पणी करते हुए लिखा भी है–''मीराकान्त की कहानी 'गली दुल्हनवाली' में रज्जाक गर्भवती पत्नी से यौन सम्बन्ध बनाता है, तो पहले तीली जलाकर रोशनी में नगीना की जाँघ का ऊपरी हिस्सा जला देता है। यही हिंसा है। उत्पीड़न और क्या होगा ?''[6] वस्तुतः जिस दुल्हन (नगीना) के आने के बाद उस गली का नाम 'गली दुल्हनवाली' पड़ गया, जहाँ उसका अर्थात उसके पति का घर है, उसी गली में अनेक बार वही दुल्हन नगीना मार–पीटकर घर से निकाल दी जाती है। निरक्षर नगीना अपने ढंग से प्रतिकार भी करती है, विशेषतः जब उसके बच्चों के हित का प्रश्न उठता है। जैसे बेटे मुकीम को जब उसने स्कूल में दाखिला दिलवाने को कहा तो पति रज्जाक ने उस रात को बच्चों समेत घर से निकाल दिया, किन्तु अगले दिन वह मुकीम का दाखिला ख़ुद ही करा आयी और पड़ोसन गौरी की माँ के यह पूछने पर कि, ''रज्जाक मान गया ?'' उत्तर दिया–''उस हरामी के तो हाथ–पाँव फड़कते ही रहते हैं तो क्या करें ? जीना तो नहीं छोड़ देंगे ना। पीटे तो पीटे।''

मीराकान्त का मानना है कि ऐसी दृढ़ता और संघर्ष क्षमता ही स्त्री को आत्मनिर्भरता और स्वाभिमानपूर्ण जीवन की ओर ले जायेगी। इसी तरह जब बेटी नरगिस का निकाह रज्जाक स्वार्थवश दो बेटियों के बाप अकबर से करने की सोचता है। वह स्वयं कहता है–''अकबर की दोनों बेटियाँ तो कुछ सालों में अपने–अपने घर की हो जायेंगी। फिर उसकी अपनी दुकान है। मकान–दुकान सब नरगिस का और... वो मुझे अपनी दुकान पर काम भी दे रहा है।'' यह सुनकर नगीना भड़क उठती है और कहती है–''बेचके खायेगा बेटी को ?'', ''ये हराम है इस घर के लिए।'', ''बाज आ जा... ये रिश्ता नहीं होगा।'' आशय यह है कि यहाँ भी पूरी मज़बूती से वह विरोध करती है। वस्तुतः मीराकान्त ने स्त्री–जीवन की

सच्चाई भी सामने रखी है और उसे अन्याय व अत्याचार से बचने की राह भी सुझायी है कि उसे स्वयं ही मज़बूती से अन्याय–अत्याचार का प्रतिकार करना होगा।

समग्रतः कह सकते हैं कि स्वयं स्त्री होने के कारण इन स्त्री–कथाकारों ने विशेष रूप से स्त्री–जीवन और स्त्री–मन के नितान्त आन्तरिक कोनों की तो पड़ताल की ही है, उन पर पूरी सच्चाई से अपने विचार व्यक्त किये हैं। स्त्रियों के साथ होने वाले भेदभाव, अन्याय व अत्याचार पर तीनों ने ही पूरी स्पष्टता से उँगली रखी है। स्त्री को एक मनुष्य के रूप में देखे–समझे जाने की चाहत तीनों लेखिकाओं द्वारा व्यक्त हुई है। तीनों ने ही अतिरेक के स्थान पर रचनात्मक प्रतिकार की राह सुझायी है। अन्तर है भी तो बहुत सामान्य–सा, वह भी अभिव्यक्ति की शैली में अथवा प्रतिकार के स्तर पर। मुख्यतः तो तीनों के लिए स्त्री की वास्तविक अस्मिता इसी में है कि वे अपने को जानें, आत्माभिमान से जियें, शिक्षित हों, मनुष्य समझी जायें। वस्तुतः इनकी कहानियों में सन्दर्भ भले स्त्री–जीवन, स्त्री–मनोभाव का रहा हो, आधार मनुष्यता का ही रहा है। वह मनुष्यता जो सर्वदा औरों के हित हेतु सक्रिय रहती है। वह मनुष्यता, जो दायित्व–निर्वाह को प्रमुखता देती है।

आज एक सुखद बदलाव दिख रहा है और इन लेखिकाओं की नारी–अस्मिता सम्बन्धी चाहत फलीभूत होने की सम्भावना भी दिखाई देने लगी है, क्योंकि स्त्री–अस्मिता के लिए पुरुष–वर्ग भी चिन्तनशील हुआ है। आलोचक–प्रवर पुरुषोत्तम अग्रवाल का उद्धृत कथन यही इंगित कर रहा है–"भारतीय समाज ही नहीं, सारी दुनिया की समाज–व्यवस्थाओं और परम्पराओं ने आधी दुनिया के जीवन को निरानन्द बनाकर बाकी बची अर्थात पुरुष की अपनी दुनिया के जीवन को भी निरानन्द, कुण्ठाग्रस्त और हिंसक बना दिया है। स्त्री के व्यक्तित्व का रेखांकन और स्वीकार स्वयं पुरुष के आनन्दित, अकुण्ठ और प्रेमपूर्ण जीवन की पहली शर्त है।"[7] अपने लिए ही सही, स्त्री–अस्मिता को स्वीकारना परिवार, समाज एवं सृष्टि सभी के लिए सुखकर होगा, इसमें सन्देह नहीं।

आधार ग्रन्थ

1. चन्द्रकान्ता, 'अलकटराज देखा?' वाणी प्रकाशन, नयी दिल्ली, प्रथम संस्करण : 2013

2. नासिरा शर्मा, 'ख़ुदा की वापसी,' भारतीय ज्ञानपीठ, नयी दिल्ली, तीसरा संस्करण : 2001
3. नासिरा शर्मा, 'दस प्रतिनिधि कहानियाँ,' किताबघर प्रकाशन, नयी दिल्ली, पेपरबैक संस्करण : 2013
4. मीराकान्त, 'गली दुल्हनवाली,' सामयिक प्रकाशन, नयी दिल्ली, प्रथम संस्करण : 2009

सन्दर्भ

1. रामजी पाण्डेय (डॉ.) (संकलन–सम्पादन), 'महादेवी : प्रतिनिधि गद्य–रचनाएँ,' पृ. 255, भारतीय ज्ञानपीठ, नयी दिल्ली, छठा संस्करण : 2005
2. चन्द्रकान्ता, 'अब्बू ने कहा था,' फ्लैप से; भारतीय ज्ञानपीठ, नयी दिल्ली, पहला संस्करण : 2005
3. विद्यानिवास मिश्र, 'देश, धर्म और साहित्य,' पृ. 100; राधाकृष्ण प्रकाशन प्राइवेट लिमिटेड, नयी दिल्ली, दूसरी आवृत्ति : 2010
4. यतीन्द्र मिश्र (सं.), 'कला का सौन्दर्य' (साहित्य तथा अन्य कलाएँ), खण्ड 2, पृ. 170, वाणी प्रकाशन, नयी दिल्ली, प्रथम संस्करण : 2008
5. मीराकान्त, 'काग़ज़ी बुर्ज,' फ्लैप से, भारतीय ज्ञानपीठ, नयी दिल्ली, तीसरा संस्करण : 2010
6. परमानन्द श्रीवास्तव, 'प्रतिरोध की संस्कृति और साहित्य,' पृ.106, भारतीय ज्ञानपीठ, नयी दिल्ली, प्रथम संस्करण : 2011
7. पुरुषोत्तम अग्रवाल, 'संस्कृति : वर्चस्व और प्रतिरोध,' पृ. 68, राजकमल प्रकाशन प्राइवेट लिमिटेड, नयी दिल्ली, दूसरा संस्करण : 2008

ब्लैसफैमी का कथा(ला)त्मक निरूपण

(हिन्दी महिला कथा–लेखन के सन्दर्भ में)

•

परिमला अम्बेकर

लिखित कहानी परम्परा में भले ही पुरुषों की भीड़ क्यूँ न हो, लेकिन अलिखित कहानियों का भण्डार खुलता है दादी, नानी, मासी की जुबानी और उनकी कहानियाँ सुनने के लिए घेरकर बैठी हुई बच्चियों की कलम से। तिलस्मी, जादू अय्यारी, राजा–रानी, परियों की कहानियों का अद्भुत पिटारा ही है इन स्त्री जात के पास। जब चूल्हा–चौके का काम निपट जाता है। रात घिरते न घिरते। सारा घर सिमट आता है नानी–दादी के चहुँओर तो बस, धीरे–धीरे खुलते जाता है यह पिटारा और उससे निकल पड़ती है कहानियाँ परियों की, नाग–किन्नरों की, राजा–रानियों की, गाँव के अद्भुत डाकू, लुटेरों की, लोकनायकों की, मानव जाति की, मुग्ध मासूम जीवों को अचरज में डालने वाली मनोहर कहानियाँ। घर का आंगन और आकाश के कुलाबे मिलाने वाली, बिस्तर के फैलाव से सागर की अताह थाह को बिठाने वाली अद्भुत कहानियाँ। तब इन्हें सुनने के लिए सामने फैली पड़ी कोमल मुग्ध आँखों के सम्मुख खुलने लगता है। अद्भुत लोक सपनों का, अदृश्य लोक।

रानी मेले में तीन बोसा देने के शर्त पर राज़ी होकर गुड़िया ख़रीद लाती है। राजा–रानी को देखकर तीनबोसा देकर गुड़िया ख़रीदने वाली रानी... कहते चिढ़ाता है। रानी–राजा को पाठ पढ़ाने के उद्देश्य से घर छोड़कर निकल पड़ती है। राजधानी के बाहर नर्तकी का नाम सुनकर राजा उसके पास आता है। नर्तकी राजा के सम्मुख मछली का खीर खाने

का शर्त रखती है। दूसरे ही दिन रानी महल में आकर, मछली का खीर खाने वाले राजा... कहते चिढ़ाती है। राजा शर्मिंदा होकर क्षमा की भीख माँगता है...

सात समन्दर पार, सात परकोटों से घिरे किले में राक्षसों के मध्य क़ैद राजकुमारी को घोड़े पर सवार, हाथ में तलवार लिया राजकुमार, पिंजड़े में बन्द राक्षस की आत्मा को मारकर, परिजात सी राजकुमारी को छुड़ा लाता है।

घर की चारदीवारी में खिलने वाली क़िस्सागोई की वाक् श्रुति, स्थानीय मिट्टी से फूट पड़ने वाली यह कथाधारा, लेखनी का सहारा पाकर सीमा तोड़कर बहने लगी। कथा–कथन की अद्‌भुत लोकवाणी को सुनती आँखें, आँखों में सुन्दर सम्भवनीय स्वप्नों को सजाये, ठुड्डी पर ज़मीं उँगलियों में जब हरकत होने लगी, तब सजने लगे नये–नये लोक, गढ़ने लगे नये–नये पात्र, ढलने लगे नये–नये सपने... और बसने लगा एक अद्‌भुत नवीन तिलिस्म लोक! इस नये लोक की बसावट को, उसकी अपनी व्यवस्था को परिभाषित करने लगी स्त्रियों की लेखनी, रचने लगा स्त्री कथा साहित्य, जो अपने ही ढंग की मान्यताओं और सरोकारों से घिरने लगा और अपने ही ढंग की निदर्शनों को भी संजोने लगा।

बकौल राजेन्द्र यादव, "जिसे हम ब्लैसफेमी कहते हैं वह समाज को गतिशील बनाये रखने का सबसे प्रभावशाली माध्यम है।" कल्पना, स्वप्नों की कुक्षी से उठती है तर्जनी नकार की, आरम्भ होता है चिन्तन ब्लैसफैमी का। कल्पना, स्वप्न जितने सुन्दर होते हैं उतना ही परिणाम ब्लैसफेमी का भीकर और असहिष्णु होता है। महिला कथा साहित्य का क्रमिक विकास, बालिका की आँखों में खिले सुन्दर स्वप्न और कल्पना को साकार रूप देने की कलात्मक प्रक्रिया का ही दूसरा नाम है जो अपने आप में ब्लैसफैमी के भारतीय समीकरण को खोलता है। लोक कहानियों में बसी हुई तिलस्मिता, जादू अय्यारिता आदि, जहाँ कल्पना की उड़ान के परों को स्त्री की लेखनी में बाँधते हैं वहीं, विश्वास और असम्भवनीयता को साकार रूप देने की ढाँढ़सपूर्ण संकल्पना के जिगर को भी स्त्री की लेखनी को प्रदान करती हैं। मिट्टी के जुड़ाव में खिली स्त्री कहानियाँ परिवर्तित परिवेश, ज़मीन, जीवन के साथ बँधते हुए, मानवानुकूल नवीन समीकरणों को, व्यवहार व्यवस्था के नियम चरित्रों को रूप देती हैं वहीं अपने में, सदियों से स्थापित, परम्परागत, आदर्श, व्यवस्था व्यवहार माने

जाने वाले चौखटे को अपने ढंग से तोड़ने की, नवीन चौखटे को गढ़ने की कथा भी कहती हैं। हाथ में कलम धरी स्त्री के अपने सरोकार हैं, उसकी अपनी प्रतिबद्धताएँ हैं। स्त्री (पुरुषवर्चस्विता में बँधी) पुरुष से एक स्तर पर भिन्न, तिहरे आयाम से यानी परिवार, परिवेश और परमेश्वर से बँधी हुई है। परिवार और परिवेश की बदलती आबोहवा के अनुकूलन का वह स्वप्न देखती है। नवीन जीवन रूपों के वितान को सजाती है। उसके एक नवीन रूप वितान परमेश्वर की व्यवस्था को बड़ी ही संजीदगी व कलात्मकता के साथ तोड़ती है। उसकी इस तोड़ने की प्रक्रिया में जीवन लय का सौन्दर्य है। स्त्री कथा लेखन घर के भीतर और बाहर के बँधाव का वह वैचारिक आधार है जो नये वास्तुशास्त्र और सौन्दर्यशास्त्र के कलात्मक सरोकारों के नियम और रूपों को गढ़ता है। उसके द्वारा गढ़े गये नये समीकरण, उठाये गये निस्तरण के ये कदम भले ही ब्लैसफैमी की गिरफ़्त में क्यों न आये। सूर की गोपिका के लहजे में–

....

अब हमरे जिय बैठो यह पद होनी होउ सो होऊ,
मिटि गयो मान परेखो ऊधो हिरदय हतो सो जोऊ,
सूरदास प्रभु गोकुलनायक चित–चिन्ता अब खोऊ।।

ईश्वर की निन्दा, पवित्र आदर्श की निन्दा यानी नकार को अगर हम ब्लैसफैमी मानते हैं तो हमें अनिवार्यतः ईश्वर और उससे जुड़े समाज समुदाय के आदर्श को स्थिर या अपरिवर्तनीय मानना ही चाहिए। लेकिन मूल में ना ही समाज समुदाय ही स्थिर या अपरिवर्तनशील है और ना ही समाज की कल्पना संवेदना पर आधारित ईश्वरीय मान्यता। कारण जीवन्त समाज में रागय–समग्र पर ईश्वरीय माने जाने वाले, पवित्र और आदर्शीय माने जाने वाले नियम–कानून सवालों के चौखटे में घेरे जाते रहे हैं। बदले माहौल व्यवस्था के अनुकूल इन पवित्रता के लेबलों की वारण्टी तपायी जाती रही है। ईश्वर से सम्बन्धित बातें, पवित्रता से सम्बन्धित नियम, अलौकिक और लौकिक जीवन को जहाँ बाँधते हैं वहीं मनुष्य और समुदायी जीवन पर उसके व्यावहारिक निर्बन्धताओं के सीलबन्ध भी लगाते जाते हैं। ये सीलबन्ध, आचार संहिता के धर्मयुद्ध, कालबद्ध, परिवेशबद्ध स्वरूप को मनुष्य समुदाय के सामने आचरण की अनिवार्यता को प्रस्तुत करते हैं। लेकिन इस विश्व में कुछ भी तो स्थिर नहीं। परिवार, परिवेश, परिसर बदला तो भला परमेश्वर की व्यवस्था में बदलाव क्यों नहीं। आदि–अनादि

मान्यताएँ, व्यवहार सम्बन्धों के नियम, स्त्री–पुरुष से बँधे परिवार परिवेश के नियम कानून पर, समय–समय पर जब सवाल उठते हैं तब एक पर्यायी व्यवस्था और व्यवहार की कल्पना को कहीं भीतर से आकार लेता हुआ भी हम पाते हैं। यह नयी कल्पना और सुन्दर पर्यायी व्यवस्था अपने साथ निस्तरण की ध्वनि को, नकार की तर्जनी को गढ़ते आता है। जो भी स्थापित धर्म है, स्थापित आदर्श हैं, स्थापित मान्यता की मूर्तियाँ हैं उसके पार जाने की, उनके उल्लंघन की, उनके भंजन की आन्तरिक कलात्मक विद्रोह को, हिन्दी महिला कथा साहित्य अपने अन्तः में पहचानते आया है। यह आन्तरिक बदलाव की मानसिकता, स्त्री के कथा लेखन की वस्तु का वैचारिक आधार बनते आया है। ये नवीन हिन्दी महिला कथा के रूप, मुग्ध, मासूम बचपन की आँखों के कटोरे में सजे स्वप्नों को नया परिवेश नया धरातल प्रदान करते हैं। स्वप्न के रंग और सौन्दर्य के रूपों को मिलाकर, सजीव रूपबन्ध बाँधने की अद्‌भुत कलाकारी स्त्री लेखन में है। परिवार, परिसर के नये समीकरण के अनुसार परमात्मायी रूपक के नये लिटमसी टेस्ट के टेपों को बना लेने की कारीगरी भी वे जानती हैं। इसके लिए बड़ी शिद्‌दत से शालीनता से स्थापित सौन्दर्य और यथार्थ के समीकरण को तोड़ती भी हैं। मीरा की तर्ज में...

अटक्याँ, प्राण साँवरो प्यारो, जीवण मूर जड़ी।
मीराँ गिरधर हाथ बिकाणी, लोग कह्याँ बिगड़ी।।

स्त्री और स्त्रीदेह के केन्द्र की ब्लैसफैमी की कहानियों से साहित्य भरा पड़ा है। स्त्री द्वारा ब्लैसफैमी अकल्पनीय ही नहीं ब्लैसफैमी से भी बढ़कर है यानी ग्रेटर ब्लैसफैमी। स्त्री पर लगते प्रतिबन्ध की कथा तो ठीक है लेकिन स्वयं स्त्री आगे बढ़कर, अपनी हैसियत से सवाल उठाये, विरोध करे, नकार की तर्जनी दिखाये तो वह यान्त्रिकता के हद तक सभ्य समाज में ज़रुर अस्वीकार हो सकती है। इन तमाम प्रतिबन्धताओं के बकौल भी स्त्री, निर्धारित नियमित निर्दिष्ठताओं की निन्दा करती है करते आयी है। आज का स्त्री लेखन भले ही विरोध की, निस्तरण की, उल्लंघन की कलात्मक प्रतिबद्धता को अपने ढंग से परत दर परत खोलता क्यों न हो, लेकिन इसकी एक लम्बी जैविकता की लड़ी मानवशास्त्र के इतिहास के साथ बँधी अवश्य मिलती है। भारतीय भूमि की प्रादेशिकता की कथाएँ इन स्त्री सरोकारों के निदर्शनों से भरी पड़ी हैं। मीराँबाई के पैरों में कृष्ण के नाम के घुँघरू सामन्तीय समाज नीति में विरोध का विस्फोट ही था।

कर्नाटक की अक्कमहादेवी के नग्न देह को ढँके केश आध्यात्मजीवन में पुरुष की वर्चस्विता के विरोध का मूक प्रदर्शन ही रहा था। महादेवी वर्मा का विरागिणी जीवन, सामन्तीय भद्र समाज की नीतियों को विस्थापित करता स्वतन्त्र स्वच्छन्द जीवन का पर्याय ही तो था। ऐसे उदाहरण अनगिनत हैं। हिन्दी कथा क्षेत्र में कुछ देर से ही बंग–महिला से आरम्भित कथा–निरूपण के कलात्मक कदम आगे देश स्वाधीनता से जुड़े आदर्श यथार्थ की गाथा कहते हैं। शिक्षा, आधुनिकता, स्त्री–आन्दोलन, औद्योगिकीकरण का सिलसिला प्रगति के परिवर्तन के बाह्य व्यवस्था के समीकरण को निरुपित करते हैं, तो इक्कीसवीं सदी का महिला कथा लेखन परिवार, परिवेश के आन्तरिक बदलाव की नवीन रसयोजना को परोसता है और उसके अनुकूल नवीन मूल्य, मानवीयता के नये सरोकार, नैतिक प्रतिबद्धता के नये मानदण्ड गढ़ता है। कथारूप की नवीन सम्भावनाएँ परिवार, परिवेश के सम्बन्धों के नवीन मिथकों को परोसती हैं। एक हद तक आदर्श, धर्मसम्मत, नैतिक माने जाने वाले मूल्यों के पुनर्परीक्षण की अनिवार्यता को पाठकों के सामने प्रस्तुत भी करते हैं।

मीराँबाई से आरम्भ ब्लैसफैमी की इस परिभाषा के कथात्मक रूपों को ढूँढ़ते–ढूँढ़ते महादेवी वर्मा, सुभद्राकुमारी चौहान, सूर्यबाला, शिवानी, मन्नू भण्डारी से होते हुए, कृष्णा सोबती, मृणाल पाण्डे, मृदुला गर्ग, उषा प्रियम्वदा तक हम आयेंगे तो आगे हमें प्रभा खेतान, अल्का सरावगी, मैत्रेयी पुष्पा, गीतांजलीश्री, अनामिका इत्यादि और भी अनेक स्त्री कथाकारों के कलात्मक प्रयोग दिखाई पड़ते हैं।

लेकिन आज के स्त्री कथा लेखन से जुड़े स्त्री विमर्श के संवाद की प्रासंगिकता, स्त्री रचनात्मकता की सक्रियता में 'पर्सनल ईज़ पॉलिटिकल' (जो अपना है वही सपना है) के आयाम की खोज में है। क्योंकि जो अपना है वह सपना बनने में अहम के सोहम् बनने की आध्यात्मिक ट्रैसिडेन्सी की आत्मिक प्रक्रिया जुड़ी हुई है। अस्तु...

जिन्हें आकाश का पता नहीं मालूम

•

रेखा रानी

भारत एक धार्मिक देश है। धर्म के नाम पर यहाँ समय–समय पर बड़े–बड़े संघर्ष हुए हैं। परिणामस्वरूप हिन्दू–मुस्लिम की साझी संस्कृति एवं वैमनस्य देखने को मिलता है। स्वतन्त्रता पश्चात मुस्लिम जन–जीवन असुरक्षा की भावना से ग्रसित था। इधर भारत में हुई प्रगति, मुस्लिम जन–जीवन की प्रगति, विशेषकर मुस्लिम स्त्री की दशा का मूल्यांकन करना ही इस लेख का उद्‌देश्य है।

भारतीय संस्कृति में स्त्री को लक्ष्मी माना गया है। ऐसा कहा जाता है कि जहाँ नारी की पूजा होती है वहाँ देवता रमते हैं। इस्लाम भी दावा करता है कि इस्लाम ने नारी को पूर्ण स्वतन्त्रता दी है। शादी के लिए स्त्री की रज़ामन्दी होनी चाहिए। विधवा या तलाकशुदा स्त्री दूसरी शादी के लिए पूर्ण स्वतन्त्र होती है। इस्लाम में 'मेहर' स्त्री के 'आत्मरक्षण' का परिचायक है। वस्तुतः हिन्दू और मुस्लिम समाज में स्त्री की मर्यादा तथा उसकी रक्षा की बातें कही गयी हैं। लेकिन व्यावहारिक रूप में ऐसा नहीं हो पाता है। स्वतन्त्रता पश्चात हिन्दी उपन्यासों में चित्रित मुस्लिम स्त्री की स्थिति काफ़ी शोचनीय है। अशिक्षा, धार्मिक बन्धन, पुरुषसत्ता का प्रभाव, चेतना की कमी आदि मुस्लिम स्त्री की प्रगति का रोड़ा हैं।

प्रसिद्ध रचनाकार शानी कृत उपन्यास 'काला जल' में तीन पीढ़ियों की कहानी है। इस उपन्यास में स्त्री की स्थितियाँ, परिस्थितियाँ, सपने, सीमाएँ आम भारतीय समाज में अन्य वर्ग की स्त्रियों की तरह हैं। धार्मिक परम्पराओं को निभाते हुए अपने घर, पति एवं बच्चों की देखभाल में सम्पूर्ण जीवन खपा देने वाली मुस्लिम स्त्री का चित्रण हुआ है। 'फूफी' इस

उपन्यास की नायिका है जो तीन पीढ़ियों के अच्छे–बुरे दिनों की गवाह है। रोशनबेग की पत्नी फूफी का समस्त जीवन परिवार की देखरेख में व्यतीत हो जाता है। सास की झिड़कियाँ, पति द्वारा उपेक्षा, मायके वालों की बेरुख़ी, बच्चों का पथभ्रष्ट होना आदि उसके जीवन का हिस्सा हैं।

भारतीय स्त्री के लिए उसका घर, पति और बच्चे ही सब कुछ होता है लेकिन अगर इनमें से कोई भटक जाता है या किसी की प्राप्ति नहीं होती है तो भारतीय समाज में स्त्री का जीवन नरक बन जाता है। 'अंगूरी' दो बहनों की कहानी है। इस उपन्यास की पात्रा उमैरा का जीवन नरक बन गया है। उमैरा के पति ने उसे धर्मसंकट में डाल दिया है। उमैरा एक बच्चे की माँ है लेकिन पति की ज़िद है कि उसे छोड़कर वह उसकी बहन से शादी करना चाहता है। इस पागलपन के लिए उमैरा का पति उसे मारता–पीटता है। अपमानित करता है। मुस्लिम स्त्री की दुर्दशा का बयान उमैरा द्वारा लेखक इन पंक्तियों में करते हैं–

''और उमैरा हार जाती है स्त्री है न इसीलिए।''

स्त्री होना तो वैसे ही दुर्भाग्यपूर्ण है, पर भारत की स्त्री होना और भी दुर्भाग्यपूर्ण है और दुर्भाग्य से स्त्री का जन्म यदि मुस्लिम समाज में हो जाये तो यही समझिये कि तितलौकी नीम पर चढ़ गयी है। मुसलमान स्त्री पुरुष को तलाक नहीं दे सकती। पुरुष उसे कभी भी तलाक दे सकता है। हर मुसलमान औरत तलाक से डरती है। उमैरा के द्वारा मुस्लिम स्त्री की मार्मिक दशा का चित्रण होता है।

मुस्लिम समाज में भी स्त्री का 'अपना घर' नहीं होता है। उसके जीवन के सभी फैसले पुरुषसत्ता आधारित हैं। असुरक्षित जीवन जीने की आदी हुई मुस्लिम स्त्रियाँ धार्मिक आडम्बरों एवं अन्धविश्वासों में लिप्त हो जाती हैं। 'झीनी–झीनी बीनी चदरिया' उपन्यास में रेहनवा की शादी पाँच बच्चों के पिता लतीफ़ से होती है। परिवार वाले ऐसा मानते हैं कि रेहनवा को जिन्न है इसीलिए उसका शरीर सूखता ही जा रहा है। जिन्न की बात पता चलने पर शायद ही कोई उससे शादी करने के लिए तैयार होगा। अतः मजबूरीवश फूल–सी बच्ची का विवाह बूढ़े लतीफ़ से कर दिया जाता है। विवाह पश्चात रेहनवा का जीवन नरक बन जाता है। रोज़ शराब में धुत्त लतीफ़ रेहनवा को मारता–पीटता है और रात में उसके सूखे जिस्म को निचोड़ के रख देता है। यही नहीं अपने बेटे की मौत का ज़िम्मेदार लतीफ़ रेहनवा को मानते हुए उसे मारकर घर से निकाल देता है। रेहनवा

के दुःख की कोई सीमा नहीं होती और वह वापस अपने घर आ जाती है और कहती है, "उ हम्मे छोड़ दियेन अब्बा।" लतीफ़ द्वारा घर से निकाल दिये जाने के दुःख एवं डर से रेहनवा का शरीर काँपता है। बड़ी मुश्किल से वह बात कर पाती है और ज़ोर–ज़ोर से रोने लगती है। रोते–रोते बेहोश हो जाती है। उसके दुःख का कहीं अन्त नहीं होता। निम्नवर्गीय मुस्लिम समाज में पुरुषों द्वारा दूसरी, तीसरी शादियाँ और अनबन के कारण छोड़ देना या तलाक दे देना एक आम बात है। अशिक्षित वर्ग में यह रोग ज़्यादा दिखाई देता है। फलतः धर्म के आधार पर मर्द स्त्री को छोड़ देता है, तलाक दे देता है लेकिन स्त्री इसे अपना नसीब समझकर रोते–धोते जीवन बिताती है।

'काला जल' में रशीदा का जीवन नरक बन चुका है। उसके अपने सगे चाचा ने ही उससे सम्बन्ध बनाये हुए हैं जिसके चलते वह न ही उसका विवाह करता है और न ही उसे कहीं जाने देता है। रशीदा अपना शरीर जब जहीरा भाभी को दिखाती है तो वह बेहोश होते–होते बचती है क्योंकि उसने उसके जिस्म को जगह–जगह आग से भून डाला था। अपनी दुर्गति पर निरन्तर आँसू बहाती रशीदा कहती है–"जीते–जी क़ब्र में पड़ी हूँ।" लेकिन रशीदा ज़्यादा समय तक अपने आप को बचा नहीं पाती है और आत्महत्या कर लेती है।

इसी उपन्यास की जहीरा भाभी एक हँसमुख स्त्री है लेकिन उसके हँसमुख चेहरे के पीछे जीवन का अवसाद छिपा है। शादी के दस साल भी पति बीसियों नुक्स निकालते नहीं थकता है। बच्चे नहीं होने के कारण 'बाँझ' होने का ताने देना, शक करना, छिप–छिपकर पीछा करना उसकी आदतें हैं। पति के इस व्यवहार से तंग आकर वह कहती है–"कभी–कभी मैं सोचती हूँ कि हम लोगों की ज़िन्दगी का कितना हिस्सा धोखे–धोखे में निकल जाता है। शायद इतना ही देखकर हम लोग सन्तोषपूर्वक आँखें मूँद लेती हैं कि हथेलियाँ खाली नहीं है जबकि कई बार उनमें गीली मिट्टी भरी होती है ऐसी गीली मिट्टी जिसे मुट्ठी में बन्द करके रखना कभी सम्भव नहीं होता। पकड़ने के लिए जितना ही दबाओ उतनी ही पकड़ के बाहर होती जाती है।" इस तरह स्पष्ट होता है कि मुस्लिम समाज की स्त्रियों का जीवन अन्धकारमय है। वह तनाव एवं घुटन भरा जीवन जीने पर मजबूर है।

'सात रंग सपने' उपन्यास में फ़िल्म इण्डस्ट्री के खोखलेपन के कारण

एक साधारण–सा परिवार टूट कर बिखर जाता है। विधवा वज़ीरन की तीन बेटियाँ हैं। वजीरन अपनी बेटियों के लिए जो सपने देखती है वह सपने हकीक़त में काफ़ी डरावने साबित होते हैं। वह दो बेटियों को हीरोइन बनाने हेतु फ़िल्म लाइन चुनती है लेकिन उसकी बेटियों को बड़े–बड़े सेठ, प्रोड्यूसर, डायरेक्टर अपनी हवस का शिकार बनाते हैं। उन्हें वे हमबिस्तर करके छोड़ देते हैं। वज़ीरन को धक्का तब लगता है जब उसकी एक बेटी बाज़ार में बैठ जाती है और दूसरी 'बीनाकुमारी' उपनाम से हीरोइन बन जाती है। वज़ीरन का पूरा परिवार नरक भोग रहा था।

वहीं 'एक लड़की की डायरी' उपन्यास में अनीसबाजी उर्फ़ बानू एक अध्यापिका है। वह जहाँ भी नौकरी करती है वहाँ की किसी ग़रीब मज़बूर लड़की को अपने पास रखकर उसकी शिक्षा पूरी करवाने की ज़िम्मेदारी लेती है। अनीस अविवाहिता है। उसका विवाह बन्धन पर से विश्वास उठ गया है, क्योंकि जिस लड़के के साथ उसका विवाह तय होना था उसे वह अपनी सौतेली माँ के करीब देख लेती है।

भारतीय मुस्लिम समाज में 'स्त्री' भी कई वर्गों में बँटी हुई है। सामाजिक असमानता के कारण कई पेशों में लगे लोगों को सामाजिक सम्मान नहीं मिलता। 'ख़ुदा सही सलामत है' में लतीफ़ और हनीसा एक–दूसरे से प्रेम करते हैं। घर से भागकर शादी कर लेते हैं। हसीना एक तवायफ़ की बेटी है इसीलिए लतीफ़ के इस फैसले का उसके घरवाले विरोध करते हैं। लतीफ़ हसीना ख़ुश रहना चाहते हैं परन्तु दुनिया उन्हें जीने नहीं देती। समाज, बस्ती, दोस्त सभी उनके जान के दुश्मन बन बैठते हैं क्योंकि लतीफ़ एक तवायफ़ की बेटी को इस बेरहम समाज में कबूलवाना चाहता है। हर किसी को समाज के यथार्थ से टकराना पड़ता है। अन्ततः लतीफ़ की हत्या कर दी जाती है और गर्भवती हसीना के साथ बलात्कार किया जाता है। हसीना और लतीफ़ दोनों एक–दूसरे को बेहद चाहते हुए भी सामाजिक असमानता एवं अत्याचारियों की कुदृष्टि के शिकार हो जाते हैं।

मुस्लिम समाज में अवैध सम्बन्धों की बहुलता देखी जाती है। अवैध सम्बन्धों के कारण नारी की परिस्थिति और भी चिन्तनीय हो गयी है। अवैध सम्बन्धों के चलते पारिवारिक कलह का जन्म होता है। विवाहित स्त्री को हमेशा अपने पति को खोने का डर लगा रहता है। पुरुष द्वारा अवैध सम्बन्ध बनाने पर स्त्री को समाज, परिवार के बीच अपमानित–सा अनुभव होने लगता है। उन्हें ऐसा प्रतीत होता है कि जैसे उसी ने कोई

गुनाह किया हो। पति द्वारा अवैध सम्बन्धों की सज़ा पत्नी और बच्चों को मिलती है। इसी कारण स्त्री स्वभाव से झगड़ालू, चिड़चिड़ी और तनावग्रस्त हो जाती है। 'काला जल' में बब्बन के पिता के अवैध सम्बन्ध हैं जिससे आये दिन पति–पत्नी में झगड़े होते हैं। दूसरी स्त्री के चक्कर में पड़ने पर बब्बन के घर में भरपेट खाना नहीं मिलता और न ही चैन की नींद ही सोयी जाती है। अवैध सम्बन्ध के कारण बब्बन के पिता को सरकारी गबन के जुर्म में जेल जाने की नौबत भी आ जाती है।

इसी उपन्यास के रज्जू मियाँ का अवैध सम्बन्ध मालती से था। मालती को उन्होंने ही पाला–पोसा और उसी के साथ ही शारीरिक सम्बन्ध भी बना लिया।

'खुले हुए दरीचे' उपन्यास में मुहम्मद अली अपनी तीन बेटियों को बढ़ते देख घबरा जाता है और कहता है कि "किसका भरोसा किया जाय। मुसलमान लड़कियों को सबसे ज़्यादा ख़तरा है। यहाँ दूध के रिश्ते छोड़कर बाकी सब जायज़ है। इसी हवेली से बारह घिनौने काण्ड हो चुके हैं।" उपन्यास 'आँखों की दहलीज़' में नायिका तालिया शादीशुदा है लेकिन उसका सम्बन्ध तीन बच्चों के पिता जावेद से हो जाता है। वह कहती है–"उसे पहली बार यौवन की मिठास का अनुभव हुआ था। वह इतने वर्षों तक शमीम की पत्नी रही थी पर उसे लगा कि अब तक कुँआरी थी, विवाहिता तो आज हुई है।"

'कोरजा' उपन्यास में रबिया को अपनी सौतेली माँ के दुर्व्यवहार को सहना पड़ता है साथ ही उसके ममेरे भाई जमशेद की वासना का शिकार बनना पड़ता है। इसी उपन्यास की अरमान बी की छोटी बेटी साजो अपने तीन बच्चों, माँ तथा नसीमा का भरण–पोषण करने के लिए तथा जहन्नुम मियाँ के पास मकान गिरवी होने के कारण हर रात जहन्नुम मियाँ के साथ हमबिस्तर होती है।

मुस्लिम समाज में स्त्री को पर्दा प्रथा का पालन करना पड़ता है। इस प्रथा के रहने से स्त्री का घर से बाहर निकलकर काम करना अत्यन्त ही कठिन कार्य है। जहाँ बचपन में लड़कियों को शिक्षा प्राप्त करने पर ही पाबन्दी होती है वहाँ वह बालिग होने पर नौकरी करने की सोच भी नहीं सकतीं। लेकिन तस्वीर का दूसरा रुख़ भी है। प्रगतिशील ज़माने में मुस्लिम समाज की स्त्रियाँ भी बदल रही हैं। वे शिक्षित हो रही हैं साथ ही साथ प्रगतिशील विचारों को अपना रही है।

आज़ाद भारत को पाकिस्तान ने कभी शान्ति से नहीं रहने दिया। कश्मीर में अशान्ति फैलाकर हमेशा समस्या खड़ी करता रहता है। आये दिन हथियारों से लैस घुसपैठिये जम्मू–कश्मीर में आकर भोले–भोले बेरोज़गार, ग़रीबी से त्रस्त युवकों को बहला–फुसलाकर धर्म के नाम पर या फिर अमीर बनने के सब्ज़बाग़ दिखलाकर भारत के ख़िलाफ़ भड़काते हैं। प्रसिद्ध इतिहासवेत्ता अल बरूनी कहते हैं कि "भारतीय संस्कृति के दो–दो प्रमुख केन्द्र वाराणसी और कश्मीर है कश्मीर जो हमेशा से भारतीय संस्कृति और सभ्यता का अंग रहा है। क्या उसे केवल इस आधार पर बाकी देश से अलग किया जा सकता है कि उसमें एक धर्म के लोग बड़ी संख्या में रहते हैं।"

जम्मू–कश्मीर में मुसलमानों की बहुलता है इसीलिए पाकिस्तान धर्म के नाम पर कश्मीर हथियाना चाहता है। घुसपैठिए एवं आतंकवादी 'जिहाद' के नाम पर लूटमार, हत्या, ज़बर्दस्ती धर्म परिवर्तन तथा स्त्रियों के साथ दुर्व्यवहार करते हैं। कश्मीर के तीन लाख हिन्दुओं को उन्होंने अब तक ज़ोर जुल्म के बल पर कश्मीर से विस्थापित कर दिया है। इस्लाम के नाम पर अत्याचारों के ख़िलाफ़ लोगों में चेतना एवं जागृति लाने का प्रयास 'गूँज' उपन्यास में हुआ है। उपन्यास की नायिका शहनाज़ एक प्रगतिशील विचारों की स्त्री है। वह मुस्लिम समाज में धर्म के नाम पर व्याप्त कट्टरता और नारी दुर्दशा के ख़िलाफ़ जमकर विद्रोह करती है। साथ ही कश्मीर समस्या के प्रति अपने दृष्टिकोण को स्पष्ट करती हुई कहती है–"कश्मीर कोई समस्या नहीं है और न ही जनमत संग्रह करवाने की आवश्यकता है। किस बात के लिए जनमत संग्रह? कश्मीर में जनमत–संग्रह की माँग करने वाले लोग कभी यह माँग क्यों नहीं करते कि भारत में मुसलमानों को रहने दिया जाये या पाकिस्तान भेज दिया जाये। इस बात पर भी हमारे देश में जनमत संग्रह कराया जाये। हाँ, जहाँ तक कश्मीर की बात है वहाँ के जो मुसलमान हिन्दुस्तान में नहीं रहना चाहते हैं, वे ख़ुशी–ख़ुशी पाकिस्तान अधिकृत इलाके में जा सकते हैं।"

उपरोक्त सन्दर्भ स्पष्ट करता है कि भारतीय मुस्लिम स्त्री देश की अखण्डता एवं एकता की जबर्दस्त पैरोकार है। देश भक्ति का जज़्बा उनमें भी है, वह शान्ति के लिए सतत् प्रयत्नशील रही है और देश में भी शान्ति चाहती है।

'सूखा बरबाद' का परवेज़ पाकिस्तान और अमेरिका में रहकर करीब

दस साल बाद वापस भारत अपने परिवार के साथ रहने के लिए आ जाता है तब सभी को आश्चर्य होता है कि जहाँ मुसलमान पाकिस्तान, अमेरिका और अरब देशों में जाने के ख्वाब देखते हैं वहीं परवेज़ भारत में बसना पसन्द करता है। परवेज़ अपने अनुभवों से प्राप्त सत्य को उजागर करते हुए कहता है–''मुसलमानों के लिए हिन्दुस्तान खास तौर पर पाकिस्तान या दूसरे इस्लामी देशों के मुकाबले कहीं बेहतर घर है क्योंकि यहाँ मज़हबी कठमुल्लाईयत नहीं है और भविष्य में मार्क्सवादी विचाराधारा यहाँ की ज़िन्दगी का रुख़ बदलकर रख देगी। इसी उपन्यास में रशीदा के लिए परवेज़ पाकिस्तानी लड़के का रिश्ता लेकर आता है लेकिन रशीदा शादी से इनकार कर देती है और कहती है–''यहीं रहने दीजिए ना ख़ुदा के लिए मुझे यहीं इनसानों में रहने दीजिए। ऐसा कौन–सा बोझ बन रही हूँ मैं आप पर?'' इस प्रकार यह स्पष्ट होता है कि मुस्लिम स्त्री भी व्यक्तिगत रूप में, सामाजिक रूप में विकास एवं शान्ति के लिए प्रयत्नशील है। लेकिन उसके लिए अभी भी सामाजिक चुनौतियाँ व्यावहारिक रूप में किसी भी प्रकार से कम नहीं हुई हैं।

'आधा गाँव' की सईदा टीचर का काम करती है। उसके पिता की ज़मीन खेती ज़मींदारी प्रथा के उन्मूलन से ख़त्म हो जाती है और वह लोग ग़रीब और बेरोज़गार हो जाते हैं। घर की आर्थिक तंगी में सहायक के रूप में सईदा टीचर की नौकरी करती है। गंगौली जैसे छोटे–से गाँव की मुस्लिम लड़की घर की चारदीवारी को तोड़कर नौकरी करती है ऐसे में समाज उसे स्वीकार नहीं करता। आधुनिक काल में भी भारतीय समाज में मुस्लिम स्त्री की दशा अत्यन्त शोचनीय है। शिक्षा से दूर धार्मिक बन्धनों में जकड़ी मुस्लिम स्त्री का विकास काफ़ी धीमी गति से हो रहा है। बुद्धिजीवी एवं नौकरीपेशा स्त्रियों को समाज की कटु आलोचनाओं का शिकार होना पड़ता है। पारिवारिक कलह, तनाव, घुटन की शिकार मुस्लिम स्त्रियाँ आर्थिक एवं शैक्षिक रूप से कमज़ोर हो जाती है। गृह–क्लेश के कारण उनका बौद्धिक विकास नहीं हो पाता। परिवार, समाज में बहुमुखी प्रतिभा होते हुए भी उनकी प्रगति निम्न स्तर पर ही हो पाती है। उपरोक्त उपन्यासों के आधार पर स्पष्ट होता है कि मुस्लिम स्त्रियाँ भी शिक्षित होना चाहती हैं। धार्मिक बन्धनों को तोड़कर आर्थिक रूप से सम्बल प्राप्त कर अपनी अस्मिता की पहचान के लिए सतत संघर्ष कर रही हैं। मुस्लिम स्त्रियाँ भी खुले आसमान में साँस लेना चाहती हैं, स्वतन्त्र होकर आत्मनिर्भरता

के लिए संघर्षरत हैं लेकिन जिन्हें आकाश का पता नहीं मालूम वे हताश, परेशान तथा तनावग्रस्त जीवन जीने के लिए मजबूर हैं।

सन्दर्भ

1. राही मासूम रज़ा, 'आधा गाँव'
2. शानी, 'काला जल'
3. महावीर प्रसाद अकेला, 'गूँज'
4. मंजूर रहतेशाम, 'सूखा बरगद'
5. रामकुमार भ्रमर, 'सात रंग सपने'
6. मेहरुन्निसा परवेज़, 'आँखों की दहलीज़'
7. नफ़ीसी आफ़रीदी, 'खुले हुए दरीचे'
8. अब्दुल बिस्मिल्लाह, 'अंगूरी'
9. अब्दुल बिस्मिल्लाह, 'झीनी झीनी बीनी चदरिया'

नारी मुक्ति के प्रश्न और समसामयिक हिन्दी उपन्यास

•

वीणा दाढ़े

20वीं सदी के अन्तिम और 21वीं सदी के प्रारम्भिक दशकों में हिन्दी उपन्यास साहित्य में जो रचनात्मक उबाल दृष्टिगोचर हुआ है, वह आकस्मिक नहीं है। 20वीं सदी के अन्तिम दशक और बाद के समय में उदारीकरण, आतंकवाद और पृथकतावादी विचाराधारा के नवोन्मेष की आधारभूमि तैयार होने लगी और इसकी चरम परिणति 20वीं सदी के अन्तिम दशक और बाद के समय में और स्पष्ट रूप में नज़र आती है जिसने हमारी चिन्तन धारा को बहुत गहरा प्रभावित किया। संचार क्रान्ति ने अभिव्यक्ति के अप्रतिहत उत्सव का आयोजन तो किया किन्तु मीडिया ने कॉरपोरेट की लय पर कदमताल कर 'लीगैसी' से तौबा कर ली। पिछले दो दशकों में राजनीतिक, सामाजिक, आर्थिक, नैतिक तथा सांस्कृतिक सोच में जो बदलाव आया है, उसका अक्स इस दौर के साहित्य में साफ़ दिखता है।

21वीं सदी का पहला दशक विमर्शों का दशक भी कहा जा सकता है। दलित, स्त्री, अल्पसंख्यक, आदिवासी आदि सबआल्टर्न तबके को लेकर साहित्य और समाज में बहसों का नया दौर शुरू हुआ। अभिव्यक्ति के नित नये मार्ग बन रहे हैं, प्रशस्त हो रहे हैं किन्तु अभिव्यक्ति की स्वतन्त्रता पर पूर्व की अपेक्षा संकट भी बढ़ा है। विचारों के प्रति सहिष्णुता में कमी आयी है। अर्थ–केन्द्रित शहरी समाज में परिवार और विवाह जैसी संस्था संकटापन्न हुई है। एक ओर अपने बुनियादी हक़ के लिए स्त्री की लड़ाई आज भी जारी है तो दूसरी ओर तथाकथित सभ्य और आधुनिक समझे जाने वाले समाज में बर्बरता भी बढ़ रही है। गाँव–देहातों से लेकर शहरों

के अत्याधुनिक गलियारों में स्त्री की अस्मत लुट रही है। वहशी दरिंदगी के उदाहरण कहीं बलात्कार, तो कहीं एसिड फेंककर चेहरे को जला डालने के रूप में दिखाई देते हैं। इन क्रूर एवं निर्मम घटनाओं के विरुद्ध समाज में क्षोभ और असन्तोष बढ़ता जा रहा है।

घर के भीतर और बाहर कहीं भी स्त्री सुरक्षित नहीं है। नारी मुक्ति से संबंधित सीमोन व बोउवार, केट मिलट, इरीगरी, बेट्टी फरडीन, कृष्णा सोबती, मैत्रेयी पुष्पा, मन्नू भण्डारी, महाश्वेता देवी, गगन गिल, तसलीमा नसरीन आदि लेखिकाओं ने स्त्रियों के अनुभवों तथा प्रश्नों को नये अर्थ एवं मानवीय सन्दर्भ दिये हैं। दरअसल, इन लेखिकाओं ने लेखन के पितृसत्तात्मक प्रतिमानों पर प्रश्न चिन्ह लगाये हैं।

पितृसत्तात्मक समाज ने नारी के सम्मुख कई ज्वलन्त प्रश्नों को खड़ा किया है। समसामयिक हिन्दी उपन्यासों में स्त्री–मुक्ति के इन प्रश्नों को विभिन्न कोणों से परखा गया है। वास्तव में साधारण स्त्रियाँ ही शोषण और दमन का शिकार नहीं बनती, पढ़ी–लिखी लेखिकाएँ भी सामन्ती सोच के कारण प्रताड़ित होती है। 'औरत के हक़ में' तसलीमा नसरीन लिखती हैं–"मैं तो एक सामान्य लेखिका हूँ। समाज में पीड़ित, सतायी हुई, दलित, दंशित स्त्रियों के लिए लिखती हूँ। नरमी से अब तक कुछ नहीं हुआ, इसलिए सख़्त बात कहती हूँ। निन्दकों ने इसका नाम दिया है–'पुरुष विद्वेष'... मैं अकेली हूँ... सभी अशुभ शक्तियों के ख़िलाफ़ मैं जूझती रही हूँ। ताकि विडम्बित, विपन्न, दुर्गत, निराश्रयी स्त्री किसी कमज़ोर कन्धे का सहारा न लेकर, एक बड़ी ताक़त बनकर खड़ी हो सके।"[1] यह सच्चाई अब किसी से छिपी नहीं है कि सामन्तीय ताक़तों ने तसलीमा को न केवल रोकने का अपितु समाप्त कर देने का हर सम्भव प्रयास किया है। जहाँ सामन्तीय संरचना आज भी अपना वर्चस्व रखती है वहाँ स्त्री लेखन कितना निर्भीक हो सकता है? यह प्रश्न विचारणीय है।

विगत दो दशकों के हिन्दी उपन्यासों में स्त्रियों के प्रति असंवेदनशीलता, उपेक्षा और वेदना की मुखर अभिव्यक्ति हुई है। महिला उपन्यासकारों ने इस दिशा में साहसिक कदम उठाये हैं। सामाजिक और सांस्कृतिक परिदृश्यों में आये बदलावों ने स्त्रियों की मानसिकता को बदला है। इस सन्दर्भ में गगन गिल का कथन विशेष उल्लेखनीय है–"आज़ादी से पहले सुभद्राकुमारी चौहान, महादेवी हर सामाजिक, रचनात्मक आन्दोलन में बराबरी के स्तर पर शामिल रहीं। अपने समय के सभी जोख़िम उठाये,

अपने समकालीन रचनाकारों के प्रति उनका सौहार्द जिसका विवरण हम उनके भावपूर्ण संस्मरणों में पढ़ते हैं, एक स्वस्थ परम्परा में ही सम्भव हो सका जो दुर्भाग्य से आज सम्भव ही नहीं है। आज हम दोमुँहे मानदण्डों वाले समाज में रहते हैं। चिड़ियों के साथ चिड़िया उड़ सकती है, लेकिन चिड़ीमारों के साथ नहीं।''[2] स्त्री समाज पर आसन्न संकट और चुनौतियों को गगन गिल के इस बयान से बख़ूबी समझा जा सकता है।

नारी मुक्ति के प्रश्नों से जूझते कृष्णा सोबती के उपन्यास कहीं–न–कहीं समाज के उन दोहरे मानदण्डों की ओर संकेत करते हैं जो स्त्री–पुरुष को समान नहीं समझते। इसी दोहरी नैतिकता के कारण स्त्रियों का सर्वाधिक शोषण भी हुआ है। जन्म से पूर्व ही उनकी भ्रूणहत्या समाज की क्रूर और निर्मम मानसिकता को ही दर्शाती है। परिवार में लड़के की जगह लड़की का जन्म और ज़िन्दगी भर लड़की होने के कारण मिलने वाले ताने और लाँछनाएँ 'छिन्नमस्ता' की प्रिया को किस प्रकार दब्बू बना देते हैं, इसे प्रभा खेतान बेबाकी से अंकित करती हैं। समाज की ही भाँति साहित्य में सामन्तीय मानसिकता के चलते स्त्री लेखन हाशिए पर रहा। ''यदि कोई स्त्री लेखिका, कलाकार, चित्रकार अपने अनुभवों की बेबाक अभिव्यक्ति करती है, पितृसत्ता का विरोध करती है। स्त्री अस्मिता के संघर्ष की बात करती है तो उसका विरोध होता है। विरोध भी बेहद अपमानजनक अभद्र शैली में। क्या यह क्रूर सामन्तवाद नहीं है? ...समाज का यह दोहरापन क्यों है? पुरुष लेखक, कलाकार, चित्रकार कुछ भी लिख दे, गढ़ दे, चित्रित कर दें वह क्रान्तिकारी अभिव्यक्ति और स्त्री लेखिका, कलाकार यदि ऐसी हिम्मत कर दिखाये तो हाहाकार, मृत्युदण्ड। विषय एक ही, पुरुष लिखे तो साहसी, क्रान्तिकारी और स्त्री लिख दे तो दण्डविधान। क्या यह लिंगभेद की राजनीति नहीं है? ...तसलीमा नसरीन ने क्या अपराध किया है? यही कि पितृक सिद्धान्तों, नियमों की धज्जियाँ उड़ा दीं तथा उन मुखौटों को बेनक़ाब कर दिया है। इसलिए उसे कई बार मौत की सजा की भी घोषणा कर दी गयी है। उसने पूरे साहस के साथ यह कह दिया है जिसे कोई नहीं कह सकता है। कम से कम औरत तो कोई नहीं। ...उसने धर्माचार्यों की नींदें उड़ा दीं तथा पुरुष सत्तावाद के एक–एक अन्तर्विरोध को पूरी ताक़त एवं साहस के साथ खोलकर रख दिया।''[3] मैत्रेयी पुष्पा, सिर्फ़ स्त्री होने के नाते ही नहीं बल्कि जीवन में संघर्ष और उपेक्षा को झेलने के कारण भी प्रखर स्त्रीवादी लेखिका है। वे समाज की आधी आबादी के

स्वर को वाणी ही नहीं देतीं, बल्कि पुरुष प्रधान समाज को अपनी नीतियों पर पुनर्विचार के लिए चेतावनी भी देती हैं। स्त्री अस्मिता और स्वतन्त्रता को बहस का विषय बनाते हुए उनके उपन्यास स्त्री मुक्ति के प्रश्नों की पड़ताल करते दिखाई देते हैं। स्मृतिदंश, बेतवा बहती रही, इदन्नमम, चाक, झूलानट अल्माकबूतरी, आँगनपाखी आदि उपन्यास स्त्री जीवन के प्रश्नों से बख़ूबी जूझते नज़र आते हैं।

स्त्री जीवन की त्रासदी और संघर्ष, समसामयिक परिस्थितियों की ही देन है। यद्यपि यह कहना कि इन दो दशकों में सब कुछ बुरा और ग़लत ही हुआ है, सही नहीं होगा। वास्तव में इन दो दशकों ने साहित्य, समाज और संस्कृति को बहुत कुछ दिया भी है। स्त्री और दलित–समाज की जीवन–दशा में क्रान्तिकारी परिवर्तन और सशक्त उपस्थिति भी उत्तर–आधुनिक उपलब्धि है। सभ्यता नयी करवट ले रही है। साहित्य के समक्ष यह प्रश्न चुनौती–रूप में खड़ा है। सभ्यता मनुष्य को बनाती है या मनुष्य सभ्यता का निर्माण करता है? या कि दोनों ही एक–दूसरे को सँवारते हैं? यही वे प्रश्न है, जिनसे उत्तर–आधुनिक साहित्य और विमर्श, दोनों जूझ रहे हैं। समसामायिक हिन्दी उपन्यासों में इन प्रश्नों को बख़ूबी उठाया गया है। 'मुझे चाँद चाहिए' की वर्षा की समस्या केवल नाम–दाम नहीं है। नीलाक्षी सिंह रचित 'शुद्धिपत्र' मात्र विज्ञापन जगत का कौतुक विनोद नहीं है। 'कलिकथा वाया बाइपास' के किशोर बाबू के व्यक्तित्वान्तरण के पीछे महज़ सर्जरी का दुष्प्रभाव अथवा वृद्धावस्था का 'साईड–इफेक्ट' खब्त नहीं है। 'दस द्वारे का पिंजरा' में पण्डिता रमाबाई और वेश्या ढेलाबाई की समान्तरता महज़ रचनात्मकता–नवीनता की भूख से नहीं उपज सकती। साहित्य का आधुनिक परिदृश्य इसी बेचैनी और जद्दोजहद से दो–चार है। वह अब 'आसमान का चित्रण' साधने की बजाय डबरे में सूरज के बिम्ब का चित्रण करने में जुटा है। और यही वजह है कि अब ज़िन्दगी के एक–एक स्मित, एक–एक आयाम स्वतन्त्र रूप से उपन्यास की केन्द्रीय वस्तु बन रहे हैं। अभिव्यक्त हो रहे हैं। 'डबरे पर सूरज का बिम्ब' में मुक्तिबोध ने लिखा भी है कि सिर्फ़ बहुत बड़ी थीम (विषय) उठा लेने से काम नहीं चलता। यह ज़रूरी है कि सिर्फ़ उतना ही अंश उठाया जाये जिसका मन पर अत्यधिक आघात हुआ है। बड़ी भारी बिल्डिंग खड़ी करने के बजाय छोटी–सी कुटिया खड़ी की जाये तो अधिक अच्छा होगा।[4] पिछले दो दशकों के उपन्यासों पर नज़र डालें तो

यह बात और स्पष्ट हो जाती है कि अब लेखकों का ध्येय 'महाकाव्य' अथवा महान घटनाओं का वितान रचने या महावृत्तान्त लिखकर अमर होना नहीं है। वह ज़िन्दगी की तुच्छताओं, छोटी–छोटी ख़ुशियों, दुःखों, क्रिया–व्यापारों, भाव–व्यापारों को अपनी सर्जनात्मक प्रतिभा के बल पर विशिष्टता प्रदान कर रहे हैं।

हाशिये पर सही स्त्री की मुखर अभिव्यक्ति उत्तर–आधुनिक युग की प्रमुख विशेषताओं में है। सेक्स और स्त्री का यौन–शोषण अब साहित्यिक अभिव्यक्ति की पात्रता प्राप्त कर चुका है, अतः भाई–पिता–मौसा–ताया जैसे रिश्तों की आड़ में यौन–शोषण की सामन्ती–परम्परा और सामाजिक प्रतिष्ठा या फिर सम्बन्धों की कीमत पर चुप्पी का अभिशाप ओढे तिल–तिल मरती स्त्री ने अब मर्यादा की चादर उछाल दी है और छद्म यथार्थ तथा कुलीनतावादी शुचिता के घिनौने चेहरे पर नख–दन्त गड़ा दिये हैं। साहित्य को शुचिता के हण्टर से आँकना उचित नहीं है।

साहित्य 'सदाचार' का ताबीज़ नहीं है, वह जीवन–संघर्षों एवं स्थितियों–परिस्थितियों का कमेण्टेटर है। रोहिणी अग्रवाल के इस कथन से असहमति नहीं कि, "मित्रो और रत्ती के ज़रिये जिस वर्जनामुक्त स्त्री को उन्होंने (कृष्णा सोबती) पहले–पहल हिन्दी कथा–साहित्य में इण्ट्रोड्यूस किया, वह पूरी ऊर्जा और उत्साह के साथ नब्बे के दशक में कर्मक्षेत्र में उतरी है। इस दौर का कथा–साहित्य इसलिए भी महत्त्वपूर्ण है कि विषय–वस्तु के लिए वह न तो विघटनशील दाम्पत्य सम्बन्धों की उबाऊ आवृत्ति करता है और न अभिव्यक्ति के औज़ारों के रूप में आत्मदया, आत्मपीड़ा, समर्पण, हताशा और पराजय जैसी स्त्रियोचित मुद्राओं का सेलीब्रेशन करता है।" इसके विपरीत यह नारी बनी–बनायी कसौटियों को तोड़ने या उन पर स्वयं को कसने के तनाव भरे द्वन्द से मुक्त होकर समाज में अपनी पुख़्ता पहचान बनाने के लिए विशेष रूप से आग्रहशील हुई है।"[5] कृष्णा सोबती ने यदि परम्परागत लीक नहीं छोड़ी–तोड़ी होती तो क्या हिन्दी–साहित्य को मित्रो अथवा रत्ती जैसे सशक्त स्त्री–पात्र मिल पाते? युग एवं परिवेश के अनुकूल कथा और कहन दोनों में बदलाव स्वाभाविक है। अगर ऐसा नहीं होता तो 'छिन्नमस्ता' की प्रिया, 'मैंने नाता तोड़ा' की रितु, 'कठगुलाब' की असीमा, 'मछली मरी हुई' की शीरी और प्रिया, त्रियाहठ की मीरा और उर्वशी, 'आँवा' की नमिता या फिर 'चाक' और 'झूला नट' की नायिकाओं का सत्योद्घाटन सम्भव नहीं हो सकता था।

स्त्री विमर्श के बाद सर्वथा भिन्न तथा नया आयाम उद्घाटित करने वालों में विशेष रूप से सुरेंद्र वर्मा और उदय प्रकाश का उल्लेख किया जा सकता है। मनोहर श्याम जोशी की तरह ही स्त्री यहाँ भी मूल रूप से देह ही है, फ़र्क़ बस इतना है कि यहाँ स्वयं स्त्री द्वारा ही अपनी अस्मिता को देह में ढूँढ़ने का प्रयास है। निस्सन्देह स्त्री के लिए यह स्थिति भी आत्मघाती प्रवृत्ति की ही द्योतक है, फिर भी यह उसका अपना चयन है। इस प्रकार जय अथवा पराजय की ज़िम्मेदार स्वयं स्त्री ही है। बहरहाल, पिछले दो दशकों में न केवल बड़ी संख्या में उपन्यासों की रचना हुई है, वरन विषय–वैविध्य और बेलौस कहन के मामले में भी ये दशक अद्वितीय है।

यह निर्विवाद तथ्य है कि पिछले दो दशकों में हिन्दी उपन्यास ने अधिक सामर्थ्य के साथ अपनी चौहद्दियों का विस्तार किया है। अब उपन्यास के जनतन्त्र में ऐसे लोग समाज केन्द्रीयता प्राप्त कर रहे हैं, जो भारतीय जनतन्त्र व विकास की भेड़चाल के चलते हाशिए पर धकेल दिये जाने को अभिशप्त हैं।

सुरेन्द्र वर्मा के 'मुझे चाँद चाहिए' उपन्यास में एक महत्त्वाकांक्षी युवती द्वारा विपन्नता के व्यूह–भंजन से लेकर विलासिता के वैभव तक की यात्रा है। शाहजहाँपुर के परम्परावादी ब्राह्मण परिवार में जन्मी यशोदा शर्मा उर्फ़ सिलबिल का वर्षा वशिष्ठ में नामान्तरण नहीं, व्यक्तित्वान्तरण और कायान्तरण भी है।

वीरेन्द्र यादव की टिप्पणी है कि "यह उपन्यासकार की जीवन–दृष्टि की चूक ही तो है कि भारतीय समाज में नारी नियति के साक्षात्कार से शुरू हुई। इस कथा–यात्रा की परिणति नारी–मुक्ति के नाम पर मदिरापान, मुक्त सहवास तथा पोर्न व ब्लू फ़िल्मों के भोगवाद को प्राप्त होती है।"[6] किन्तु वास्तव में उपन्यास नारी–नियति अथवा मुक्ति ही नहीं, महत्त्वाकांक्षा और ऐच्छिक जीवन के मुक्त–संग्राम की गाथा है, जहाँ परम्परा और आधुनिकता की ज्वलनशील टकराहट से दीप्त रंगमंच और सिनेमा जैसे कला–क्षेत्रों का महाकाव्ययी सिंहावलोकन किया गया है। निस्सन्देह वर्षा उत्तर–आधुनिक सांस्कृतिक–सामाजिक परिवेश का प्रतिनिधि पात्र है।

प्रभा खेतान ने 'छिन्नमस्ता' में मारवाड़ी समाज के ज़रिये भारतीय पुरुष प्रधान समाज का यथार्थ अंकन किया है। उपन्यास नायिका प्रधान है और नारी विमर्श को उद्घाटित करता है। उपन्यास की नायिका प्रिया ऐसी नारी है जिसके जीवन में समरसता की तमाम उम्मीदें बेमानी साबित

होती है। बेटे की उम्मीद पाले माँ–बाप के घर बेटी के रूप में जन्म और उस पर साँवला रंग, बाल्यकाल से ही उपेक्षा का मज़बूत कारण बन जाता है। 'छिन्नमस्ता' में नारी जीवन की गोपन सच्चाइयाँ अनावृत्त रूप में हमारे समक्ष उपस्थित होती हैं। उपन्यास का कैनवास केवल प्रिया की शोषण–गाथा तक ही सीमित नहीं है, वरन यहाँ मारवाड़ी समाज की जड़ और घुटन भरी संस्कृति के साथ ही कॉर्पोरेट कल्चर तक का वितान है। स्त्री के प्रति पुरुष की भोगवादी दृष्टि और प्रिया की शोषण कथा को जिस बेलाग भाषा में उद्घाटित किया गया है, वह निश्चित रूप से बड़े ही नैतिक साहस का काम है। मारवाड़ी समाज को केन्द्र में रखकर दो और उपन्यासों की रचना हुई है। प्रभा खेतान का 'पीली आंधी' और अलका सरावगी का 'कलिकथा वाया बाइपास'। विगत दो दशकों से भारतीय समाज जिन राजनीतिक, सामाजिक, आर्थिक एवं सांस्कृतिक मुश्किलों की गिरफ़्त में है, उसके आलोक में उपन्यास का दायित्व और भी बढ़ गया है। हिन्दी उपन्यास अब केवल यथार्थ और फैण्टेसी का अंकन नहीं कर रहा, बल्कि वह जातीय चेतना और राष्ट्रीय आन्दोलनों की स्मृतियों के पुनर्लेखन में भी जुटा है। चूँकि उपन्यास साहित्यिक लोकतन्त्र का अधुनातम 'मॉडल' है, अतः उससे यह उम्मीद कि वह वर्तमान चुनौतियों का सक्षम–विवेक के साथ सामना करेगा, बेमानी नहीं है।

गत दो दशकों के हिन्दी उपन्यास में शायद ही कोई ऐसा उपन्यास हो, जिसमें स्त्री–विमर्श अनुपस्थित हो। यह परम्परागत धारणा है कि स्त्री सुकोमल होती है। स्त्री को पतिव्रत धर्म का पालन करना चाहिए। स्त्री में न तो पुरुषों जैसा शारीरिक सामर्थ्य होता है और न ही वह मानसिक रूप से पुरुषों के बराबर ठहरती हैं। पुरुषों से इतर स्त्री का कोई स्वतन्त्र अस्तित्व नहीं होता, आदि–आदि किन्तु उत्तर–आधुनिक युग में ये तमाम धारणाएँ और वर्जनाएँ धूल चाटती नज़र आती हैं। 'मुझे चाँद चाहिए' की सिलबिल का वर्षा वशिष्ठ में रूपान्तरण हो या 'छिन्नमस्ता' की प्रिया का पति की इच्छा के विरूद्ध स्वरोज़गार का अवलम्बन या 'कहानी कोई सुनाओ मिताशा' की मिताशा का जीवन–संघर्ष, सभी स्त्री–अस्मिता और स्वतन्त्रता को अलग–अलग कोणों–दृष्टिकोणों से देखने–समझने की कोशिश ही तो है। परम्परागत ब्राह्मण परिवार की सिलबिल पिता की इच्छा के विरुद्ध सिर्फ़ नाम ही परिवर्तित नहीं करती, नाटकों में अभिनय भी करती है। शाहजहाँपुर से दिल्ली आती है और फिर दिल्ली से मुम्बई

की फ़िल्मी दुनिया में प्रवेश करती है। उसके लिए नैतिक–अनैतिक कुछ भी नहीं है। सफलता ही सब–कुछ है। उसे विवाह पूर्व यौन–सम्बन्ध ही नहीं वरन बिना विवाह के गर्भधारण करने में भी हिचक नहीं होती। वर्षा अपने प्रारम्भिक जीवन में यदि इन प्रश्नों से जूझती है कि "वह क्यों पैदा हुई? उसके जीवन का उद्देश्य क्या है? क्या जीवन की प्रकृति वैसी ही होती है, जैसी 54, सुल्तानगंज की है? क्या उसे भी वैसा ही जीवन जीना होगा, जैसा अम्मों, दद्दा और जिज्जी का है?"[7] शाहजहाँपुर से उसका निकलना अथवा मुक्ति, पुरुष–पोषित नैतिकताओं और मूल्यों से भी मुक्ति है किन्तु 'छिन्नमस्ता' की प्रिया, वर्षा से बिल्कुल अलग है। वर्षा प्रारम्भ में पिता–परिवार को ठेंगा दिखाते हुए ऐश्वर्य प्राप्ति के लिए कुछ भी करने को तत्पर नज़र आती है, किन्तु अन्ततः ख़ुद को 'लिबरेट' करने में असफल होती है। जबकि प्रिया जन्म से लेकर यौवन तक, माँ और परिवार की उपेक्षा सहते–सहते दब्बू और कुण्ठित हो जाती है। उसका बड़ा भाई महीनों तक उसके साथ बलात्कार करता रहता है, किन्तु वह चुप रहती है। पति नरेन्द्र भी उसे भोग्या और अधीनस्थ से अधिक नहीं मानता–"प्रिया, नहीं, तुम मेरी चीज़ हो... लोग इतनी अच्छी चीज़ को देखकर लार टपकाएँ, इसके पहले मुझे स्वाद चखने दो।"[8] यह पुरुष–पोषित समाज में स्त्री की स्थिति का आईना है। वह सब कुछ सहती है, लेकिन एक बार जब वह तमाम दबावों और आपत्तियों को परे धकेल, स्वावलम्बी जीवन चुनती है तो पीछे मुड़कर नहीं देखती। स्वयं को स्थापित करती है और अपना खोया आत्मबल भी पुनः प्राप्त करती है। यह महज़ इत्तफ़ाक़ नहीं है कि कई महिला उपन्यासकारों ने अपने उपन्यासों में इस प्रकार के यौन–शोषण का ज़िक्र किया है। सबकी सब अपने निकट सम्बन्धियों द्वारा ही बलत्कृत हुई है। स्त्री कहीं सुरक्षित नहीं, भाई, पिता, चाचा, मौसा यहाँ तक कि पति भी, सभी के लिए स्त्री एक 'चीज़', एक भोग्य वस्तु है।

केवल स्त्री प्रधान उपन्यासों में ही नहीं, अन्य उपन्यासों में भी ठीक साम्प्रदायिकता की तरह स्त्री–विमर्श उपस्थित है। मसलन 'कैसी आगी लगाई' में बेमेल विवाह का मसला भी उठाया गया है। 'डूब', 'पीली छतरी वाली लड़की', 'दीवार में एक खिड़की रहती थी', 'रेहन पर रग्घू' आदि उपन्यासों में स्त्री की सामाजिक और सांस्कृतिक दशा का चित्रांकन हुआ है।

केवल शोषण और दलन ही स्त्री–विमर्श के केन्द्र में नहीं है। स्त्री

पुरुष के मध्य रागात्मक सम्बन्धों को भी उपन्यासों में उद्घाटित किया गया है। 'लेस्बियनिज़म' और 'सेरोगेसी' से लेकर पुरुष के दम्भी–क्रूर चेहरे पर नख–दन्त गड़ाने के साथ ही प्रेम, त्याग और विश्वास की झाँकियाँ भी कम नहीं है। 21वीं सदी के स्त्री–विमर्श का पूर्ण काव्यात्मक उत्कर्ष 'दीवार में खिड़की रहती थी' (विनोद कुमार शुक्ल, 2010) में देखा जा सकता है। जहाँ स्त्री–पुरुष अपने रागात्मक रूप, जो कि प्राकृत रूप भी है, में सामने आते हैं।

बाज़ारवाद ने किस तरह से जीवन और संवेदना को भी बाज़ारू और कृत्रिम बना दिया है, उसकी झलक 'हमज़ाद' (मनोहर श्याम जोशी), '17 रानडे रोड', 'अन्वेषण' जैसे उपन्यासों में दिखाई देती है।

निष्कर्षतः यही कहा जा सकता है कि स्त्रियों की त्रासदी एवं उत्पीड़न को ही नहीं तो उसके संघर्ष एवं संकल्पशक्ति को चित्रित करने में समसामयिक हिन्दी उपन्यास सफल रहे हैं। स्त्री जीवन के विभिन्न पहलुओं को परत–पर–परत खोलने में जहाँ इनका सामर्थ्य दिखाई देता है, वहीं स्त्री मुक्ति सम्बन्धी प्रश्नों से जूझने में भाषा का बेबाकपन प्रभावित करता है। इस सन्दर्भ में महिला उपन्यासकारों का साहसिक लेखन निस्सन्देह सराहनीय है।

सन्दर्भ

1. तसलीमा नसरीन, 'औरत के हक़ में,' अनुवादक : मुनमुन सरकार, वाणी प्रकाशन, दरियागंज, नयी दिल्ली, सत्रहवाँ संस्करण, पृ. 191
2. राकेश कुमार, 'नारीवादी विमर्श,' पृ. 182
3. वही, पृ. 187
4. मुक्तिबोध, 'एक साहित्यिक की डायरी,' भारतीय ज्ञानपीठ, सं. 2000
5. रोहिणी अग्रवाल, 'अन्तिम दो दशकों का हिन्दी साहित्य,' प्रधान सम्पादक : मीरा गौतम, वाणी प्रकाशन, द्वितीय सं. 2008, पृ. 103
6. नामवर सिंह (सं.), 'आधुनिक हिन्दी–उपन्यास 2,' राजकमल प्रकाशन, सं. 2010 पृ. 15
7. सुरेन्द्र वर्मा, 'मुझे चाँद चाहिए,' भारतीय ज्ञानपीठ सं., 2011, पृ. 14
8. प्रभा खेतान, 'छिन्नमस्ता,' राजकमल प्रकाशन, दू. सं., 2010, पृ. 47

ए जी कोई हुए री करेजा के टूँक
(उपन्यास की आत्मा चन्दना की कथा की पंक्ति)

●

ज्योति चावला

गाँव अतरपुर, ज़िला अलीगढ़। मैत्रेयी पुष्पा के उपन्यास 'चाक' की पृष्ठभूमि यही गाँव, यही ज़िला है। ज़िला अलीगढ़ उत्तर प्रदेश का एक शहर है जिसकी दूरी भारत की राजधानी दिल्ली से मात्र 140 किलोमीटर है। लेकिन पास जाने से लगता है कि न जाने दिल्ली या दिल्ली जैसे विकास, चकाचौंध, ख़बरों के आतंक को कितना पीछे छोड़ आये हम लोग। मैत्रेयी के इस उपन्यास का पहला संस्करण सन् 1997 में आया। अभी बहुत वक़्त नहीं गुज़रा 1997 को लेकिन उपन्यास से गुज़रते हुए लगता है कि हम अभी भी रेणु के पूर्णिया में ही कहीं घूम रहे हैं जहाँ सब कुछ ठहरा हुआ है। अगर कुछ बदला भी है तो कुछ लोगों के लिए और बाकी लोग अभी भी अपनी जाति के नशे में चूर हैं और चम्पाराम (उपन्यास का एक पात्र) की तरह अपने मद का घाघरा पहने नाच रहे हैं।

मैत्रेयी पुष्पा के लेखन को मैं हमेशा से पसन्द करती रही हूँ। चाहे वह 'अल्मा कबूतरी हो', 'इदन्नमम हो', 'कस्तूरी कुण्डल बसे', 'गुड़िया भीतर गुड़िया हो' या फिर यह उपन्यास 'चाक'। हालाँकि उनकी 'फाइटर की डायरी' कोई विशेष प्रभाव नहीं छोड़ पाती लेकिन कुल मिलाकर मैत्रेयी के लेखन में एक विश्वसनीयता है। मैत्रेयी का ज़्यादातर लेखन स्त्री केन्द्रित है। वे स्त्री समस्याओं पर लिखती है और न केवल लिखती हैं बल्कि काफ़ी बोल्ड लिखती हैं। उनके लेखन की सबसे बड़ी विशेषता या बाज़ार की भाषा में कहें तो यू.एस.पी. है उनका लोकल। उनकी अपनी पृष्ठभूमि। वे ज़मीन से जुड़ी लेखिका हैं। उनकी भाषा और उनके विषय ही उन्हें

साधारण से विशेष बनाते हैं। इसलिए जैसे ही वे अपने सेट फ्रेम, अपने लोकेल से निकलती हैं उनके लेखन की धार कमज़ोर पड़ने लगती है।

'चाक' की बात की जाये तो चाक अपने समय का महत्त्वपूर्ण और ज़रूरी उपन्यास है। इसे पढ़े बिना आप भारतीय स्त्री की असली स्थिति को समझ नहीं सकते हैं और इसी के माध्यम से भारत में चल रहे स्त्री विमर्श और उसके ज़रूरी बिन्दुओं को भी समझा जा सकता है। यूँ तो स्त्री विमर्श पर कई महत्त्वपूर्ण रचनाएँ लिखी जा चुकी हैं। भारत में वह भी खासकर हिन्दी की बात की जाये तो स्त्री केन्द्रित लेखन की शुरुआत महादेवी वर्मा से मानी जा सकती है। जिस समय इस विमर्श ने कोई आकार भी नहीं लिया था उस समय से महादेवी वर्मा के लेखन में ऐसे प्रमाण देखे जा सकते हैं। हम चाहें तो कह सकते हैं कि भारत में स्त्री विमर्श की शुरुआत सही मायनों में महादेवी वर्मा से होती है। लेकिन यह अलग विचार का मुद्दा है। यहाँ बात 'चाक' पर की जा रही है। स्त्री–विमर्श को लेकर यह बात हमेशा से की जाती रही है कि स्त्री के विकास के लिए जिस चीज़ की आवश्यकता है वह शिक्षा, आर्थिक आत्मनिर्भरता और देह से मुक्ति। सीमोन द बुआ की चर्चित पुस्तक 'द सेकेण्ड सेक्स' की बेहद चर्चित पंक्ति कि 'स्त्री पैदा नहीं होती बना दी जाती है' ('One is not born rather becomes a woman') (कवर पृ.) से हम सभी परिचित हैं।

यह स्त्री को स्त्री बना दिये जाने की पूरी प्रक्रिया, उसकी परवरिश, संस्कार और उसकी देह से होकर गुज़रती है। सीमोन द बुआ अपनी इस पुस्तक में बड़े विस्तार से समाज में स्त्री की स्थिति को स्पष्ट करती हैं। वे लिखती हैं कि जन्म देने का अधिकार तो प्रकृति ने स्त्री को दिया, किन्तु उस सन्तान पर अधिकार पुरुष का होता है ठीक उसी तरह जिस तरह धरती से फसल उत्पन्न होती है किन्तु, वह फसल धरती की न होकर उसके मालिक की होती है। वे और स्पष्ट करती हैं कि स्त्री की स्थिति केवल खेत की तरह है जिसमें पुरुष अपना बीज रोपता है। इसलिए वह बीज यानी सन्तान स्त्री की नहीं अपितु पुरुष की है। स्त्री यहाँ केवल एक माध्यम मात्र है।

''स्त्री में प्रजनन की क्षमता होते हुए भी पुरुष उसका स्वामी था, जैसे वह ज़मीन का स्वामी था। ...प्रकृति की भाँति उसका भी शोषण पुरुष ने किया।''

(स्त्री उपेक्षिता, पृ. 55)

"पुरुष ने अपनी ताक़त का स्वाद चखा। स्वनिर्मित अस्त्रों–शस्त्रों से उसने जब वस्तुओं का सृजन किया, तब पहले–पहले उसने कार्य–कारण का महत्त्व समझा।..."

(स्त्री उपेक्षिता, पृ. 56)

"पुरुष ने यह समझ लिया कि औरत को अपदस्थ करके ही वह अपनी नियति को प्राप्त कर सकता था।"

(स्त्री उपेक्षिता, पृ. 56)

"इससे यह तो साबित होता है कि आदिकाल में वास्तव में मातृसत्तात्मक समाज था। एंगेल्स ने कहा भी कि मातृसत्ता से पितृसत्तात्मक समाज का अवतरण वास्तव में औरत–जाति की सबसे बड़ी हार थी।

(स्त्री उपेक्षिता, पृ. 54)

ये सभी उद्धरण स्त्री उपेक्षिता के विभिन्न पृष्ठों से लिए गये हैं जिनसे यह स्पष्ट है कि जब तक पुरुष स्त्री की प्रजनन क्षमता को नहीं समझ पाया तब तक वह उसके लिए दैवी शक्ति थी, जिसका उदाहरण है आदिकालीन मातृसत्तात्मक समाज। लेकिन ज्यों ही उसे प्रजनन प्रक्रिया में कार्य–कारण सम्बन्ध का ज्ञान हुआ उसका स्त्री से भय ख़त्म होता चला गया और कृषि युग व औज़ारों के निर्माण ने उसमें सृजन शक्ति का एहसास भरा। वह मानने लगा कि स्त्री केवल प्रकृति है जो आकस्मिक और रहस्यमयी है किन्तु पुरुष सर्जक है। कृषि में ज़मीन के मालिकाना हक़ ने ही उसमें स्त्री के प्रति मालिकाना हक़ का भाव पैदा किया और वह स्त्री की प्रजनन क्षमता का मालिक बन गया।

अब जन्मा पुरुष की सृजनात्मक ताक़त का सिद्धान्त, उसकी मेधा और बुद्धि, उसके बनाये हुए नियमों का सिलसिला। मातृ–देवी के साथ अब पितृ–देव को भी सम्मिलित किया गया। वह भी उर्वरक बना, नये प्रतीक जन्मे। देवी–देवताओं के नये जोड़े सबसे पहले क्रीट में, उसके बाद भूमध्य सागर किनारे इजिप्ट में आइसिस और होरेस तथा फिनीशिया में अस्ताते तथा एडोनिस, एशिया माइनर में साइबल और अत्तिस तथा ग्रीस में रिया और जीयस।

(स्त्री उपेक्षिता, पृ. 56)

यहीं से स्त्री की समस्त गुलामी का इतिहास शुरू हो जाता है। वहाँ से लेकर आज तक समय इतना आगे बढ़ गया है कि स्त्री के निर्माण की यह पूरी प्रक्रिया भय से रोमांचित कर देती है। इसे पूरी प्रक्रिया पर मुलम्मे

की तरह चढ़ी हुई सभ्यता, संस्कार, संस्कृति आदि ने स्त्री के समस्त व्यक्तित्व को कभी उभरकर सामने ही नहीं आने दिया। वह जब भी जहाँ भी दिखी, एक ओढ़ी हुई पहचान के साथ दिखी। केवल स्त्री होकर, मनुष्य मात्र होकर वह क्या सोचती है, क्या चाहती है इस पर विचार कभी नहीं किया गया। यही समस्या मैत्रेयी पुष्पा के 'चाक' की स्त्रियों की भी है। जब रेशम कहती है कि–

"तुम्हारे पूत की चिता ठण्डी हो जाने से क्या मेरी देह की आग बुझ जाती?"

(चाक पृ. 19)

तब एकबारगी लगता है कि किसी ने पुरुष की सत्ता को झकझोरा है, उसे चुनौती दी है। यह पुरुषों की बनायी दुनिया है जिसमें स्त्रियाँ कैसे रहेंगी, यह तय करने का अधिकार सिर्फ़ पुरुषों को है, वह उसकी देह का मालिक है, ठीक अपनी ज़मीन की तरह। वह तय करेगा कि ज़मीन पर किसका बीज बोया जायेगा। कृष्णा सोबती के उपन्यास 'मित्रो मरजानी' की नायिका मित्रो भी यह सवाल उठाती है–

"जिन्द–जान का यह कैसा व्यापार? अपने लड़के बीज डालें तो पुण्य, दूजे डालें तो कुकर्म!"

(मित्रो मरजानी पृ. 64)

"स्त्री–जीवन में पतिव्रत–धर्म को तोड़ने वाली औरत के लिए दण्डविधान..."

(चाक वही पृ. 18)

रोचक यह नहीं कि पुरुष स्त्री को अपने कब्ज़े में रखना चाहता है उससे अधिक रोचक और विडम्बनापूर्ण तो यह है कि यह काम करने के लिए भी वह स्त्रियों का उपयोग करता है। रेशम के ख़िलाफ़ आवाज़ उठाने वाली और कोई नहीं, स्वयं उसकी सास हुकमकौर हैं जो पुरुषों की बनायी व्यवस्था का न केवल अंग है बल्कि इसमें गौरव भी महसूस करती हैं। वह इसके माध्यम से अपने पुत्र, अपने परिवार की लाज बचा रही हैं। यहाँ स्त्री के विकास की लम्बी परम्परा में उसे लगभग भुला दिया गया है कि वह जो कर रही है अन्ततः वह पुरुष की बनायी व्यवस्था की ही पोषक हो गयी है। परम्परा और रीति–रिवाजों के नाम पर जो बेड़ियाँ स्त्री के पाँव में पहनायी गयी हैं, वे ही इस तरह की समस्या को जन्म देती हैं जहाँ वे अपने वंशानुक्रम को भूलकर सत्ता की ही पोषक हो जाती हैं।

सिलसिलेवार आगे बढ़ते हैं। पूरा उपन्यास ऐसा लगता है जैसे सारंग की हूक के उठान–गिरान पर खड़ा है। उपन्यास की शुरुआत ही उपन्यास की कथा बयान कर जाती है। रेशम की मौत, गाँव का एकजुट होना, बड़े–बूढ़ों का चुप साध जाना और पृष्ठभूमि में चन्दना की कथा और उसे गाने वाली खेरापतिन दादी की उठती–गिरती आवाज़। यह आवाज़ जैसे पूरे उपन्यास को अपनी चपेट में ले लेती है। हर मोड़ पर, हर पड़ाव पर ऐसा लगता है कि खेरापतिन दादी चन्दना की कथा सुना रही हैं और पूरी स्त्री जाति उस कथा के साथ और उसके अनुसार अपनी लोक–लाज, अपनी मर्यादा और अपना जीवन जीने का ढंग तय कर रही है। खेरापतिन दादी द्वारा सुनायी गयी चन्दना की कथा केवल मनोरंजन के लिए सुनायी गयी एक लोककथा ही नहीं बल्कि बहुत प्रेम से स्त्री समाज को दी गयी एक चेतावनी है कि मर्यादा में रहो तो सब कुछ तुम्हारा और जहाँ मर्यादा तोड़ी तो–

"खिंचवा लेंगे नाका डालकर। पौहे–पसु और तिरिया को बस में रखने के लिए हर समय नाका रखना पड़ता है। उसकी भूल मालिक की इज़्ज़त पर भारी पड़ती है।" (पृ. 12)

तुम्हारा हश्र भी वही होगा जो चन्दना का हुआ। चन्दना की कथा अपनी जवान देह पर ओढ़े आँचल की लाग में बाँधे ही यहाँ की लड़कियाँ जीना सीखती हैं। जिसने आँचल के छोर को ढीला छोड़ा वह चन्दना की कथा की अगली कड़ी हो गयी। उपन्यास में ऐसे अनेक उदाहरण भरे पड़े हैं। रुकमणी, रामदेई, नारायणी..... न जाने कितने नाम, न जाने कितनी औरतें सिर्फ़ इसलिए मार दी गयीं कि उन्होंने मर्यादा से ऊपर उठकर अपनी देह की पुकार सुनी थी।

"अतरपुर गाँव बड़ा नहीं। कुल आबादी एक हज़ार। ब्राह्मण, बनिया, जाट, जैसी ऊँची कही जाने वाली कौमें हैं तो तेली, गड़रिया, कुम्हार, खटीक, चमार और नाई जैसी छोटी जातियाँ भी है। सक्का मुसलमान भी हैं।" (पृ. 25)

कुल आबादी एक हज़ार और इस एक हज़ार आबादी में ही न जाने कितना पीछे रह गया है यह गाँव। कहानी कुछ यूँ है–"अतरपुर गाँव के जाट साधजी का पुत्र करमवीर जो कि फौज में हवलदार है की देशी शराब पीकर मौत हो जाती है और वह अपने पीछे छोड़ जाता है कुल पच्चीस बरस की विधवा रेशम।

"गुलाब की सी रंगत, नाक–आँख से तराशी हुई सुन्दर गूजरी, हथौड़ों की सी गढ़ी हुई देह की उठान!" बेहद ख़ूबसूरत रेशम को करमवीर ख़ूब प्रेम करता। वह कहता था–"तेरी याद में पागल रहता हूँ। मालूम होता कि तुझसे ब्याह होगा तो भले डोरिया भइया की तरह हल चला लेता, भैंस चरा लेता, पर फौज की नौकरी न करता। तुझसे अलग रहना सबसे बड़ी सज़ा है।"

ख़ूब तोहफ़े ख़रीद लाता उसके लिए। लेकिन एक दिन इसी जवान देह के साथ उसे अकेला छोड़कर चला गया करमवीर।

"रेशम विधवा थी ज़माने के लिए। रीति–रिवाजों के लिए। शास्त्र–पुराणों के चलते घर और गाँव के लिए। विधवा सिर्फ़ विधवा होती है। वह औरत नहीं रहती फिर। यह बात पता नहीं उसे किसी ने समझाई कि नहीं? किसी ने कहा नहीं कि इच्छाओं के रेशमी तारों में आग लगा दे रेशम? उसने तो केवल इतना माना कि पेड़ हरा–भरा रहे तो फूल–फल क्यों नहीं लगेंगे? ऐसा हो सकता है कि ऋतु आये और बल्लरी लता फूले नहीं? औरत ऋतुमती हो और आग दहके नहीं?" (पृ. 18)

रेशम ने भी समाज और मर्यादा से ऊपर अपनी देह की आवाज़ सुनी और करमवीर की मौत को पाँच महीने भी न बीते थे कि रेशम गर्भवती हो गयी। किसी और का गर्भ! समाज कैसे स्वीकार करता और फिर शुरू हुआ रेशम को समझाने का, देवर के साथ बैठाने का कि उसका पाप छिप जाये लेकिन रेशम गाँव में रहते हुए भी विचारों से उतनी ही आधुनिक। या इसे ऐसे भी कहा जा सकता है कि बिना किसी नफ़े–नुकसान की चिन्ता किये अपने मन की सुनती थी रेशम। अन्त में उसका परिणाम उसे भुगतना पड़ा और उसके परिवार ने उसकी हत्या कर उसे प्राकृतिक मौत साबित कर दिया। लेकिन सारंग के भीतर तो चन्दना की कथा रिकॉर्ड की तरह चलती रहती है। चन्दना के पीहर वाले समझें कि चन्दना कुँवरजी के साथ सासरे में खुश और सासरे वाले समझें कि बहु मायके में प्रसन्न लेकिन चन्दना तो जंगल में दफ़न। यह प्रसंग सारंग को भीतर तक हिला कर रख देता। वह जानती थी कि रेशम की कथा को भी लोग चन्दना की तरह भुला देंगे। रेशम चन्दना की कथा की अगली कड़ी न हो जाये इसके लिए सारंग पूरी जी जान से कोशिश करती है, बाबा से लेकर रंजीत तक को प्रेरित करती है और रेशम के जेठ डोरिया जो कि उसका कातिल है, के ख़िलाफ़ शिकायत दर्ज करवाती है और वहीं से उपन्यास की यात्रा शुरू होती है।

रंजीत, सारंग का पति और गजाधरसिंह की सन्तान एम.एससी. पास किसान है जिसने नौकरी से ज़्यादा अपनी किसानी को महत्त्व दिया, गाँव में रहकर नयी–नयी तकनीक से खेती करता है और गाँव भर को किसानी के नये–नये गुरों से अवगत करवाता है। रंजीत प्रथम दृष्टया एक आदर्श युवक है जिसका कानून में विश्वास है, वह सही को सही कहना चाहता है। रंजीत सारंग के कहने पर डोरिया के ख़िलाफ़ केस करता है और उसे जेल में डलवाता है। लेकिन जैसे–जैसे इस चरित्र का आगे विकास होता है तो देखते है कि रंजीत की प्रगतिशीलता या सारंग के प्रति सम्मान वहीं तक है जहाँ तक सारंग उसके अस्तित्व की छाया में चलती है लेकिन ज्योंही वह रंजीत की छाया से अलग एक स्वतन्त्र व्यक्तित्व के साथ खड़ी होती है, दोनों के बीच समस्याएँ आकार लेने लगती हैं।

'चाक' प्रथम दृष्टया भारत की भ्रष्ट राजनीति, भ्रष्ट पुलिस तन्त्र, गाँवों के पिछड़ेपन और स्त्री देह की मुक्ति की वकालत का उपन्यास है। लेकिन ज्यों–ज्यों हम आगे बढ़ते जाते हैं उपन्यास कई–कई परतों में हमारे सामने खुलता चला जाता है।

''गाँव में अस्पताल, पोस्ट ऑफिस, मिडवाइफ केन्द्र जैसे फालतू झमेले नहीं। प्रधानजी का मत है कि सरकारी लोगों के रहते गाँव का आदमी चालाक हो जाता है। तरह–तरह के व्यसन... एक बार ग्रामसेविका केन्द्र खुलवा लिया था। ग्रामसेविका बहनजी का निवास फत्ते की बैठक में ही था। बी.डी.ओ. आकर बलात्कार कर गया।...'' (पृ. 28)

स्पष्ट है कि गाँव को विकास की अधिक हवा नहीं लग पायी। गाँव के बाहर देश विकसित होता रहा और यहाँ विकास के नाम पर।

''सार यह कि गाँव में सरकारी संस्था के नाम पर केवल एक प्राइमरी पाठशाला है–जो अंग्रेज़ी राज्य ख़त्म होते ही गाँव में कायम हुई थी।'' (पृ. 28)

और उस स्कूल की उपयोगिता भी बहुआयामी है–

''स्कूल का काम बहुआयामी है–बरातघर, पंचायतघर, मेहमानघर, दावतघर और प्रधानजी यदि अपनी फसल समय पर न बेचना चाहें तो उनका बीजगोदाम भी। आजकल स्कूल राजनीति का मोहरा बना हुआ है–भँवर जैसे युवक यही कहते हैं।'' (पृ. 30)

राजनीति कैसी! रंजीत के ख़िलाफ़ जिसने स्कूल के प्रिंसिपल थानसिंह के भाई डोरिया को जेल की हवा खिलवाई। गाँव अतरपुर, ज़िला अलीगढ़

ऐसी टुच्ची और घरेलू राजनीति से घिरा बाहर की नयी हवाओं से अनभिज्ञ अपनी ही धड़ में मुँह छिपाये बैठा है।

उपन्यास की कहानी संक्षेप में अब हमारे सामने हैं। लेकिन उससे भी बड़ी चीज़ जो सामने है वह है एक सवाल कि आख़िर लेखिका कहना क्या चाहती है? क्या वह गाँव अतरपुर की कथा कहना चाहती है, क्या वह भ्रष्ट राजनीति, पिछड़े गावों से हमें रूबरू करवाना चाहती है या वह सारंग की कथा कहना चाहती है? मेरी समझ में लेखिका का उद्देश्य इस कथा के माध्यम से सारंग के व्यक्तित्व को खड़ा करना है। और सारंग के व्यक्तित्व निर्माण में अन्य स्त्रियों की कथा गौण कथा के रूप में आती है। सारंग यहाँ भारतीय स्त्री का प्रतीक है जिसे लेखिका एक बिल्कुल नये और बदले स्वरूप में रखना चाहती है।

उपन्यास की शुरुआत में, जैसा कि ऊपर ज़िक्र किया गया है कि खेरापतिन दादी के मुँह से चन्दना की कथा कहलवाई गयी है। लेखिका ने ऐसे एक लोकपात्र के समक्ष सारंग की कल्पना की है जिसका जन्म तो ऐसे ही समाज में हुआ जिसमें चन्दना जन्मी थी लेकिन उसकी यह यात्रा वहाँ से शुरू होकर बहुत आगे तक जाती है और स्त्री विकास से जुड़े सारे सवालों से रूबरू होती है। सारंग के व्यक्तित्व पर थोड़ी बात कर ली जाये तो चीज़ें और स्पष्ट होंगी। गाँव की अधिकतर स्त्रियाँ अनपढ़ हैं लेकिन सारंग के बारे में कहा जाता है कि वह पढ़ी–लिखी है।

"सारंग को कन्या गुरुकुल से ग्यारह कक्षा पढ़ी बताया जाता है, मगर कोई उससे चिट्ठी लिखने के लिए कहे तो उसकी उँगलियाँ और दिल की भीतरी तहें साथ–साथ काँपने लगती हैं। पर हल्ला यह भी है कि रंजीत के संग अखबार बाँचती हैं, चरनसिंह बौहरे से ज़्यादा मन्त्र जानती है।" (पृ. 28)

ऐसी एक चरित्र को मैत्रेयी अपने उपन्यास की नायिका बनाती है जो भुच्च गाँव में रहती है और शिक्षा के नाम पर मात्र ग्यारहवीं पास है। मैत्रेयी चाहतीं तो एक बेहतर शिक्षित नायिका का चयन कर सकती थीं। लेकिन उन्होंने ऐसा नहीं किया क्योंकि वे सारंग के माध्यम से भारत की आम स्त्री जिसकी स्थिति किसी भी स्थिति में सारंग से बेहतर नहीं है, के व्यक्तित्व की भीतरी तहों को खोलना चाहती थीं।

सारंग की यात्रा आम से खास होने की यात्रा है। सारंग की यात्रा चूल्हे से राजनीति तक की यात्रा है। सारंग की यात्रा पति से बिंदिया,

चूड़ी की मनुहार करने से आगे उसे अन्याय के ख़िलाफ़ खड़ा करने और उसमें सफल न हो पाने पर स्वयं युद्ध का शंखनाद करने वाली स्त्री की यात्रा है। वह एक साधारण माँ जो अपनी सन्तान के लिए मंगलकामनाएँ करती हैं और व्रत रखती है, ज़रूरत पड़ने पर अपनी सन्तान पर अपने अधिकार को साबित करने के लिए अपने पति रंजीत पर बन्दूक तान देती है। सारंग दरअसल भेड़चाल से अलग एक व्यक्तित्व है जो गलत को गलत और सही को सही न सिर्फ़ कहती है बल्कि ज़रूरत पड़ने पर अपने आत्सम्मान और गृहस्थी को दांव पर लगाकर उसके लिए लड़ती भी है। वह श्रीधर से, उसके सिद्धान्तों से प्रेम करती है और उसे डंके की चोट पर स्वीकारती भी है। एक प्रसंग में वह श्रीधर से कहती है–

"तुम ज़िन्दगी जी रहे हो। मेरे लिए ज़िन्दगी और मौत बराबर हो गयी है। तुम्हें बेदाग रहने की लालसा है और मैं दागदार जीवन से डरती नहीं।" (पृ. 185)

'चाक' की समस्या केवल स्त्री देह की मुक्ति के माध्यम से उसके विकास की नहीं, अपितु वह उन सारे आयामों की चर्चा करता है जिसके माध्यम से उसका विकास हो सकता है। संक्षेप में कहें तो चाक स्त्री पर पुरुष के स्वामित्व, पुरुष के वर्चस्व के ख़िलाफ़ एक शंखनाद है।

यूं तो उपन्यास में कुछ महत्त्वपूर्ण पात्र है जैसे सारंग, रंजीत, श्रीधर मास्टर, गजाधर बाबा, फत्ते प्रधान, गाँव की राजनीति आदि लेकिन यदि ध्यान से देखा जाये तो छोटे–मोटे ऐसे कई चरित्र हैं जिनकी भूमिका आयतन में तो बहुत कम या छोटी है लेकिन घनत्व की बात की जाये तो वह बहुत मारक हो जाती है और रुककर सोचने को मजबूर करती है। इन्हीं महत्त्वपूर्ण चरित्रों में हैं खेरापतिन दादी, कलावती चाची, मनोहर की बहू और लौंगसिरी बीबी। खेरापतिन दादी जो गाँव की सबसे बुजुर्ग महिला है एक लोककथा के माध्यम से उपन्यास की शुरुआत करती हैं, चन्दना की कथा सुनाते–सुनाते खेरापतिन दादी की आँखें भीग जाती हैं और कहानी के अन्त तक आते–आते गला ऐसा रुँध जाता है कि उनकी आवाज़ हिचकोले लेने लगती है। सोचने को सोचा जाना चाहिए कि खेरापतिन दादी की भीगी आँखें और रुँधा गला क्या एक काल्पनिक पात्र चन्दना के लिए है या फिर उन सबके लिए जो समाज को किनारे कर अपनी देह, अपने मन की आवाज़ सुनती रहीं और अन्त में समाज ने उन्हें जिबह कर दिया। दादी की भीगी आँखें वास्तव में पश्चाताप और

ग्लानि है कि वे मर्यादा के नाम पर रुकमणी, कल्याणी जैसी स्त्रियों का भयावह अन्त देखती रहीं और कभी विरोध न कर पायीं, उनके आँसू उन नयी, टटके फूल सी अभी जवान हुई लड़कियों के भविष्य की कल्पना से है कि जिन्होंने यदि कभी मर्यादा लाँघी तो उनका भी वही हश्र होगा जो औरों का हुआ।

इसी तरह का दूसरा चरित्र है कलावती चाची। कलावती चाची की उम्र पचास के आस–पास है जो पति के त्यागने पर अकेली रहती है और सारंग की लड़ाई में उसका साथ देने के लिए कैलासी ताड़फड़े वाले का पौरुष जगाने के लिए स्वयं को केवल एक स्त्री देह की तरह इस्तेमाल करती है। वह कैलासी ताड़फड़े वाले को उसकी मर्दानगी से मिलाते समय यह भूल जाती है कि वह एक परित्यकता है, दो बच्चों की माँ है और समाज में उसकी अपनी एक मर्यादा है। कैलासी से कहती है कि–

''मेरा कुछ नहीं बिगड़ा जाता। और फिर ये तो देह धरे के खेल है रे! पाप–पुन्न मत सोचना।'' (पृ. 104)

सारंग जब उसे इस बात का धन्यवाद देती है तो कहती है–

''चल लुच्ची! हम जाटिनी तो जेब में बिछिया धरे फिरती हैं। मन आया ता के पहर लिए।'' (पृ. 104)

कलावती चाची जिसे परमार्थ कहकर अपनी देह का इस्तेमाल कर रही है क्या वह वास्तव में परमार्थ ही था या फिर उसने भी लम्बे समय से अनसुनी की जाने वाली अपनी देह की पुकार सुन ली थी, यह कहा नहीं जा सकता क्योंकि इसका कोई संकेत उपन्यास में नहीं किया गया, किन्तु अगर पूरी परिस्थिति पर विचार किया जाये तो शायद सत्य यही है जिसे स्त्री कह नहीं सकती और इस तरह अपने आप को एक पापबोध से बचा भी लेती है।

एक अन्य स्त्री पात्र है लौंगसिरी बीबी जो ताउम्र अपनी जवान विधवा माँ की देह की पहरेदारी करती रही और इस पूरी प्रक्रिया में वह पुरुषों की ही साज़िश का हिस्सा बन गयी।

''जल्लाद जिसने न देखा हो, लौगसिरी को देख ले। मइयों के ऊपर जम की तरह सवार रही। बद्री बाम्हन को निगाहों से ही फूँक डालतीं। उन दोनों की प्रीति और लौंगसिरी की देह में जलजला।'' (पृ. 227)

भीतर से इतनी कठोर हो गयी कि गाँव की हर बेटी–बहू के चरित्र का ठेका ले लिया उसने। और वही लौंगसिरी बीबी श्रीधर और सारंग के

प्रेम की गवाह बनती है, उसी के घर के कमरे में श्रीधर और सारंग एकमेक होते हैं।

पाँचन्ना बीबी यानी छोटी बहू की ननद की कथा यहाँ विशेष महत्त्व रखती है। छोटी उम्र में विधवा पाँचन्ना बीबी की देह ने यह स्वीकार नहीं किया कि वह विधवा है और जगता नगला के मेहताबसिंह से इश्क़ लड़ा बैठी। गुप्तचर ने बाप को सूचना दी और बाप ने जवानी फूटने की सारी सम्भावनाओं को ही ख़त्म कर दिया।

"नथिया भंगिन के आने के दो ही मतलब होते थे–बच्चे की जन्त और... कोई जल्लाद ऐसा करता तो अचम्भा न होता, पर एक बाप!

चिमटा आग में दहकाया और उन लाल जलती हुई लोहे की पत्तियों को बड़े सहारे से नथिया भंगिन ने पाँचन्ना बीबी की छातियों की काली जगह पर रख दिया–चूचियाँ दाग दी गयीं। सब निश्चिन्त हुए, अब न फूटेंगी जवानी की गुद्दियाँ। बहुत फड़कती थीं।

चिंघाड़ ऐसी उठी थी कि महीनों तक घर काँपता रहा। पर हमारा घर कहाँ, वह तो किला है। किले के भीतर से उठती पुकार बाहर के लोगों तक नहीं आ पाती।" (पृ. 70)

और वही पाँचन्ना बीबी पितृसत्ता का हिस्सा बनकर अपनी ही भाभी पर नज़र रखने लगी और अपने ही घर में उसकी स्थिति गुलामों की–सी कर दी। ध्यान देने योग्य यह भी है कि नथिया भंगिन स्वयं एक स्त्री है जो पितृसत्ता को कायम रखने के लिए एक हथियार के रूप में इस्तेमाल की जा रही है।

एक अन्य महत्त्वपूर्ण पात्र है जिस पर पूरे उपन्यास में कुछ ही पंक्तियाँ हैं, जो पूरे उपन्यास में तीन–चार बार ही आती है लेकिन जब भी आती है, कुछ गहरे सोचने को मजबूर करती है, विकल कर देती है–मनोहर की बहू। मनोहर की बहू जो रात को छत पर चढ़ नंगी होकर नाचती है, हाथ में धनकुटा लेकर अपनी ही नंगी देह पर हँसती हैं, मखौल उड़ाती है। जवान मर्द उसे गन्दी निगाह से देखते हैं, उस पर हँसते हैं, उसे दबोचने की कोशिश करते हैं, बूढ़े अपनी आँखें झुका लेते हैं, औरतें उसकी क़िस्मत को कोसती चुप रहती हैं। कितना कुछ कहा इस प्रसंग में मैत्रेयी ने। कितना कुछ ऐसा जिसके भाष्य हों तो कितनी कलई खुले इस पुरुषवादी समाज की। मनोहर की बहू का नंगे होकर नाचना और अपनी ही देह को देखकर हँसना–कितना प्रतीकात्मक है यहां। वह नंगी होकर

नाचती है क्योंकि उसकी बर्दाश्त की हद हो गयी। यह उसका प्रतिरोध है उसके ख़िलाफ़ जो उसके साथ हुआ। अपनी ही देह को देखकर ख़ुद पर हँसती है कि यह देह अगर उसकी है तो उसके फैसले फिर कोई और क्यों ले? स्त्रियाँ चुप हैं या उसे कोसती हैं तो इसलिए कि स्त्रियों के शोषण की परम्परा में ही एक मनोहर की बहू भी है। कितना कुछ है इस अनकहे में। मनोहर की बहू माँ बनना चाहती थी जबकि उसका पति मनोहर एक नपुंसक है। जब उसे पता चलता है कि उसकी पत्नी को छः महीने का गर्भ है तब वह हाथरस की डॉक्टरनी से कटवा–कटवा कर पूरा गर्भ निकलवा देता है। मनोहर की बहू अपनी देह और आत्मा के साथ हुए इस अत्याचार का खुलकर जवाब तो नहीं दे पाती लेकिन बच्चे के छोटे–छोटे कपड़ों को देखकर आपे से बाहर हो जाती है। उसके भीतर अपनी देह को लेकर कई सवाल हैं जो वह इस समाज़ से नहीं पूछ पायी कि जब देह उसकी, गर्भ उसका तो फिर मर्जी किसी और की क्यों? मालिक कोई और क्यों?

श्रीधर मास्टर का अपने आप से संवाद कि–

''यह विडम्बना असाध्य रोग की तरह हर गाँव में किसी न किसी रूप में मिलेगी। क्या इस दारुण कथा का अन्त सम्भव नहीं? यदि अपने औरतपन के लिए औरत लड़ने लगे तो वह चुड़ैल। मैं सचमुच ही मनोहर की बहू से मिलना चाहता हूँ। उसके बनाये हुए वे छोटे–छोटे कपड़े देखना चाहता हूँ, जिन्हें देखकर वह अपने कपड़े फाड़ने लगती है।'' (पृ. 214)

ऊपर चर्चित ये सभी स्त्री पात्र उपन्यास के गौण पात्र हैं किन्तु इन सबके अनुभव, इन सबकी कथा मिलकर उपन्यास को नये आयाम देती है और पाठक को भीतर तक विचलित कर देती है।

चाक स्त्री को उसकी असली स्त्रीत्व से मिलवाने का माध्यम है जहाँ सारंग, रेशम, गुलकन्दी, कल्याणी, चन्दना, मंझा, हरिप्यारी जैसी स्त्रियाँ समाज और परिवार की जकड़न को झिड़ककर अपनी खोज में निकलती हैं। इस अस्तित्व की खोज में उन्हें अपनी आहुति भी देनी पड़ती है, किन्तु आत्महन्ता होकर भी वे अपने मन की पुकार सुनती हैं। पूरे उपन्यास में स्त्रियों की चीख़ें सुनाई देती हैं। कहीं अपनी बुलन्दी से तो कहीं सिसकियों के साथ और कहीं घुटे गले से। बड़ी बहू और उनकी ननद पाँचन्ना बीबी वाला प्रसंग यहाँ विशेष उल्लेखनीय है।

स्त्री मुक्ति पर लिखने वाली अन्य महत्त्वपूर्ण रचनाकारों में चित्रा मुद्गल, मृदुला गर्ग, ममता कालिया, कृष्णा सोबती आदि से लेकर एक लम्बी परम्परा है। लेकिन 'चाक' की विशेषता यह है कि पहली बार किसी रचना में स्त्री की देह से मुक्ति को एक व्यापक सन्दर्भ में देखा गया है। यूँ तो कृष्णा सोबती के उपन्यास 'मित्रो मरजानी' में स्त्री देह की आवाज़ को सुना जा सकता है। किन्तु वहाँ 'मित्रो की देह की पुकार अपने तक सीमित होकर रह जाती है जबकि 'चाक' में यह पुकार एक चीख़ बनकर उभरती है जो यह साबित करने का प्रयास करती है कि स्त्री को देह में क़ैद करना, उसे देह के बन्धनों से बाँधे रखना वास्तव में उम्मीदों को पनपने से पहले कुचल देना है। मैत्रेयी की यह सारंग अपनी यात्रा में राजनीति तक पहुँचती है। वह समाज द्वारा बनाये गये कायदों से ऊपर उठकर राजनीति में कदम रखती है। ग्राम प्रधान के लिए पर्चा भरते समय उसके हाथ काँप रहे हैं, वह भीतर से घबरायी हुई है किन्तु यह घबराहट कहीं भी ख़ुद को लेकर नहीं है। उसे सन्देह ख़ुद पर नहीं है अपितु उसके डर का कारण सिर्फ़ उसका परिवार है, रंजीत है। उसे लगता है कि यह कदम उठाकर उसने ख़ुद अपनी हद तोड़ दी है। अब परिवार बिखरेगा, रंजीत नाराज़ होगा। उसने अपने पति के अधिकार क्षेत्र में सेंध लगायी है। श्रीधर जब पहली बार उसे राजनीति में उतरने के लिए कहता है तो लगता है जैसे उसके पाँव के नीचे से ज़मीन खिसक गयी हो।

"लेकिन यह मुद्दा रंजीत की आत्महत्या का पैगाम सिद्ध हो सकता है। उन्नति, तरक्की, ग्राम कल्याण–बोलने में अच्छे–अच्छे शब्द हैं, लेकिन मेरे लिए अशुभ। निजी बन्दिशों को मौक़ा देखकर तोड़ना एक बात है, पर पति को सरेआम बेइज़्ज़त करना...?" (पृ. 401)

सवाल यह है कि सारंग को यह पापबोध आख़िर क्यों होता है। आख़िर क्यों उसे लगता है कि उसने अपने पति के अधिकार क्षेत्र में सेंध लगाई है। किसने यह तय किया कि कौन–सा काम किसके लिए उचित है और कैसे यह तय हो जाता है कि उससे अलग कुछ करना दुःख देने का सबब है। दरअसल, यह सब उस व्यवस्था का हिस्सा है जिसके तहत काम का बँटवारा होता है, जिसके तहत यह तय होता है कि किस काम को करके सत्ता का आनन्द लिया जा सकता है। सारंग में उत्पन्न होने वाला यह संकोच, यह भय उसी तथाकथित परम्परा का हिस्सा है जिसमें स्त्री और पुरुष के कार्यक्षेत्र के बीच रेखा खींची गयी है। इस प्रसंग को

अगर ध्यान से पढ़ें तो यह साफ़ दिखता है कि सारंग को अपनी योग्यता पर कोई शक़ नहीं, अपितु उसका डर उस बनी–बनायी रीति तथा लम्बे समय से किये गये मानसिक अनुकूलन के कारण सारंग या सारंग जैसी किसी भी स्त्री के भीतर उत्पन्न होता है जिसमें स्वयं दोषी न होने पर भी स्त्री स्वयं को दोषी मानने लगती है।

दरअसल, स्त्रियों पर अपने परिवार की इज़्ज़त का टोकरा इस कदर लाद दिया जाता है कि उसके बाद उसे उठाये रखने और गिरने से बचाये रखने के लिए सधी हुई चाल चलना ज़रूरी हो जाता है। जहाँ थोड़ा–सा बहकी कि गया टोकरा नीचे और फिर वह पूरे परिवार के अपमान का सबब बन जाता है। एंटोनियो ग्राम्शी अपनी 'प्रिजन नोटबुक्स' में जिस कल्चरल हेजमनी की बात करते हैं वह यही है कि समाज के एक बड़े वर्ग को सांस्कृतिक रूप से बाँधना और फिर उसे उस वर्ग के लिए सम्मान सूचक बना देना तथा उसे मर्यादा, संस्कृति एवं परम्परा आदि मूल्य बोधित (Value Loaded) संदर्भों से जोड़ देना, यह पूरी प्रक्रिया उस खास शोषित वर्ग को इस बात का आभास तक नहीं होने देती कि उसके लिए तय किये गये नियम वास्तव में उस वर्ग विशेष की सुविधा के लिए नहीं अपितु प्रभुत्वशाली वर्ग की अपनी सुविधा के लिए हैं।

सारंग रेशम के साथ हुए अन्याय के ख़िलाफ़ आवाज़ उठाती है। अन्याय के विरुद्ध अपनी इस आवाज़ में अपने पति रंजीत का साथ लेती है। लेकिन ज्यों–ज्यों वह महसूस करती है कि गाँव की राजनीति और फत्ते प्रधान की माया में बँधकर रंजीत उसकी अनसुनी करने लगा है, उसके भीतर विद्रोह का स्वर उठने लगता है जिसे सही समय पर हवा देने का काम करते हैं भँवर और श्रीधर मास्टर। अपने बेटे चन्दन को उसके चाचा के घर भेज न केवल वह अपनी ममता का गला घोंटती है अपितु यह साबित कर देती है कि स्त्री होना या माँ होना उसकी कमज़ोरी नहीं है। इसी बीच वह कैलासी ताड़फड़े वाले को डोरिया के साथ कुश्ती के लिए बुलाती है और इस तरह दुश्मन के मंसूबों को हिलाकर अपनी ताक़त का एहसास कराती है। सांरग का व्यक्तित्व एक पूर्ण ग्रामीण भारतीय स्त्री का चरित्र है किन्तु उसी धुर ग्रामीण चरित्र में से मैत्रेयी ने एक बेहद परिवर्तनकारी और विद्रोही व्यक्तित्व को आकार दिया है। रेशम के प्रति न्याय की माँग सारंग के व्यक्तित्व में सीढ़ी दर सीढ़ी विकास का कारण बनती है।

उपन्यास के फलक पर सारंग का विकास एक सम्पूर्ण स्त्री की विकास यात्रा है जिसमें बाहर से आया श्रीधर मास्टर माध्यम बनता है। कर्तव्यों, ज़िम्मेदारियों, लोक–लाज, मर्यादा, रीति–रिवाज, परम्परा आदि न जाने कितनी तहों को एक किनारे कर जब सारंग खड़ी होती है तो समाज उसका बहिष्कार करता है क्योंकि समाज के अनुसार स्त्री का इन सब गुणों से समृद्ध होना ही उसका स्त्री होना है। सारंग होने से पहले वह रंजीत की पत्नी है, गजाधर सिंह की बहू है, चन्दन की माँ है, गाँव अतरपुर की इज़्ज़त है, जाट समाज का हिस्सा है। और इन सभी भूमिकाओं को निभाने के लिए कुछ कायदे हैं। इन सारी परतों को हटाने में सारंग को क़िस्म–क़िस्म की परीक्षा देनी होती है।

दरअसल, स्त्री या किसी भी अन्य अस्मिता के लिए समाज द्वारा जो भूमिका तय होती है या की जाती है वह कोई आज या कल की प्रक्रिया नहीं है अपितु उसका अपना एक इतिहास है और विभिन्न धर्मग्रन्थ लिखकर उन्हें प्रमाणित भी किया जाता रहा है। स्त्री के सन्दर्भ में कहें तो जब समाज उस तय नीति में विचलन देखता है तो उसके लिए वह स्त्री को दोषी ठहराते हुए उसका तिरस्कार करता है।

''जब स्त्री और पुरुष स्त्रियों की अधीनता की अवस्था को 'प्राकृतिक' मानने लगते हैं और परिणामस्वरूप अधीनता की स्थिति दिखना बन्द कर देती है तभी पितृसत्ता की जड़ें गहरे पैठ जाती हैं और वह एक वास्तविकता और एक विचाराधारा के रूप में स्थापित हो जाती है।''

(नारीवादी राजनीति संघर्ष एवं मुद्दे पृ. 4)

विचारधारा के रूप में स्थापित पितृसत्ता की इन्हीं जड़ों के तहत तात्कालिक समाज भी इससे विचलन या बदलाव को स्वीकार नहीं कर पाता। सारंग का जागरुक मस्तिष्क उसे समय–समय पर अपने अधिकारों और अपनी अस्मिता के लिए कोंचता रहता है। इसी के तहत यह जानते हुए भी कि परपुरुष से मिलना और आकर्षित होना विवाहित स्त्री के लिए उचित नहीं, वह अपने मन की पुकार सुनती है। वह श्रीधर को एक पुरुष के रूप में ही नहीं, परिवर्तन की एक बयार के रूप में भी देखती है। वह उसे बौद्धिक मानती है, उसे लगता है कि श्रीधर ही है जिसके संरक्षण में उसका चन्दन अच्छी शिक्षा प्राप्त कर सकता है। श्रीधर गाँव की गन्दी राजनीति से अछूता है। श्रीधर के यही गुण उसे उसकी ओर आकर्षित करते हैं और धीरे–धीरे वह उससे प्रेम करने लगती है। रंजीत की तुलना

में श्रीधर से उसका सम्बन्ध साम्य का सम्बन्ध है, बराबरी का सम्बन्ध है। जबकि रंजीत चाहता हैं कि सारंग सब कुछ होते हुए भी एक पत्नी की तरह ही रहे, वह चूड़ी बिन्दिया के लिए मनुहार करे लेकिन ज्यों ही वह रंजीत को पति से अलग मित्र या बराबर समझने लगती है, रंजीत का सोया पुरुषत्व जाग जाता है और वह सारंग को स्त्री होने का एहसास दिलाता है।

उपन्यास में श्रीधर का चरित्र बेहद महत्त्वपूर्ण है। निश्चित रूप से सारंग उपन्यास की नायिका है किन्तु श्रीधर सारंग के पीछे की वह ताक़त है जो सारंग को उसकी सोई हुई शक्ति का एहसास करवाता है। श्रीधर ही वह व्यक्ति है जो चन्दन को वापस बुलाने के लिए सारंग को प्रेरित करता है जब पहली बार सारंग को एहसास होता है कि चन्दन से जुड़े फैसले लेने का अधिकार सिर्फ़ रंजीत को ही नहीं है, सारंग को भी है। लेकिन श्रीधर इस बात के लिए दुःखी भी होता है कि गलत ही उसने सारंग को प्रेरित किया।

"श्रीधर जिन बालकों को पढ़ाते हैं उनकी माताओं के दुःख! ये मनुष्यजाति से अलग मनुष्य हैं। अच्छा है अज्ञान में रहकर सहना सीखें। उनको ज्ञान के दर्शन कराना साज़िश ही तो होगी–उन्हीं के ख़िलाफ़। सारंग का क्या हाल है? श्रीधर पछताते हैं उसको उकसाकर। अपनी पढ़ाई–लिखाई भूलकर खूँटे की गाय की तरह शान्त मन जी रही थी।" (पृ. 345)

श्रीधर मर्म पर उँगली रखता है–

"औरत से पहले आदमी को ज्ञान देना होगा। उसके संस्कारों को प्रकाश की दुनिया में ले जाने का जोखिम उठाना होगा। मास्टर श्रीधर शिक्षा का अर्थ देते हैं–मर्दों के कुसंस्कारों और अहम की अशिक्षा को मिटाना, और निजी स्वार्थों से मुक्त होना।" (पृ. 345)

सारंग श्रीधर से प्रेम करने लगती है इसलिए नहीं कि वह परपुरुष है, बल्कि इसलिए कि श्रीधर का साथ उसे रंजीत से अलग लगता है। अलग कई अर्थों में। लेकिन सबसे अहम यह है कि श्रीधर के साथ में, उसके साथ संभोग में उसे निजत्व का अहसास होता है। श्रीधर के साथ होते समय सारंग अपनी सारी केंचुली उतारकर रख देती है और वे दोनों एक–दूसरे के समक्ष एकदम आदिम हो जाते हैं जिसमें सारंग स्त्री है और श्रीधर पुरुष। यह वह एहसास है जब सृष्टि में स्त्री और पुरुष तो थे

लेकिन समाज का निर्माण नहीं हुआ था। उन दोनों के बीच सम्बन्ध बेहद आदिम थे जिनमें न पुरुष ऊपर होता है और न स्त्री नीचे।

सारंग के सामने स्त्रियों पर होने वाला कोई भी अत्याचार उसकी अपनी देह, अपनी आत्मा पर हुआ अत्याचार है। वह एक साथ बिना किसी अन्तर्द्वन्द्व के शारदा, शकुन्तला, चन्दना, रेशम, बड़ी बहू, गुलकन्दी, हरिप्यारी के लिए व्यथित होती है ठीक ऐसे ही जैसे पुरुषों द्वारा बनायी गयी इस दुनिया की रीति के पीछे बुने गये जाल के पूरे रहस्य को वह भीतर तक समझ तो गयी हो लेकिन असहाय होने के कारण कुछ कर न पा रही हो। होली की रात जब हरिप्यारी के झोंपड़े में आग लगाकर हरिप्यारी, गुलकन्दी और बिसुनदेवा तीनों को मौत के घाट उतार दिया जाता है तब बेहद पिछड़े, बेहद लिजलिजे और घिनौने समाज की तस्वीर हमारे सामने आती है जो साबित करती है कि प्रभुत्वशाली, उच्चवर्गीय शासक वर्ग के अनुसार यदि समाज नहीं चला तो उसका परिणाम बेहद भयावह हो सकता है। हरिप्यारी और बिसुनदेवा जहाँ जाति का बन्धन तोड़ने की सज़ा भुगतते हैं वहीं गुलकन्दी को स्त्री होकर देह और मन की पुकार सुनने के लिए मौत के घाट उतार दिया जाता है। सारंग के मन में पिछले दिन का दृश्य चलचित्र की तरह घूम रहा है जब डरी–सहमी गुलकन्दी उससे मिलने आती है।

''ज़ार–ज़ार रोती जा रही है–मैं हूँ तुम्हारे पीछे! लाली तुम चिन्ता न करना! गुलकन्दी सारंग के पाँवों में झुकी सिसक रही हैं। बीबी, तुम्हारी आज़ादी की कीमत यह...'' (पृ. 362)

दरअसल होली की रात जो हुआ उसने अतरपुर की औरतों को भीतर तक झकझोर दिया। हरिप्यारी, बिसुनदेवा, गुलकन्दी तीनों निष्पाप–तीनों ने सिर्फ़ समाज की परवाह न करते हुए केवल अपने मासूम मन की सुनी।

''गाँव की औरतें चली आ रही हैं। ठठ के ठठ औरतें। गली भर गयी। अब कहा समायेंगी लुगाईं? तूफान कहाँ समाता है? भीत–चौखट तोड़ डालेंगे ये औरतों के ठठ? बड़ी बहू कितनी छोटी, मगर सबसे आगे! खेरापतिन दादी जर्जर–बूढ़ी, मगर आत उनकी नज़र इतनी ख़ूँखार... ये चुप और मौन कलावती चाची! प्रधानिन, हुकमकौर, बैकुण्ठी, जो कभी नहीं आयीं, वे भी!'' (पृ. 363)

स्त्रियों ने जैसे आज सारी बन्दिशें, सारे कायदे एक तरफ़ रख छोड़े हों और गुलकन्दी और हरिप्यारी की मौत के विरोध में अपना भी स्वर

मिला दिया हो। खेरापतिन दादी की आँखें भी आज खूँखार हो गयी थीं जैसे चन्दना की कथा सुनाने वाली खेरापतिन दादी को अब और चन्दना गवारा नहीं। गुलकन्दी की यह मौत सारंग से ठीक वैसे ही जुड़ गयी जैसे रेशम की मौत आ जुड़ी थी। गुलकन्दी की मौत को भी गाँव के रसूखदारों ने यूँ ही भुलाने की कोशिश की ज्यों रेशम की मौत को। लेकिन सारंग अन्दर तक बेचैन है। उसे लगता है कि उसके भीतर जो चल रहा है उसकी कोई अभिव्यक्ति नहीं। वह अपने आप को मनोहर की बहू सरीखा ही मजबूर महसूस करती है और सोचती है कि काश मनोहर की बहू की तरह ही सही, वह भी अपनी पीड़ा को जाहिर कर पाती। लेकिन सारंग के भीतर चल रही यह विवशता बहुत देर तक नहीं चलती। वह मानती है कि सारी समस्याओं का इलाज हो सकता है यदि हमारा नेतृत्व सही हो। वह फत्ते प्रधान को प्रधानी जाने देना नहीं चाहती। रंजीत के कथन कि "औरतें क्या समझेंगी राजनीति के बारे में," के विपरीत सारंग उसे ज़्यादा बेहतर समझती है। वह फत्तेप्रधान की सारी चाल समझती है, वह जानती है कि रंजीत यहाँ सिर्फ़ मोहरे की तरह इस्तेमाल किया जा रहा है। वह इसकी चर्चा रंजीत से भी करती है और भँवर से भी, किन्तु यह नहीं सोच पाती कि वह ख़ुद भी राजनीति में खड़ी हो सकती है। पुरुष द्वारा तैयार की गयी पूरी भूमिका के तहत वह स्वयं को इस सारे दृश्य से बाहर समझती है लेकिन श्रीधर और भँवर के समझाने पर वह थोड़ी हिचक के साथ ही सही, राजनीति में प्रवेश का मन बना लेती है और गाँव की प्रधानी का परचा भरती है।

एक घरेलू सीधी–सादी सारंग जो परिवार की भलाई में ही अपनी भलाई समझती है, पति, बच्चे और परिवार पर जान देने वाली सारंग का इस पराकाष्ठा तक पहुँचना एक आम स्त्री का खास हो जाना है, एक आम भारतीय स्त्री का तय दायरे से बाहर निकलना है। पुरुष द्वारा उसे साज़िशन भुला दी गयी अपनी शक्ति का एहसास दिलाना है जहाँ वह परिवार की मर्यादा और प्रतिष्ठा से अलग एक पूरी स्त्री भी है। सारंग यहाँ अपने सारे विशेषणों को दरकिनार कर अपने निज में खड़ी दिखती है जहाँ न केवल चन्दना, मंझा, गुलकन्दी, रेशम की तरह अपने प्रेम को उचित–अनुचित, पाप–पुण्य के दायरे से बाहर निकालती है बल्कि मनोहर की बहू की तरह सन्तान और सन्तानोत्पत्ति दोनों पर अपनी इच्छा, अपने अधिकार की भी वकालत करती सी दिखती है। वह पुरुष की परछाईं

से बाहर एक सम्पूर्ण व्यक्तित्व के रूप में खड़ी दिखती है जहाँ बिल्कुल नाटकीय अन्दाज़ में कहें तो जिस प्रकार महाभारत सीरियल में कृष्ण का विराट रूप भक्तों के समक्ष आता है। ठीक उसी तरह सारंग अपने विराटत्व में अन्त में उजागर होती है। वह एक स्त्री है, केवल स्त्री। अपने निर्णय, अपने जीवन सब कुछ को ख़ुद तय करने वाली।

लेखिका ने उपन्यास का अन्त खुला छोड़ दिया है जहाँ सारंग का प्रधान पद के लिए पर्चा भरना तो दिखता है, स्त्रियों की ख़ुशी भी दिखती है, अन्त तक आते–आते रंजीत को भी अपनी गलती का एहसास हो जाता है लेकिन चुनाव का परिणाम क्या हुआ, इससे पहले ही मैत्रीय उपन्यास को समेट देती हैं क्योंकि स्पष्ट है कि लेखिका का उद्देश्य सारंग की जीत या हार तय करना नहीं था अपितु सारंग के रूप में और सारंग के माध्यम से स्त्री को उसकी शक्ति का एहसास करवाना और परिवार व मर्यादा के पुरुषवादी बन्धनों से मुक्त करना था।

मैत्रेयी का यह उपन्यास उनकी और रचनाओं की तुलना में भी इक्कीस पड़ता है। यह उनकी सफलता है। एक महत्त्वपूर्ण रचना और स्त्री मुक्ति के दस्तावेज़ के रूप में इसका और आकलन होना अभी बाकी है।

नयी सदी का महिला कथा लेखन और स्त्री–विमर्श

•

संगीता

भारत में वैदिक युग से आज तक कथा–साहित्य का निर्माण प्रचुर मात्रा में हुआ है। जिनमें समाज के विभिन्न अंगों का चित्रण करते हुए, भारतीय ज्ञान, धर्म–दर्शन, भक्ति उपासना, राजकीय व्यवस्था, सामाजिक रीति–नीति आदि का निरूपण अत्यन्त रोचक ढंग से हुआ है। नयी सदी तक अनेक मोड़ आये हैं। इस यात्रा में कथा–साहित्य में व्यापक परिवर्तन होते रहे। इस परिवर्तन की प्रक्रिया में नारी के स्वरूप में भी परिवर्तन दृष्टिगोचर होने लगे। भारतीय सांस्कृतिक रंगमंच पर, लोक–संस्कृति की पहचान नारी, देवी, अर्धांगिनी तथा माता जैसे सम्बोधनों से सुशोभित उसके स्वरूप में क्रान्तिकारी परिवर्तन आये। इस परिवर्तन के साथ उसकी समस्याओं की विस्तृति होती चली गयी।

आज की नारी अपने अधिकारों का प्रयोग जान चुकी है, उसने हर क्षेत्र में अपना महत्त्वपूर्ण स्थान बना लिया है। किन्तु दुर्भाग्यवश आज भी स्त्रियों का शोषण हो रहा है। यातनाओं को सहने के पश्चात् भी नारी ने समाज में चुनौतियों का आलिंगन करते हुए अपने आप को समाज में एक उदाहरण के रूप में प्रतिष्ठित कर लिया है, क्योंकि नारी का जीवन चुनौती ही है। वेदकाल में नारी को सम्माननीय स्थान दिया गया। सदियों से चली आ रही पुरुष–प्रधान समाज–व्यवस्था में रहकर भी वस्तुतः नारी ने अपना महत्त्वपूर्ण, गरिमामय स्थान बना लिया है। अपनी लघुता में भी महत्ता, शीतलता में भी जीवन की ऊष्मा, सुन्दर तन में शिवत्व छिपाये रहने वाली नारी निरन्तर अन्याय व शोषण को सहते हुए भी, आज उसने समस्या का

सामना कर अपना महत्त्वपूर्ण स्थान बना लिया है। जिस प्रकार सूर्य की किरण के संस्पर्श से जल–थल, तल–अतल, जड़–चेतन कोई भी अछूता नहीं रह पाता इसी प्रकार समाज का प्रत्येक कोना, नारी से शून्य नहीं है।

समाज, परिवार तथा घर में उसका अस्तित्व ऊँचा है। आधुनिक युग में उसे जो अधिकार मिलने चाहिए उससे वह वंचित हो रही है। स्त्री–स्वातन्त्र्य, स्त्री सशक्तीकरण, स्त्री–विमर्श जैसे अनेक शब्द आज समाज एवं साहित्य के क ज्वलन्त मुद्दे हैं। नारी शिक्षा एक क्रान्ति लेकर आयी, बहुमुखी कार्यक्षेत्र यद्यपि उसके कौशल्य को निखरने का अवसर दे रहे हैं। पारिवारिक एकता व स्नेह की डोर धीरे–धीरे शिथिल होती जा रही है। शिक्षा, मनोविज्ञान, इतिहास, दर्शनशास्त्र सभी नारी–अस्मिता को परिभाषित भी कर रहे हैं। इन सबके बावजूद स्त्री को जानने की कोशिश पूरी ईमानदारी से नहीं हो पायी है। यहाँ तक कि स्त्री को स्वयं स्त्री भी पूरी तरह समझ नहीं पायी है। एक ही स्त्री के अनेक रूप होते हैं। वह अपनी ममता, वात्सल्य, त्याग, करुणा, कोमलता एवं मधुरता से पुरुष की कठोरता एवं रुद्रता को कम कर जीवन में एक स्निग्ध, अजस्त्र प्रेमधारा बहाने में अपूर्व योगदान देती है।

बदलते समय में, बदलते सामाजिक सन्दर्भों में अपने अधीनस्थ की भूमिका, शोषण, असमानता से मुक्ति के प्रयत्न एवं दोहरे मानदण्डों के बीच अपनी बदलती सामाजिक भूमिका के बावजूद स्त्री के प्रश्न नहीं बदले हैं। स्त्री–विमर्श का सरोकार जीवन और साहित्य में स्त्री मुक्ति के प्रयासों से है। स्त्री मुक्ति का मूल प्रश्न उसके मनुष्य के रूप में अस्वीकारे जाने का प्रश्न है। उसके मनुष्यत्व को स्वीकारना आज मानवता का सबसे बड़ा सवाल है। स्त्री को अपने अस्तित्व के बोध ने विमर्श की प्रेरणा दी। आत्मसमर्पण के और पुरुष के एकाधिकार शाही के माहौल से स्त्री को बाहर लाने का श्रेय स्त्री–विमर्श को ही देना होगा। स्त्री–विमर्श और कुछ नहीं अपनी 'अस्मिता' की पहचान 'स्व' की चिन्ता, 'अस्तित्व–बोध' और अधिकार को जतलाने और बतलाने का विचार चिन्तन है।

वर्तमान स्त्री के बारे में प्रभा खेतान की मान्यता है कि, "आज स्त्री ने सदियों की खामोशी तोड़ी है। उसकी नियति में बदलाव है। उसके व्यक्तिगत जीवन का उद्देश्य, दर्शन, उसका मन–मिज़ाज सभी तो बदल रहा है।" महिला लेखन में प्रतिरोध का स्वर सुनाई देता है। इसकी अन्यतम उपलब्धि है कि इसने एक ओर नारी हृदय को विविध कोनों से परखकर

ईमानदार अभिव्यक्ति प्रदान की और दूसरी ओर नारी को परम्परापोषित मान्यताओं के पाश से मुक्त करके 'मानवी' के रूप में प्रतिष्ठित किया।

भारतीय आदर्शों में रची–बसी सती नारी के स्थान पर उस नारी का चेहरा सामने आया, जिसे अपनी महत्ता और अस्मिता पर गर्व था। महिला लेखन पुरुष की बँधी–बँधाई पूर्वाग्रह से संचित दृष्टि को त्यागकर नारी को व्यक्ति रूप में देखने का पक्षधर है जहाँ पुरुष सापेक्ष भूमिकाओं की सीमित परिधि से मुक्त होकर एक विशुद्ध नारी के रूप में उसकी पहचान सम्भव हो।

महिला लेखन बहुआयामी होने के साथ–साथ इसमें स्वानुभूति की सघनता, विचारों की गहनता और विषय की रोचकता है। यह लेखन अतीत को ध्वस्त, वर्तमान से संघर्ष और सुखद भविष्य के सपने संजोने के लिए नारी को प्रेरित करता है। नारी समस्याओं को नहीं अपितु स्वयं नारी को ही कैनवास पर उतारकर पूर्णतः अन्तरंग होकर उसे पुरुष के समकक्ष लाने की यह कोशिश वस्तुतः स्तुत्य है। नारी की वर्तमान स्थिति को लेकर आज की लेखिका के मन में असन्तोष एवं आक्रोश है। सामाजिक वैषम्य से जन्मी पीड़ा को लेकर छटपटाहट है और मुक्ति की उत्कण्ठा उसके रोम–रोम में परिव्याप्त है।

हिन्दी कहानियों में स्त्री चिन्तन और सर्जना के बीचों–बीच खड़ी दिखाई देती है। युगबोध बदल गया है। पारम्परिक मूल्यों के विरुद्ध संघर्ष करती हुई नारी की मानसिकता को व्यक्त किया है। नारी–अस्मिता, इसके सामाजिक सरोकार, स्त्री पुरुष के बनते बिगड़ते सम्बन्धों, दाम्पत्य जीवन के अन्तर्विरोधों एवं सम्पूर्ण शक्ति से संघर्ष करती स्त्री की पहचान को सफलतापूर्वक उर्करा गया है। साठ के बाद स्त्री–सशक्तीकरण में स्त्री–लेखन की अहम भूमिका रही है। वर्तमान में स्त्री पुरुषों के साथ न केवल कन्धे से कन्धा मिलाकर चल रही है, अपितु वह कई क्षेत्रों में पुरुष से आगे भी निकल गयी परन्तु आज भी पुरुष अपनी सामन्ती सोच से नहीं उभर पाया है।

जया जादवानी की यह पंक्तियाँ स्त्री–जीवन की वास्तविकताओं का दर्दनाक आख्यान हैं–''यह जो हम अण की बातें लिखते हैं न अपना आप जलाकर क्या होता है इससे? दूसरे सिर्फ़ संकते हैं अपने आपको हमारी भट्ठी में और सिंक कर बाहर चले जाते हैं–हल्के गर्म कुरकुरे। राख होना हमारी नियति है।'' जया जादवानी का समूचा लेखन प्रश्नों और व्याकुलताओं

का समुच्चय है, जिसके मूल में है मुक्ति की कामना। 'फिर–फिर लौटेगा', 'जो नहीं है वह मुक्ति' कहानियों के ज़रिये वे कुछ तीखे सवाल उठाती हैं। अत्यन्त ख़ामोशी के साथ वे उन सभी सवालों को उकेरती हैं, जो इस खामोशी के पश्चात् एक वैचारिक आँधी को जन्म देते हैं।

पंखुरी सिन्हा की कहानियों में स्त्री आत्मविश्वास से युक्त, निगूढ़ एकान्त में अकेलेपन को भरपूर जीती, निर्णय स्वतन्त्र सबल स्त्री है। 'शत्रु का चेहरा' कहानी स्त्री आन्दोलन को तमाशा बनाती स्त्रियों पर करारी टिप्पणी है। कहानी हास्टल की सीधी–सादी छात्रा पर किये गये बलात्कार के विरोध में महिला संगठनों द्वारा निकाले गये जुलूस का बयान है जो धीरे–धीरे 'जलसा' बनता जा रहा है। मनीषा कुलश्रेष्ठ ने अपनी कहानियों में स्त्री जीवन के बेरंग सच एवं विद्रूपताओं को उद्घाटित किया है। 'कुरजा' कहानी में बाड़मेर की बीहड़ वीरानगियों में 'डायन' होने का शाप झेलती स्त्री है। कुरजा कहानी की नायिका है, जो निरन्तर कर्मशील एक संघर्षशील है। वह समूची सामाजिक व्यवस्था का अकेली होने के बावजूद डटकर विरोध करती है।

शर्मिला बोहरा की कहानियों में स्त्री समाज–सत्य का सम्प्रेषण करती है। 'विदेशिनी' की पाखी हो, 'एक टूटी–फूटी कहानी' की मैं या 'बूढ़ा चाँद' की तूलिका बहती ज़िन्दगी की भीतरी बुनावट को उलटकर देखती है। लवलीन की नायिकाएँ अधिक आक्रामक तेवर अपनाती हैं। सुषम बेदी 'नवभूम की रसकथा' में केतकी विवाह–विच्छेद के बाद प्रख्यात समाज शास्त्री तथा लेखिका के रूप में एकाकी जीवन जीते हुए परिपूर्ण है और आत्मसन्तुष्ट भी।

'यह ख़बर नहीं' उपन्यास में दाम्पत्य जीवन में पड़ने वाली दरारों का खुलासा किया है। पर्दों की आड़ में अपना वर्चस्व बनाये रखने के चक्कर में कहीं न कहीं दिग्भ्रमित हो स्त्री भटक रही है। कहीं अपनी पहचान की माँग वाली आज की स्त्री में आत्ममंथन करने की क्षमता मौजूद है। अपने स्वत्व से जुड़ी तमाम समस्याओं के प्रति आज की स्त्री सचेत है। स्त्री से जुड़े बिन्दुओं की बारीकी के साथ तीव्र पहचान स्त्री ही करा सकती है। स्त्री विमर्श का मतलब स्त्री पुरुष की स्पर्धा की दौड़ नहीं है स्त्री की स्वयं की आलोचना भी है।

आज स्त्री के चहुमुखी उत्थान की बात की जाये लेकिन उसकी स्थिति में किंचित परिवर्तन के साथ वह मध्यकालीन स्त्री जैसी ही दिखाई पड़ती

है। उसका बाह्य रूप ही परिवर्तित हुआ है। वह अपने अन्दर की सामर्थ्य शक्ति से आज भी पूरी तरह से परिचित नहीं हो पायी है। रमणिका गुप्ता लिखती हैं कि–''सच है आज़ादी के पचास वर्षों में हमने एक प्रधानमन्त्री, एक राष्ट्रपति, चार मुख्यमन्त्री और दो–तीन दर्जन मन्त्री बनने का मौक़ा स्त्रियों को दिया। लेकिन यह सच है कि आज भी हमारे देश में अमीना बेची जाती है, भँवरी बाई, फूलन देवी, निर्भया आदि बलात्कार का शिकार होती हैं। आलू चुराने के ऐवज में समस्तिपुर की दलित स्त्री नंगी की जाती है। प्यारी नाम की औरत को उसका पति जुए में हार जाता है और विजेता के साथ जाने से नकारने पर उसकी नाक काट देता है।'' नारी की सामाजिक स्थिति आज भी शोचनीय है। वह अपने अधिकारों के प्रति सचेत हुई है, वैधानिक रूप से पुरुष के समान सारे अधिकार प्राप्त हैं, फिर क्यों वह आज भी पुरुष के संरक्षण में ही सुरक्षित महसूस करती है।

पुरुष वर्चस्व वाले समाज में स्त्री की अस्मिता की तलाश में लेखिकाएँ सशक्त लेखन में लगी हुई हैं। वे नारी की यन्त्रणा और उसकी सीमाओं को अनदेखा करने का दुःसाहस नहीं करतीं लेकिन उसकी शक्ति और संयमित धैर्य पर उन्हें विश्वास है कि यह संघर्ष अवश्य सार्थक होगा। स्त्री अस्मिता से जुड़े प्रश्न उठाने वाले उनके स्त्री पात्र, स्त्री के यथार्थ की आवाज़ बुलन्द करने में सक्षम हैं। परम्पराओं के नाम पर हमें संस्कार नहीं वरन् रूढ़ियों को तोड़ना होगा। आज स्त्री को अपने अधिकारों के साथ कर्तव्य और दायित्व के प्रति भी सचेत रहने की ज़रूरत है जो प्रकृति प्रदत्त है, अपने सारे अधिकारों आज़ादी तथा बराबरी के प्रश्नों को इसी सन्दर्भ में देखा जाना चाहिए।

स्त्री–पुरुष प्रतिद्वन्द्विता की जगह स्त्री पुरुष सहकार्य की बात करनी चाहिए। परिवार और समाज के साथ सामंजस्य बिठाकर अपने व्यक्तित्व को समाज में स्थापित करना ही वर्तमान समय में स्त्री के लिए एक चुनौती है। नारी अपनी शक्ति सामर्थ्य की सीमा में रहते हुए एक ऐसा संगठन गठित करे जिसका उद्देश्य बेहतर समाज की संरचना करना है। हिन्दी कथा–साहित्य में नारियों के प्रति बदलते हुए दृष्टिकोण की बोध–यात्रा, जीवन विकास के चरणों से बँधी हुई है। स्त्री जो पहले वस्तु मात्र थी वह व्यक्ति के रूप में उभर, जीवन के हर क्षेत्र में पुरुष के साथ समानता की स्पर्धा में रत है। स्त्री के व्यक्तित्व को परखने की दृष्टि निश्चित रूप से स्तुत्य है। जहाँ पुरुष सापेक्ष भूमिकाओं से मुक्त होकर विशुद्ध नारी

रूप में उसकी अस्मिता लौटाने का संकल्प विद्यमान है। साहित्य उसका अनुभागी था, है और रहेगा।

सन्दर्भ

1. मृदुला सिन्हा, 'सचेतना'
2. आजकल
3. नारी लेखन और समकालीन समाज
4. स्त्री विमर्श
5. हंस पत्रिका
6. मैत्रेयी पुष्पा, 'चिह्नार'
7. निर्मला सिंह, 'संजीवनी बूटी'

भारतीय प्रवासी महिला रचनाकारों की कहानियाँ : दर्द, छटपटाहट और संघर्ष का एक दस्तावेज़

•

कल्पना गवली

प्रवासी भारतीय साहित्यकारों ने विदेश की धरती पर रहकर भारतीय समाज और संस्कृति को, अनुभूति के स्वर को शब्दों में पिरोया है, पुरुषों के साथ महिला लेखिकाओं की भी लम्बी सूची है, जिन्होंने न केवल नारी विमर्श बल्कि अनेक विषयों पर अपनी रचनाएँ लिखी हैं. मातृभाषा, संस्कार, भाषा, संस्कृति, रीति रिवाज, धर्म, सामाजिक कुरीतियाँ, वतन से दूर रहने की पीड़ा, सभी प्रवासियों ने इन विषयों को अपनी रचनाओं में अभिव्यक्त किया है। विदेश में लगभग 110 देशों में हिन्दी का प्रचार–प्रसार हुआ है। अमेरिका, केनेडा, नॉर्वे, ब्रिटेन, त्रिनिडाड, मॉरीशस, गुयाना, फीजी, सुरीनाम, इंग्लैण्ड, कुवैत, ओस्ट्रिया, टुबैगो, हंगरी, फ्रांस, डेनमार्क, नीदरलैण्ड आदि प्रमुख देश हैं, जहाँ हिन्दी में अध्ययन और अध्यापन का कार्य अधिक हो रहा है। विश्व हिन्दी सम्मेलनों ने भारत के साथ–साथ हिन्दी को भी जोड़ने का जिम्मा लिया है।

अमेरिका से उषा प्रियम्वदा की 'वापसी', नीलम जैन की 'अन्तिम यात्रा', 'प्रश्न', 'संस्कार' आदि कहानियाँ हैं। डॉ. प्रतिभा सक्सेना की 'तार', 'स्वीकारोक्ति', पुष्पा सक्सेना की 'विकल्प नहीं कोई', डॉ. ममता तिवारी की 'उसका नाम लीना है', रचना श्रीवास्तव की कहानी 'पार्किंग', सीमा खुराना की कहानी 'बूढा शेर' आदि। सुधा ओम ढींगरा की प्रमुख कहानियाँ हैं–'और बाड़ बन गयी', 'ऐसी भी होली', 'परिचय की खोज', 'फन्दा', 'सूरज

क्यों निकलता है' आदि। सुषम बेदी प्रसिद्ध रचनाकार हैं जिन्होंने विदेश में रहकर भी हिन्दी साहित्य को समृद्ध किया। सुषम बेदी की कहानियाँ 'अवसान', 'अजेलिया के रंगीन फूल', 'काला लिबास', 'कितने–कितने', 'अतीत', 'गुनहगार', 'गुरूमाई', 'चेरी फूलों वाले दिन', 'तीसरी दुनिया का मसीहा', 'पार्क में', 'वे दोनों', 'संगीत पार्टी', 'सड़क की लय', 'हवनशेष', 'उर्फ किरदारों के अवतार', आदि हैं। कैनेडा से हिन्दी लेखन लिखनेवाली लेखिकाओं में डॉ. शैलजा सक्सेना की कहानियाँ हैं–'चाह', 'पहचान एक शाम की', 'शार्त्र' आदि. डेनमार्क की लेखिका अर्चना पेन्यूली की कहानियाँ–'अगर वो उसे माफ कर दे', 'बदल जाती है ज़िन्दगी' आदि हैं। फ्रांस की लेखिका सुचिता भट्ट की कहानी 'रास्ते' ब्रिटेन की लेखिका कादम्बरी मेहरा की प्रमुख कहानियाँ हैं–'पथ के फूल' कहानी संग्रह में 'हीजड़ा', 'धर्मपरायण बुजुर्ग', 'जैटी की सैर', 'काली मुन्नी', 'समझौता', 'एक खत', 'जीटा जीत गया', 'टेटू', 'दूसरी बार' आदि। ब्रिटेन की उषा वर्मा की कहानियाँ 'फायदे का सौदा', 'मंजूर अली', 'रिश्ते', 'रौनी', 'सलमा' आदि हैं। दिव्या माथुर की कहानियाँ 'अन्तिम तीन दिन', 'फिर कभी सही', 'हिन्दी @ स्वर्ग.इन' आदि। सूरीनाम से भावना सक्सेना की 'एक उधार बाकी है', 'एक और बोधिवृक्ष', 'खुले सिरों के जोड़', 'समानान्तर' आदि प्रमुख कहानियाँ हैं जो प्रवासी महिला लेखिकाओं द्वारा लिखी गयी हैं।

प्रवासी लेखिका उषा राजेजी कहानी के सन्दर्भ में कहती हैं–''कहानीकार का संवेदन संस्कार के रूप में अपने परिवेश को ग्रहण करता है। वह उसी में जीता है। साँस लेता है। प्रवासी लेखक अपने घर–परिवार, देश और मिट्टी से अलग होकर एक अन्य देशकाल और परिवेश में चला जाता है वहाँ उसके नये संस्कार बनते हैं, नये दृष्टिकोण बनते हैं। माहौल बदल जाने से उसी की ज़िन्दगी में बहुत पंचीदगी आ जाती है यही द्वन्द्व के प्रारम्भ में होता है और यहीं मेरी कहानियाँ जन्म लेती हैं।''[1] अमेरिका में 30 वर्षों से अधिक प्रवासी होते हुए भी सुषम बेदी भारतीय संस्कृति और संस्कारों को भूला नहीं पायी। उनका कहानी संग्रह 'चिड़िया और चील' है। 'अवसान' कहानी में नायक शंकर अपने दोस्त दिवाकर का अन्तिम संस्कार हिन्दू रीति से करना चाहता है परन्तु उसकी अमेरिकी पत्नी हेलन चर्च में ही सारी औपचारिकताएँ पूरी करना चाहती है। यहाँ नारी का दूसरा रूप दर्शाया है, जो 'पार्किंग' कहानी की नायिका अमरीकी मूल की है, हेलन शंकर का साथ न देकर जिद पर अड़ी है जिसके चलते शंकर, पादरी

की क्रिया ख़त्म होते ही गीता के श्लोकों के उच्चारण से अपने मित्र के अन्तिम संस्कार की क्रिया को पूर्ण करता है और शान्ति का अनुभव होता है। तीसरी दुनिया का मसीहा कहानी में स्त्री जीवन की अन्तर्वेदना को वाणी दी है। पति उसे पत्नी नहीं बल्कि नौकरानी के बराबर ही समझता है। माँ–बाप के लिए तो मसीहा बनकर आया होगा लेकिन उसका तो जीना बेकार कर दिया। कभी वह सोचती–"शायद छुपे रूप में वह कहीं मेरे लिए मसीहा भी रहा होगा... मुझे अमेरिका न लाया होता तो शायद अपनी शख़्सियत का इतनी जल्दी एहसास न हुआ होता न ही मैं मिल पाती अपने इस नये मसीहा जो ब्रूनो को।"[2] जब उसे पता चला कि ब्रूनो की एक बेटी भी है तो उसे ब्रूनो का झूठ अच्छा नहीं लगा, "तुम आदमियों में औरतों को लेकर मसीहा बनने की ख्वाहिश क्यों होती है? और हम औरतें भी मान जाती हैं कि ये पुरुष मसीहा हो सकते हैं, हमारी ज़िन्दगी सँवार सकते हैं... जबकि उनसे अपनी ही ज़िन्दगी का बोझ नहीं सँभलता... सब के सब लँगड़े मसीहे..."[3] जीवन के विविध पहलुओं को लेखिका ने अपनी रचनाओं के माध्यम से अभिव्यक्त किया है।

प्रवासी कथाकारों ने अपने साहित्य के ज़रिये स्त्री के हर रूप को शब्दों में बाँधकर सूक्ष्मता से दर्शाने की बहुत ईमानदारी से कोशिश की है। सुधा ओम ढींगरा सुप्रसिद्ध लेखिका हैं 'कौनसी ज़मीन अपनी' उनका कहानी संग्रह है। फन्दा क्यों? कहानी कथाबिम्ब पत्रिका के पाठकों के अभिमतों के आधार पर वर्ष 2010 की श्रेष्ठ कहानी भी घोषित हुई है। "काफ्का ने कहा है कि हमारे भीतर एक बर्फीला समन्दर है। उसी समन्दर को ध्यान में रखकर, उसी समन्दर को अन्तर्दृष्टि में रखकर लिखना चाहिए। लेखिका जिस समाज में रह रही है उसमें उनका पाठक एक जमें हुए हिम–सागर में गिर गया है... यह सागर स्वनिर्मित है।"[4] हिन्दी चेतना (उत्तरी अमेरिका की त्रैमासिक पत्रिका) सम्पादन भी लेखिका करती है और हिन्दी के क्षेत्र को विस्तारित करती नज़र आ रही है। अमेरिका की ही एक और कहानीकार पुष्पा सक्सेना की कहानी 'विकल्प कोई नहीं' में माँ को बेटे के चले जाने के बाद दर्द को छिपाकर सिर्फ़ बहू की आने वाली लम्बी ज़िन्दगी के बारे में सोचकर, बहू का बेटी की तरह कन्यादान करना, सास से माँ बनकर फिर एक मार्गदर्शक के नाते बहू सौम्या को समझाना कि दूसरा पति, पहले का विकल्प नहीं हो सकता' नारी की बुद्धिमता का द्योतक है।" विदेश में रहते हुए भी वह मूलतः भारतीय आत्मा

है जो यह जानती है कि प्रवासी होने भर से कोई दोयम नहीं हो जाता। उनके इस विचार को गम्भीरता से समझने की ज़रूरत है कि भारतीयों की अभारतीयता पर जितना लिखा जाये, थोड़ा है। कहानियों में उनकी यह आलोचनात्मक दृष्टि बाकायदा जाहिर हुई है।''[5]

ब्रिटेन की कादम्बरी मेहरा के कहानी संग्रह ''कुछ जग की'', ''पथ के फूल'', ''रंगों के उस पार'' प्रमुख हैं। जीवन के सभी रंगों, अनुभवों को अपनी कलम से लिखा 'पथ के फूल' कहानी संग्रह में पुरोवाक् में लेखिका कहती है–''कागज़ कलम स्याही रहे, तो भी उँगलियाँ लिखेंगी, पानी से इबारत पत्थर पर, उनका स्वत्व कौन मिटाएगा?''[6] ब्रिटेन में महिला लेखिकाएँ अधिक हैं, कादम्बरी जी कहती हैं–''परन्तु हम प्रवासी जिस भारत द्वारा निर्मित हैं, उसे फटी कमीज की तरह कैसे उतार फेंक दें। कथाकार के मन के किसी कोने में दबी पड़ी संवेदनाएँ सिर उठाकर कहती हैं, मैं भी तो हूँ कादम्बरी ने उन्हें अनदेखा न कर उन पर अपनी कलम को साधा है, एक धक्का लगता है। हम वही नहीं हैं जो हमारे भाई–बहन भारत में, जो जहाँ का है उसका अतीत ही उसका इतिहास है। जब तक उस इतिहास का एक अंश भी हमारे मानस में हैं उसी की नींव पर हम भविष्य की रचना करेंगे।''[7] लेखिका की कहानियों में छोटे–छोटे विवरण इतने सजीव हैं कि रोजमर्रा की ज़िन्दगी के हाव–भाव, बतरस, नोंक–झोंक सब उसमें शामिल हैं। कहानियाँ जीवन के अनेक पक्षों को उजागर करती हैं। गठे हुए पात्र नहीं है, जो स्वाभाविकता है, वही पात्रों में उभरी है। कादम्बरी मेहरा की दृष्टि का फलक अधिक विस्तृत है। भारतीय और पाश्चात्य परिवेश को उन्होंने बड़ी बारीकी से पहचाना है।

'धर्मपरायण बुज़ुर्ग कहानी में धार्मिक ढोंग का पर्दाफाश किया है। संगीता कहती है–''लो देखो! कितना धर्मपरायण आदमी है। तुम सबको बुरा मत समझा करो। दोष लगता है, कपड़े सभी दामी ब्राण्ड नेम के हैं। बाहर रहकर आया लगता है। पैसे वाला होगा...''[8] धर्म के नाम पर आस्था का ख़ून होते हुए हम देख सकते हैं, जब संगीता के हाथ में दवाइयों का एक पैकेट था, विटामिन, क्रोसीन, डाइजीन, एडालैंट के पत्ते के साथ वियाग्रा का पूरा पैकेट, जिसकी सात–आठ गोलियाँ गायब थीं... पिनअप कवर में सुन्दरियों के भड़कीले, अर्धनग्न, उन्मादक और भंगिमाओं के लिए गये फोटो... जब ये सारी चीज़ें जो अभी तक धर्मपरायण बुजुर्ग जिसे समझ रहे थे उसकी सूटकेस से जब निकली तो धर्म की आड़ में हो रही लीला

का पर्दाफाश हो जाता है, क्योंकि सामान के ऊपर 'दक्षिण भारतीय लुंगी, ताँबे का चमकता नया लोटा, उसमें पीला यज्ञोपवीत, चन्दन का पूड़ा, नया शंख, रूद्राक्ष की माला, धूप आदि।''[9] धर्म को बाहरी आवरण के रूप में अपनाने से कोई उसका चरित्र नहीं बदल सकता। भारत में आज की बात करें तो पाखण्ड करने वालों की कोई कमी नहीं है। दिखावा, छल कपट और ढोंगी जिसके मुखौटे के पीछे दरिन्दगी को छुपाने के लिए धर्म की भावनाओं के साथ खिलवाड़ करते नज़र आते हैं, कुछ सलाखों के पीछे हैं और कुछ अभी भी धर्म का चोला पहने सरेआम सबको लूट रहे हैं। रीटा जब संगीता के साथ सूटकेस बदलने के लिए आती है तो मधुसूदन गुप्ता का भांजा कहता है 'अरे! आप इतने धर्मपरायण बुजुर्ग पर सन्देह कर रही हैं? ताज्जुब है।''[10] धर्म के नाम पर तिलक और चोगा पहन के केवल बाहर की दुनिया को ही नहीं अपने परिवार वालों को भी धोखा दे रहे हैं। लेखिका ने व्यंग्यात्मक ढंग से सच्चाई का पर्दाफाश किया है। 'काली मुन्नी' हिजड़ा, एक और परिणीता, जैटी की सैर, हीरे पन्ने का हार, पेशा, भाग्य अपना–अपना, टेप का फ़ायदा, मंथर हत्या, केंचुली, समझौता आदि कहानियाँ भी उल्लेखनीय हैं. 'हिजड़ा' कहानी एक कुरूप, कानी और बेसहारा तथा पारिवारिक सन्तापों से त्रस्त लड़की की कहानी है। जो समाज में नैराश्य, कुण्ठा, घुटन, उत्पीड़न सहते हुए हिजड़ा का पेशा अपनाकर जीवनयापन करती है। कहानी अनकही जीवन विडम्बनाओं को प्रस्तुत करती है। भाषा पर लेखिका की जबर्दत पकड़ है। ''हिजड़ों को साड़ी का पल्ला सँभालना तो कभी आया ही नहीं सदियों से! इसने भी सीधे पल्ले से साड़ी बाँधी थी और छोटा–पेट ढकने तक का पल्ला, बीच से कन्धे पर सँभाल रखा था। बार–बार वह उसे उठाकर पसीना पोंछता था, गोया उसका उद्देश्य वक्ष ढकना नहीं, अपितु कन्धे के गमछे की तरह प्रयोग करना हो।''[11] रागिनी कुरूप होने की वजह से सबकी अप्रिय है, कहती है–''कोई भले वले नहीं होते मर्द इस दुनिया में सब मतलबी होते हैं। कोई बदले में कुछ लिए बिना तुम पर क्यों खर्चेगा। जीजा की हकीकत का पर्दाफाश हो जाये तो जीजी जहर खा लेगी। ''रागिनी का घायल हृदय और पनीली हो गयी कानी आँख से उसे असहाय, उपालम्भ देती हुई घूर रही थी, मुझे अचानक अपनी गाय की याद आ गयी जिसकी पूँछ के नीचे कीड़े पड़ गये थे और वह दर्द के कारण मक्खियों व पक्षियों को उड़ा नहीं पाती थीं, उसकी आँखों की

मूक वेदना रागिनी की आँखों में उतर आई थी। मुझे दोनों की बेचारगी और छटपटाहट एक जैसी लगी।"[12]

जबकि 'जैटी की सैर' कहानी में आधुनिकीकरण के नाम पर अन्धानुकरण और सिर्फ़ दिखाता, हो रहा है. चमक–दमक के पीछे के खोखलेपन को लेखिका ने बख़ूबी चित्रित किया है। 'कैंचुली' कहानी में पुरुषों की मानसिकता और मनोविज्ञान की व्याख्या की है। कादम्बरी जी ने कहानियों में समाज के हर तबके के लोगों के जीवन को उकेरा है। यथार्थ की ज़मीं से जुड़ाव रखने वाले यह पात्र कहानी में जीवन्तता डाल देते हैं। कादम्बरी मेहरा की कहानियाँ देश काल और परिस्थिति के अनुकूल घटनाक्रम का ताना बाना बुनती हैं, ये कहानियाँ यथार्थ के पथरीले रास्ते पर निर्गमन कर विसंगतियों भरे जीवन के कच्चे चिट्ठों को उद्घाटित करती हैं।

उषा वर्मा की 'कारावास', फायदे का सौदा, मंजूर अली, रिश्ते, रौनी, सलमा आदि कहानियाँ हैं। दिव्या माथुर की कहानियाँ अन्तिम तीन दिन, फिर कभी सही, हिन्दी @ स्वर्ग.इन'। उषा प्रियम्वदा की 'वापसी' कहानी हिन्दी–साहित्य में बहुत प्रसिद्ध रही। उषा प्रियम्वदा हिन्दी की नयी पीढ़ी के ध्यान आकर्षित कहानीकारों में एक हैं उनकी एक चर्चित कहानी है–'वापसी' पारिवारिक जीवन की विडम्बनाओं के कारण उड़ने वाली शिथिलताओं ने आजकल और भी भयानक रूप धारण कर लिया है। इसका यथास्थिति वर्णन इस कहानी में मिलता है। वर्तमान काल में कुटुम्ब जीवन संकुचित एवं स्वार्थता से भरा हुआ दिखाई पड़ता है। इस वक़्त ऐसी कहानी का पुनः अध्ययन हमारा दायित्व बन जाता है। जीवन के अधिकांश समय यानी सुवर्णकाल भारतीय रेल्वे में नौकरी करके अवकाश प्राप्त करके घर लौटने वाला है। धर यानी विश्राम लेकिन यथार्थ कुछ अलग ही है।

यू.के. की जानी–मानी कवयित्री, कथाकार उषा राजे सक्सेना ब्रिटेन के भारतवंशी लेखकों में हैं। उनके प्रथम कहानी संग्रह–"प्रवास में...", मिट्टी की सुगन्ध, 'वर्किंग पार्टनर' है। 'वाकिंग पार्टनर' कहानी–संग्रह में 10 कहानियाँ हैं। पहली कहानी 'रुख़साना' परिवारों के भीतर पनपती विचारधाराओं से अवगत कराती है जहाँ लड़कियाँ सिर्फ़ जनानियाँ होती हैं। खाबिन्द उनका ख़ुदा होता है और औरत खिदमतगार और औलाद पैदा करने का एक यन्त्र। माँ–बाप उन्हें बालिग होने से पहले ही मुल्क ले जाकर उनकी शादी ज़बर्दस्ती अपने किसी अनपढ़–गँवार रिश्तेदार के

साथ कर देते थे, ऐसी ही अवस्था की शिकार हुई रुखसाना, जो मीरपुर से आये इम्मिग्रंट्स में से एक थी। क्रिसमस की रात वह किसी तरह ख़ुद को बचाकर अपनी टीचर जया की पनाह में आई और उसी रात 18 वर्ष पूरे करके बालिग हुई। उसी समय उसकी मुक्ति का अध्याय आरम्भ हो जाता है! चार दिन फिर अँधेरी रात के बदले अन्धकार के बाद रोशनी। यह कहानी इस हकीकत से आगाह करती है कि औरत पैर की जूती नहीं; वह पढ़–लिखकर बालिग होने पर अपने भले–बुरे का फैसला ख़ुद करने की हकदार है अगर उसके मन में घुटन भर जाये तो वह एक जख़्म नासूर बन जाता है। गृहस्थ जीवन की पेचीदा राहों पर चलते हुए नारी मन की व्याख्यान कौन कर पाता है। ख़ुद नारी भी नहीं! कई सवाल अब भी जवाबों की तलाश में भटक रहे हैं, मानव–मन अपनी गति से चल रहा है और भाषा का तरल प्रवाह पाठक के मन को मुक्ति नहीं दे पा रहा है। 'वर्किंग पार्टनर' इन्हीं कहानियों का संग्रह है। यह सच है कि हिमालय की हर चट्टान से गंगा नहीं निकलती लेकिन उषा राजे सक्सेना की तेज धारी कलम से नारी मन की व्यथा एक उर्वरा बनकर बहती है। उनकी कहानियों की शब्दावली, शैली, शिल्प, किरदारों के तेवरों को पहचानते हुए मानव–मन को टटोलकर, उनके भीतर की उथल–पुथल को अभिव्यक्त करने की महारत उषा जी की कलम में स्पष्ट देखी जा सकती है। उनकी कहानियों के कलेवर में उनकी सृजनात्मक, कलात्मक, अनुभूतियाँ पायी जाती हैं जहाँ सम्भावनाओं की नयी दिशाएँ उजागर हुई हैं।

कहानी मनुष्य की अनुभूत मनोदशाओं का एक दस्तावेज़ है। यह ऐसी दुनिया है जहाँ सब कुछ अपना है–पात्र, परिवेश, परिस्थिति, आरम्भ, विकास और परिणाम सब। ऐसे ही एहसासों को दर्शाती कहानी 'मेरे अपने' में लन्दन की निवासी नौजवान एला आत्म–केन्द्रित, स्वार्थी, जिद्दी और अहमी, अपने पिता की तरह अपना स्वतन्त्र जीवन व्यतीत करना चाहती हैं और अपने जीवन के अनुभव भी एकत्रित करना चाहती है। उनके पिता के तानाशाही कायदों की जंजीरें क़ैदखानों की ऊँची दीवारों से कम न थीं, यकीनन दिलों में दरारें पड़ीं। अनबन जब ईंटों में होती है तो सच मानिये दीवारें घायल भी होगीं ही, और धड़ाम से गिरती भी हैं, वजूद के बिखराव के कारण अनेक होते हैं, घर का वातावरण, जवान बच्चों के प्रति मित्र–भाव, अपनेपन की नर्मी व गर्मी, निस्वार्थ सम्पर्क, यदि पिता ख़ुद स्वार्थी हो, अपनी ख़ुशी के आगे अपने बच्चों की ख़ुशी नज़रअन्दाज़

करके स्वाहा कर दे तो यकीनन विरोधाभास के अंकुर फूटेंगे। रिश्तों की इस जालसाजी में हर कदम एक नया अनुभव होता है। सभी तत्त्वों का निचोड़ उषा राजेजी के शब्दों में जीवन का सार है, इसी कहानी का एक अंश–"समय और परिवेश लोगों के स्वभाव और चरित्र पर जरूर असर डालता है, पर वह व्यक्ति के जन्मजात गुण नहीं बदलता, शिशु अपने जेनेटिक्स लेकर पैदा होता है, उसके चरित्र के सारे गुण बीज के रूप में उसमें जन्म से मौजूद होते हैं। परिस्थितियाँ और परिवेश उस पर असर डालते हुए उसका गठन करते हैं, पर व्यक्ति के मौलिक गुण सदा वही रहते हैं। सच यही है कि हम में से कोई पूर्ण नहीं है हम सब अधूरे हैं, पूर्णता मात्र हमारी एक कल्पना है।" 'मुट्ठी भर उजियारा' कहानी में पाश्चात्य संस्कृति से भारतीय नारी कदम नहीं मिला पा रही है। नायक कहता है–'देख शन्नो तू मुझे जानती है, मैं कोई नया काम तो कर नहीं रहा। हमारे यहाँ कई लोगों की दो पत्नियाँ थीं, मेरे ताउ ने ही दो रखी थी मेरे मामा के दो बीवियाँ थीं। राजा दशरथ के तो तीन औरतें थीं सब आपस में सुख से रहती थीं। तू उनकी तरह क्यों नहीं रह सकती ?[13]

कहानियों की विषय–वस्तु, प्रवाह, शब्दों की सरलता, वर्णन शैली सजीव संवादों द्वारा अभिव्यक्त होकर कल्पना को यथार्थ में बदल देती है। जटिल परिस्थितियों की उलझन को सुलझाने की दरकार में ले जाती है, जहाँ वह मन मस्तिष्क के उन पात्रों के साथ उन्हीं परिस्थितियों को झेलता है, उन्हें भोगता और जीता है, ऐसे ही माहौल से गुजरकर लेखक के तेवरों में ताजगी आती है और पूर्णतया प्रकट होती है, यहाँ भाषा और शैली केवल माध्यम बन जाते हैं।

कहानी 'मजहब' में बहु–संस्कृति शिक्षा प्रणाली के तहत प्रगति की ओर कदम रख रही है। हर समस्या का समाधान हो यह ज़रूरी तो नहीं किन्तु एक सफल प्रयास जरूर किया जाता है। उषा राजे सक्सेना जी ब्रिटेन की रहवासी होते हुए अपने साहित्य में देश, सभ्यता, सस्कृति तथा भाषा के प्रति अपना दायित्व लिए हुए प्रवासी जीवन के व्यापक अनुभवों और गहन सोच का मंथन किया है। उन्होंने लन्दन के खुले और उन्मुक्त वातावरण, वहाँ के तीज–त्योहार, वहाँ की शिक्षा पद्धति, वहाँ की बहु संस्कृति मल्टी–कल्चरल व्यवस्थाओं से अपने पात्रों के माध्यम से परिचय करवाया है। शिक्षा प्रणाली में मुस्लिम बच्चों को संगीत के कमरे में नमाज पढ़ने की सुविधा मिलना, एथनिक बच्चों के भोजन का विशेष प्रबन्ध, स्कूल

एसेम्बली में एथनिक त्योहारों की चर्चा होना एक प्रगतिशील प्रक्रिया है। सभी धर्मों का आदर सम्मान भी आवश्यक है। विश्व की शान्ति के लिए 'वेलफेयर स्टेट' कहानी में 'आजकल माँ–बाप अपने करियर बनाने में इतने व्यस्त हो जाते हैं कि उनके पास नन्हें बच्चों की बातें सुनने का समय ही नहीं है, बच्चों के प्रति अपनी सारी जिम्मेवारी को स्टेट पर छोड़कर ख़ुद अपनी व्यक्तिगत रुचियों और विकास की होड़ में लग जाते हैं। उनका कुछ उत्तरदायित्व भी है वे नहीं जानते। जब से पैसों का बोलबाला अधिक हुआ शहर की ओर लोगों ने भागना शुरू किया। तब से भारत हो या बाहर कैरियर को लेकर हर एक व्यक्ति चिन्तित है। ऐसी एक कड़ी जुड़ती है 'डायरी के पन्नों से' जहाँ शिक्षा प्रणाली में समाहित एक ओर दिशा को उजागर किया गया है। 'स्पेशल नीड' बच्चे को 'बोर्ड ऑफ़ कोर्ट' यानी सरकारी बच्चा घोषित किया गया है। उसकी देखरेख का मनोवैज्ञानिक ढंग से उल्लेख हुआ है सकारात्मक ढंग से उस प्रणाली ने काम करते हुए बच्चे की ज़िन्दगी में ठहराव लाकर उसे समाज का सदस्य बनाने का सफल चित्रण किया गया है।

सभी कहानियाँ मन की पीड़ा, घुटन और अन्तर्द्वन्द्व की दस्तावेज़ हैं, जहाँ परतन्त्र नारी की मर्यादा, उसकी चाहतें, अरमान, मनोभावनाएँ और अभिलाषाएँ मर्द की झूठी शान की चौखट पर बली चढ़ जाती हैं। बस रह जाते हैं, रिश्तों के खण्डहर। स्वार्थ की शातिरता रिश्तों के जंगल में दहकती आग लगा देती है, जहाँ भूख की ललक कम होने के बजाय और भड़क उठती है–राख के तले दबी हुई चिनगारियों की तरह, मानवता अपनी नादानी की कीमत इससे ज़्यादा क्या दे सकती है? कहानी 'महत्त्वाकांक्षी मयंक' में स्वार्थ, रिश्तों में अविश्वास और साथ–साथ उसमें अपनी भाषा और संस्कृति के प्रति जागरुकता का एक एहसास भी पाया जाता है।

इनसान को ज़िन्दगी में उलझे हुए मोड़ों पर अलग–अलग परिस्थितियों के कठिन दौर से गुजरना पड़ता है। वैसे भी जीवन कोई फूलों की सेज तो नहीं। यहीं आकर एक बात साफ–साफ़ समझ आती है 'कि जब जीवन में कोई विकल्प न रहे, परिस्थितियों को सहर्ष स्वीकार कर लेना चाहिए। कभी यह भी होता है कि जो आँखों को नज़र आता है, वह होता नहीं, और जो होता नहीं वो आँखों को जाने क्यों खटकता है? कहानी के किरदारों में कहीं धार्मिक–सांस्कृतिक भिन्नता, तो कहीं आर्थिक अपंगता, परिवारों के अन्दर पनपती विचारधाराओं और समस्याओं के प्रति अवगत कराया

गया है। उनके अन्दर के अँधेरों को इल्म के उजाले की किरण दिखाई है। जहाँ नारी अपने अस्तित्व की पहचान पाती है। अपनी लाचारी को गुलाम होने से बचाती है। यही इल्म की धरोहर उसकी वसीयत बनी है।

कहानी 'दर्द का रिश्ता' में मिहिर–मंजरी की आपबीती है। मिहिर एच.आई.वी. जैसी ख़तरनाक बीमारी का शिकार है जिसकी कोई दवा ईजाद नहीं हुई है। यह छूत की बीमारी नहीं। उसका संक्रमण अक्सर ब्लड ट्रांसफ्यूजन की लापरवाहियों से होता है। बड़ी प्रवाहमान शब्दावली में कहानी के किरदारों की निष्ठा और आस्था पेश की गयी है। मंजरी, मिहिर के मनोबल को बरकरार रखने के लिए दूसरी सावित्री बन जाने का संकल्प करती है। अपने बचपन की भयंकर त्रासदी भुलाकर सहृदय उस बुझते हुए दिन की लौ को झिलमिलाते देखती है। मिहिर की मौत में वह ख़ुद मरने लगती है। विदा की वह घड़ी कितनी मार्मिक, असह्य और भयावह है, इस मंजर को उषा राजेजी की कलम निशब्दता से अभिव्यक्त करती है..." शब्द अर्थ खो देते हैं, समय ठहर जाता है, मृत्यु की आहट त्रस्त विछोह से अवसन्न...!! आन्तरिक सभ्य सौन्दर्य पारदर्शी बनकर अभिव्यक्त हुआ है।

उषा राजे सक्सेना की कहानियों में स्त्री पात्र मुख्य है जहाँ समस्या के साथ–साथ समाधान भी सामने आये हैं। उनकी कहानियों में स्त्री लेखन के कड़कते तेवर नहीं हैं, सम्बन्धों के भीतर सुगबुगाती क्रिया–प्रतिक्रियाओं को सहृद्यता पूर्वक उकेरने की अभिलाषा है। कल्पना पन्त की बातचीत में उषा राजे की विचारधारा का अन्दाजा लगाया जा सकता है। ना केवल उनकी कहानियाँ बदलती भारतीय महिलाओं का चित्रण करती हैं, बल्कि अपनी लेखनी के माध्यम से वे भारत और भारत के बाहर महिलाओं के लिए नये वैचारिक पैराडाइम विकसित करने का काम कर रही हैं। रसोई गैस और गर्भनिरोधक के आगमन से काफ़ी संकुचितता दूर होते हुए दिख सकती है। कल्पना पन्त का प्रश्न था कि–"स्त्री मुक्ति विचारक सेक्स और जेण्डर को एक नहीं मानते हैं वे स्त्री यानी जेण्डर की अवधारणा से मुक्ति के पक्षधर हैं। इस पर आप की क्या राय है?" जवाब में उषाजी कहती हैं–"लिंग प्रकृति की देन है, किन्तु लिंग का बोध संस्कृति और समाज कराता है, पितृसत्तात्मक समाज और सामन्तवाद पुरुष लिंग को श्रेष्ठ मानता है। स्त्रीलिंग (female) के साथ पितृसत्तात्मक समाज और सामन्तवादी प्रवृत्तियों ने कई दैविक और सांस्कृतिक भ्रान्तियों से जोड़कर

उसे पाप की सीढ़ी की संज्ञा दी है, जो सदियों से चले आने के कारण परम्परा से जुड़कर रूढ़ हो जाती है। लिंग को तो नहीं बदला जा सकता है। किन्तु सायंस से हो सकता है। कालान्तर में पौराणिक कथाओं, मुहावरों तथा पुरुष सत्ता द्वारा गढ़े गये स्त्री आचार–संहिता ने स्त्री को तुच्छ, ढोर, गँवार और ताड़ना का अधिकारी बनाने के साथ उसे मूक और बधिर होने की संज्ञा भी दी, जिसे आज की शिक्षित, स्वावलम्बी, अर्थ–सम्पन्न महिला समाज, नये मूल्यों और उदाहरणों से तोड़ने का प्रयास कर रही है जो उसे दास, दुर्बल एवं दोयम दर्जे की बेडियों में जकड़ती है, इन सन्दर्भ में मेरी कहानियाँ क्लिक (वर्किंग पार्टनर) वजूद, रिश्ते (वह रात और अन्य कहानियाँ, रुक्साना, एलोरा, चुनौती, शन्नो (प्रवास में...) आदि कहानियाँ पढ़ी जानी चाहियें।[14]

लिखने में सच का आभास तब ही सामने आता है जब लेखक अपने किरदार की हर हरकत की तहों में जाकर ख़ुद की भाषा एवं संवादों द्वारा अभिव्यक्त करता है, तब कहीं जाकर कल्पना जीवन्त होती है और यथार्थ बहुत करीब लगता है, और जिस साहित्य में चिन्तन हो, सौन्दर्य हो, सृजन की कलात्मक ऊर्जा हो, समझ में होने वाली सच्चाइयों का प्रकाश हो तो वह सत्य खरा लगता है। उनकी कहानियों में मानव मन के मनोभावों का पारदर्शी पहलू दक्षता के साथ प्रदर्शित हुआ है और अपनी मूकता से कहीं कहीं झिंझोड़ता है, ऐसे साहित्य की समाज में बहुत ज़रूरत है, जहाँ सच हो और सच के सामने आईना हो।

प्रवासी लेखिकाओं ने अपने कहानी संग्रह में संवेदना, रिश्ते, दर्द, संघर्ष, वतन से दूर विदेश में दूसरी संस्कृति से परेशानियाँ, संस्कारों का लुप्त होना, लेखिकाओं ने विदेशी धरती पर अपने रंगों में भारतीयता के लिए वही जुनून और संवेदना संजोये रखी है। कहीं छटपटाहट है तो कहीं दर्द, फिर भी लेखन जारी है।

सन्दर्भ

1. www.pustak.org
2. www.abhivyakti.hindi.org
3. www.abhivyakti.hindi.org
4. www.abhivyakti.hindi.org
5. कादम्बरी मेहरा (डॉ.), पथ के फूल, अपने विचार : कवर पृष्ठ
6. वही, पृ. 7

7. वही, पृ. 7
8. वही, पृ. 41
9. वही, पृ. 41
10. वही, पृ. 43
11. हिजड़ा, पृ. 15
12. वही, पृ. 21
13. www.parvasklunia.com/tag
14. http://www.pravasidunia.com/tag

ज़ुल्म की शक्ल सिर्फ़ औरत पहचानती है

•

प्रज्ञा

जनसंख्या के स्त्री–पुरुष अनुपात में स्त्रियों की निरन्तर घटती हुई संख्या भारतीय समाज के एक ऐसे भयावह सच को हमारे सामने लाती है कि लगता है कि हमारा समाज स्त्रियों को जन्म लेने से पहले ही समाप्त करना चाहता है। ऐसे परिदृश्य में स्त्रियों के यौन–शोषण से लेकर दहेज के लिए की जाने वाली हिंसा आम बात होकर रह जाती है। भारतीय संविधान में स्त्रियों को पुरुषों के समान अधिकारों और अवसरों की व्यवस्था है परन्तु त्रासदीय वास्तविकता यह है कि यह समानता महज मंचीय घोषणाओं तक ही सीमित है। सच्चाई तो ये है कि आज़ादी की साठवीं वर्षगाँठ मना चुके इस देश की आधी आबादी आज भी सामाजिक, आर्थिक, राजनीतिक, संवैधानिक और मानवीय अधिकारों से वंचित है। फिर भी सकारात्मक बात ये है कि अधिकारों के लिए संघर्ष और आन्दोलनों की गति थमी नहीं है। व्यापक स्तर पर परिवर्तन के लिए प्रतिबद्ध नुक्कड़–नाटकों ने इस संघर्ष को हमेशा जारी रखा है। परिवर्तन के सांस्कृतिक औज़ार के रूप में नुक्कड़–नाटकों ने आठवें दशक के जनवादी आन्दोलन की शुरुआत से ही परिवर्तन की ज़मीन तैयार करने के क्रम में औरतों के हक़ की लड़ाई लड़ी है।

चार दशक की अवधि के नजदीक पहुँची नुक्कड़ नाटक यात्रा का स्वरूप यों तो अब वो नहीं रह गया है जो उसके आरम्भिक चरण में था। उस समय बनी कई नाट्य मण्डलियाँ आज इतिहास में कहीं खो गयी हैं। उस समय नुक्कड़ नाटक लिखने वाले कई नाटककार आन्दोलन की शिथिलता और नुक्कड़ नाट्य मण्डलियों द्वारा वाजिब श्रेय न मिल पाने

के कारण नुक्कड़ नाटक से छिटककर कहीं और चले गये हैं। आज कई नयी नुक्कड़ नाटक मण्डलियाँ कुछ समय के लिए परिदृश्य का हिस्सा होकर गायब हो जाती हैं। ऐसे में विख्यात रंगकर्मी सफ़दर हाशमी के द्वारा गठित और सींची गयी नुक्कड़ नाटक संस्था जनम 'जन नाट्य मंच' निरन्तर सक्रिय है। शुरुआत से लेकर आज तक एक बेहतर विकल्प की माँग करने वाली यह मण्डली अपने नाटकों के ज़रिये सामन्तवाद, पूँजीवाद, साम्राज्यवाद से लड़ते हुए औरतों के सवाल को हमेशा उठाती रही है।

1979 में जनम का स्त्री आधारित मुद्दों को उठाता 'औरत' नामक नाटक सबसे पहले सामने आया। इसके बाद 'पुलिस चरित्रम', 'वो बोल उठी', 'आर्त्तनाद' जैसे नुक्कड़ नाटकों ने भी स्त्री से जुड़े गम्भीर सरोकारों के लिए जगह बनाई। जनम की पत्रिका 'नुक्कड़ जनम संवाद' के अक्टूबर 2007–मार्च 2008 अंक में औरतों पर आधारित सात नाटकों की स्क्रिप्ट प्रकाशित हुई। ये सात नाटक 1979 से 2006 के बीच तैयार किये गये और देश के कई हिस्सों में इनके कई–कई प्रदर्शन भी हुए। सत्ताईस वर्ष के कालखण्ड को समेटने वाले ये नाटक भिन्न–भिन्न औरतों की कहानियाँ हैं। ये औरतें बचपन से लेकर वृद्धावस्था के बीच उम्र के भिन्न पड़ावों, भिन्न आर्थिक, सामाजिक, सांस्कृतिक और जातीय परिवेशों से वाबस्ता हैं। ये औरतें देश के भिन्न भागों में रहने वाली हैं और अलग–अलग तरह के कामकाज करती हैं। तमाम तरह की भिन्नताओं के बावजूद इन नाटकों की शक्ति यही है कि वह स्त्री की प्रातिनिधिक छवि से जा जुड़ती है। ये छवि परिवारों में शोषण झेल रही स्त्रियों, श्रमिकों के रूप में शोषण का शिकार औरतों, जातीय–उत्पीड़न की शिकार औरतों की है जो पुरुषप्रधान समाज के रूढ़, संकीर्ण संस्कारों की चक्की में पीसी जा रही हैं। भिन्न पृष्ठभूमियों की स्त्रियों में एक साथीपन का भाव पैदा करना इस छवि के पीछे सक्रिय विचार है। 'जीना है तो लड़ना होगा' किताब में लेखिका वृन्दा करात ने स्त्री मुक्ति आन्दोलन के ज़रूरी पहलुओं पर चर्चा के क्रम में लिखा है–''...हर स्त्री जब मजदूर, दलित, अल्पसंख्यक स्त्रियों के पक्ष में खड़ी होगी, तब स्त्रियों में असली बहनापा होगा और तभी स्त्रियों में वह असली एकजुटता होगी जो स्त्रियों की मुक्ति के एक व्यापक आन्दोलन का आधार बनेगी।'' (पृ. 10) जनम के नाटक इसी साथीपन के भाव का विस्तार करते चलते हैं।

समाज में स्त्री को पुरुष के समान दर्जा दिलाने के पक्षधर ये नाटक

सदियों से जारी गैर–बराबरी की कलई खोलते हैं। गैर–बराबरी के इस देश की भिन्न–भिन्न अभिव्यक्तियाँ जनम के औरत–केन्द्रित नाटकों में मौजूद हैं। विख्यात लेखिका सिमोन द बोआ के बहुचर्चित कथन ''औरत पैदा नहीं होती, औरत बनायी जाती है''–को साकार करते कई किरदार इन नाटकों में मौजूद हैं। पितृसत्ता, औरत को अपने तयशुदा मानदण्डों के अनुरूप ढालने का काम बचपन से ही आरम्भ कर देती है। जनम के नाटक इस पहलू को काफ़ी गम्भीरता से उठाते रहे हैं। चाहे उनका पहला नाटक 'औरत' हो या 'आर्त्तनाद', 'वो बोल उठी' या फिर 'एक नयी शुरुआत', इन सभी में छोटी बच्चियों की पुरुष प्रधान समाज द्वारा की गयी परवरिश के क्रूर रूप दिखाई देते हैं। जन्म से पहले ही भेदभाव की अन्धी और पाशविक सोच कन्या–भ्रूण हत्याओं का वीभत्स प्रमाण है। 'काफिला अब चल पड़ा है' नाटक के आरम्भ में ही चार पुरुष पात्र देश भर में स्त्री–पुरुष अनुपात में भारी असन्तुलन की ख़बरों पर बातचीत करते हैं। पैदा होने से पहले मार दी जाने वाली इन अजन्मी बच्चियों के लिए संवेदनहीन समाज का सही खाका 'एक नयी शुरुआत' के माध्यम से खींचा गया है। सामन्ती मानसिकता की हिमायती दादी, औरत होते हुए भी वंश–बेल के लिए पोता चाहती है। पोतियों को बोझ मानने वाली दादी और स्त्री के स्वास्थ्य की चिन्ता से अछूता पिता कहता है, ''लड़का नहीं होगा तो इस खानदान का क्या होगा? परिवार चलाने वाला कोई तो होना चाहिए। सभी औरतें टैस्ट कराके सफाई नहीं करा लेती। एक तू ही घणी नाजुक है।'' (पृ. 129, नुक्कड़ जनम संवाद)

हमउम्र और छोटे भाइयों की माँ बनकर, दादी और माँ के कामों में हाथ बँटाकर, अपने सपनों–सुविधाओं की बलि चढ़ाकर भी ये पिता, दादा–दादी के प्यार से, खेलने–कूदने से, उचित पोषण से, पढ़ने से महरूम हैं। ऐसा लगता है 'औरत' नाटक का बाबा हर जगह नये रूप में खड़ा एक ही बात दोहरा रहा है ''बिटिया घर का काम किया कर... कोई बच्ची नहीं रह गयी... स्कूल जायेगी... हूँ! कुछ काम–वाम ढूँढ़ दूँगा तेरे लिए। और देख यह आवाराओं की तरह उछल–कूद बन्द कर। ...मर क्यों नहीं जाती कम्बख्त एक लड़का है, किसी तरह पाल लूँगा।'' (पृ. 85 नुक्कड़ जनम संवाद) जनम का 'आर्त्तनाद' नाटक बाल यौन शोषण पर आधारित है। प्रीति नाम की बच्ची के इर्द–गिर्द बुने गये इस नाटक में प्रीति एक बार भी सामने नहीं आती पर उसके माध्यम से परिवार, समाज का दंश झेल

रही बच्चियों की तस्वीर स्पष्ट हो जाती है। इनकी माँगें सहज हैं–''क्यों न करें फिर वो बचपन की जिद प्यारी–प्यारी/क्यों न बनें दादा घोड़ा, क्यों न करे वो सवारी/ताया की थाली से क्यों न वो बेसन का लड्डू उठाए...। (पृ. 97, नुक्कड़ जनम संवाद) 'वो बोल उठी की रजनी घरेलू नौकरानी है जो मालिक के घर कड़ी मेहनत करती है, घर में माँ का हाथ बँटाती है पर मालकिन से मुफ्त पाये रिबन बालों में अपनी मर्जी से बाँधने का अधिकार उसे नहीं है। सारे दिन में वैयक्तिक इच्छापूर्ति का समय ये समाज रजनी को नहीं देता। लाल रंग के ये रिबन रजनी की कई अतृप्त बाल इच्छाओं के प्रतीक हैं। पितृसत्ता अपनी सहूलियत के लिए, प्रतिरोध के स्वरों को कुचलने के लिए स्त्री की सवाल करने की क्षमता को क्रूरता से कुन्द कर देती है। बचपन में ही कल्पनाशीलता और जिज्ञासा का अन्त करना, अपनी सत्ता के स्वीकार के लिए जगह बनाने का आसान उपाय है। यही कारण है कि बाधित बचपन के 'आर्त्तनाद' को ये पंक्तियाँ सामने लाती हैं–''मगर उसने चुप्पी साध ली/क्योंकि वो जानती थी कि आसमान में कोई ऐसा/पेड़ नहीं जो धरती को छूता हो...'' (पृ. 103, नुक्कड़ जनम संवाद)

बचपन से जारी अनुकूलन की यह प्रक्रिया भविष्य में औरतों के स्वतन्त्र निर्णयों के सभी दरवाजे बन्द कर देने के कारगर औज़ार बन जाती है। यहाँ तक कि शोषित को महसूस ही नहीं हो पाता कि वह परम्परा, धर्म, रीति–रिवाज़ों के नाम पर शिकार होकर दूसरों को शिकार बनाने का औज़ार भी बनाया जा रहा है। इसकी मिसालें जमन के–'औरत', 'वो बोल उठी', 'एक नयी शुरुआत' और 'आर्त्तनाद' जैसे नाटक हैं। 'औरत' नाटक की वृद्ध मजदूर आरम्भ में मालिक के अन्याय के ख़िलाफ़ यूनियन को अर्जी लिखने से इंकार करती है, क्योंकि इससे बिरादरी में उसकी नाक कट जायेगी। उसके अनुसार औरतें ये सब काम नहीं करतीं। 'वो बोल उठी' की माँ अपनी बच्ची को बहुत प्यार करती है पर पति की नाफ़रमानी वह नहीं करती और बच्ची को भी पिता के आतंक का सम्मान करने की बात कहती है। 'आर्त्तनाद' और 'एक नयी शुरुआत' की दादियाँ तो जैसे एक ही हैं। मसला चाहे कन्या भ्रूण–हत्या का हो या बच्ची से बलात्कार का इनके लिए दोषी जुल्म ढाने वाला समाज नहीं बल्कि जुल्म की शिकार ही दोषी हैं। ऐतिहासिक और सांस्कृतिक स्त्रोतों से स्त्री के दमन की जो धाराएँ चली आ रही हैं वे वर्तमान को भी प्रभावित करती हैं। वर्तमान के

सामाजिक सम्बन्धों को इन्होंने इस कदर प्रभावित किया है कि तमाम तरह की हिंसाओं का रुख स्त्री की ओर मुड़ जाता है।

कन्या भ्रूण–हत्या, यौन–शोषण, दहेज और बलात्कार जैसी क्रूर हिंसा करने वाला यह समाज स्त्री के प्रति शारीरिक क्रूरता ही नहीं रखता, मानसिक क्रूरता के रंग–रेशे भी इस हिंसा को पुष्ट करते चलते हैं। 'ये भी हिंसा है' नाटक मिथकीय और पौराणिक स्त्री पात्रों–सीता, अहिल्या, रेणुका, द्रौपदी, सूर्पनखा जैसी हिंसा की शिकार औरतें पुरुष सत्ता के किसी पाप, शाप, टकराव की बलि चढ़ायी गयीं। उस दौर से लेकर आज पूँजीवादी–बाज़ारवादी संस्कृति के फैले जाल में स्त्री हिंसा की शिकार है। नाटक एक शो–रूम का दृश्य रचता है जहाँ विवाह के लिए हर पुरुष की पसन्द की स्त्री मौजूद है। यहाँ उसकी नुमाइश पर उसे छूकर देखने में कोई बाधा नहीं। बाज़ार द्वारा उपभोग की वस्तु बना दिया जाना हिंसा का ही रूप है। अपने एक लेख 'द फाइनेस्ट कंज्यूमर ऑब्जेक्ट : द बॉडी' में ज्याँ बौद्रिया ने लिखा है कि उपभोक्ता समाज में स्त्री शरीर सर्वाधिक मूल्यवान और चमकदार उपभोक्ता पैकेज होती है।' ('द कंज्यूमर सोसायटी मिथ्स एंड स्ट्रक्चर्स' पृ. 129) इस पैकेज का इस्तेमाल बाज़ार अपने माल को बेचने के लिए करता है। इसके लिए वह स्त्री का' यह सिखाता है कि उसका शरीर ही उसकी सबसे बड़ी पूँजी और अस्मिता है। बौद्रिया से पहले फ्रांसीसी क्रान्ति के समय स्वतन्त्रता, समानता और बन्धुत्व के मूल्यों को आधी आबादी पर समान रूप से लागू किये जाने पर बल देने वाली लेखिका मेरी वोल्सटनक्राफ्ट ने भी अपनी किताब 'ए विण्डीकेशन ऑफ़ द राइट ऑफ़ विमेन' में पुरुष सत्ता द्वारा प्रस्तावित औरतों के पुरुषों के लिए सुन्दर और प्रीतिकर बने रहने का ज़ोरदार खण्डन किया है। उन्होंने इसे स्त्री अस्मिता के लिए ख़तरा माना और स्त्री के शिक्षात्मक आधार को इससे लड़ने का माध्यम। 1789 से लेकर आज तक स्त्रियों के प्रति इस दृष्टिकोण में कोई ख़ास अन्तर नहीं आया है।

स्त्री के प्रति मानसिक और शारीरिक हिंसा को यों तो जनम के सभी नाटकों में दिखाया गया है लेकिन समाज में बलात्कार की बढ़ती वारदातों को 'पुलिस चरित्रम्', 'आर्त्तनाद' और 'एक नयी शुरुआत' जैसे नुक्कड़ नाटकों ने सामाजिक, संवैधानिक, नैतिक, प्रशासनिक आधारों पर इसकी समीक्षा की है। स्त्री के रूप में शोषण की शिकार स्त्री वर्ग, जाति, धर्म के आधार पर भी दोहरा–तिहरा शोषण सहने को विवश है। यही नहीं एक

श्रमिक के रूप में भी वो दबायी जाती है। पुरुष के समान श्रम करने के बावजूद उसको पुरुष बराबर मेहनताना नहीं दिया जाता–''सबके बराबर काम करती हूँ, फिर भी कम दिहाड़ी देते हो। ऊपर से ये डाँट–डपट, यह कहाँ का न्याय है?'' (पृ. 89, नुक्कड़ जनम संवाद) श्रमिक स्त्रियों का कार्यस्थलों पर बुनियादी सुविधा के लिए आवाज़ उठाना भी औरतों की लड़ाई का ज़रूरी हिस्सा है। नाटक 'वो बोल उठी' की तीसरी कहानी इसी ताने–बाने से तैयार की गयी है। श्रमिक वर्ग का होते हुए भी लिंग के आधार पर औरतों के शोषण की एकदम नयी तस्वीर यह नाटक पेश करता है। 'के.सी.सी.' के मज़दूर, औरतों के लिए अलग से बाथरूम की माँग पर दो खेमों में बँट जाते हैं। न्यूनतम वेतन, डी.ए. ठेका मजदूरों को नियमित कराने के मुद्दों पर सहमति रखने वाले मजदूर, औरतों के बाथरूम की बात उठने पर स्त्री और पुरुष मजदूरों में बँट जाते हैं। वर्चस्व प्राप्त वर्ग होने के कारण अधिकांश पुरुषों में औरतों के प्रति साथीपन का भाव विलीन हो जाता है। औरतों की जायज माँग को व्यर्थ सिद्ध करते हुए ये पुरुष एक होकर उत्पीड़क सत्ता के नुमाइन्दे बन बैठते हैं। लिंग के आधार पर एक तरफ़ औरतों का अपमान करते हैं, दूसरी तरफ़ अपने श्रमिक साथी की माँगों का मज़ाक बनाते हुए औरत के दोहरे शोषण में लिप्त हो जाते हैं।

देशभर में सक्रिय जनवादी महिला–आन्दोलन को समर्पित नाटक 'काफिला अब चल पड़ा है' तमिलनाडु स्थित मदुरई का बस्ती, दिल्ली से सटे हरियाणा के आसला गाँव और त्रिपुरा के एक बाज़ार की भिन्न तीन कहानियों का कोलाज है। महिला–मजदूरों की दारुण स्थिति के साथ जुझारु महिलाओं की संघर्ष–गाथा ये नाटक बयान करता है। पानी के निजीकरण के विरोध की लड़ाई में लीलावती का खड़ा किया सामाजिक अभियान उसे मौत के घाट उतारने वाले प्रतिपक्षियों के बावजूद सफल होता है। इसी तरह हरियाणा के ऊँची जात के चौधरी की बेटी मंजरी के दलित लड़के सूरज से विवाह करने पर चौधरी समाज दोनों की जान लेने पर तुल जाता है। सूरज की माँ भग्गो और महिला समिति की कार्यकर्त्ता कमलेश सहित गाँव की औरतें–पुरुष पंचायत बुलाकर, जान की बाजी लगाकर दोनों की रक्षा करती हैं। भग्गो कहती है–''औरतों ने रोका–महिला समिति की औरतों ने। वाल्मीकी टोले की औरतों ने। गाँव की औरतों ने। साथ में मास्टरजी भी थे और कुछ पढ़े–लिखे लड़के। सूरज और मंजरी

को कोई अलग नहीं कर सका। चौधरियों की हार हुई, और इन्सानियत की जीत।'' (पृ. 126, नुक्कड़ जनम संवाद) तीसरी कहानी त्रिपुरा में आतंकवादी संघर्ष के दौरान महिला समिति के कार्यकर्त्ताओं के जुझारूपन को सामने लाती है। आदिवासी औरत दुरलोभी आतंकवादी मोरिश और उस जैसे लोगों से जुझने के लिए महिलाओं को लामबन्द करती है। सब्जी बेचने वाली दुरलोभी के विरोध में खड़ी खूनी ताक़तें नाफरमानी की कीमत उससे वसूलती हैं। पर दुरलोभी त्रिपुरा के नारी आन्दोलन की मिसाल बनती हैं। अखिल भारतीय महिला समिति से लम्बे अरसे से जुड़ी रही वृन्दा करात ने त्रिपुरा के नारी आन्दोलन के मुद्दे पर लिखा है–''त्रिपुरा में जहाँ एक जीवन्त नारी आन्दोलन मौजूद है, महिलाओं को अपनी सक्रियता के लिए–और आतंकवादियों के फरमानों के सामने घुटने टेकने से उनके साहसपूर्ण इंकार के लिए भी–निशाना बनाया जा रहा है। जहाँ शेष देश–भर में महिलाएँ सार्वजनिक जीवन में अपनी हिस्सेदारी बढ़ाने के लिए संघर्ष कर रही हैं, त्रिपुरा की निरक्षर आदिवासी महिलाएँ इस संघर्ष के एक और ही पहलू को रेखांकित कर रही हैं, जिसे कोई भी देख सकता है–बशर्ते उसे सुनना तथा सीखना मंजूर हो।'' (जीना है तो लड़ना होगा पृ. 34) आदिवासी परम्पराओं के नाम पर आतंकवादी हिंसा की शिकार महिलाओं के इस ज़रूरी पहलू को जनम ने संजीदगी से उठाया है।

'पुलिस चरित्रम', 'ये भी हिंसा है' और 'काफिला अब चल पड़ा है' जैसे नाटक न्याय चाहने वाली औरतों के माध्यम से संविधान के स्त्री–विराधी चरित्र को सामने लाते हैं। औरत सम्बन्धी अदालती फैसलों पर सवाल उठाने वाले कानूनविद और लेखक अरविन्द जैन अपनी किताब 'न्यायक्षेत्रे अन्यायक्षेत्रे' में अकारण ही यह नहीं लिखते–''निस्सन्देह औरत को उत्पीड़ित करने की सामाजिक, धार्मिक, राजनीतिक, सांस्कृतिक प्रक्रिया में पूँजीवादी समाज कानून को हथियार की तरह इस्तेमाल करता रहा है। इसलिए 'लॉ' का असली अर्थ ही है–''लॉ अगेंस्ट वूमैन।'' (भूमिका से) इन सभी विपरीत परिस्थितियों में जीने और संघर्ष करने वाली औरतें झुकती नहीं टूटती नहीं, कोई समझौता नहीं करतीं बल्कि परिस्थितियों से लोहा लेकर अमानवीय व्यवस्था के दरवाजे पर दस्तक देते हुए मानवीयता के लिए जगह बनाती हैं। पस्ती, निराशा और अकेलेपन के विरुद्ध ये औरतें पूरी ज़िन्दादिली के साथ आशावादी नज़रिये से बदलाव की प्रक्रिया को अंजाम देती हैं

जिसमें पुरुषों की सहभागिता रहती है। इस संघर्ष की महत्त्वपूर्ण बात यह है कि ये महिलाओं के लिए महिलाओं का इकतरफा संघर्ष नहीं रह जाता बल्कि वह व्यापक सामाजिक, राजनीतिक और आर्थिक संघर्ष का मोर्चा खोलता है। यह लड़ाई स्त्रियों की लड़ाई के ज़रिये सामन्तवाद, पूँजीवाद, नव साम्राज्यवाद के विरोध की लड़ाई बनकर उभरती है। इसीलिए इन सातों नाटकों में महिला–आन्दोलन के लिए ज़रूरी साथीपन का भाव हमें दिखाई देता है और समाज में उसके लिए सहमति बनाने का प्रयास भी।

जहाँ तक इन नाटकों के कलात्मक पहलू की बात है तो 'पुलिस चरित्रम' को छोड़ भी दें तो सभी में कलात्मकता के पक्ष को गम्भीरता से लिया गया है। एक ही नाटक कई औरतों की कहानियों को बाँधने का ख़ूबसूरत प्रयास सफल होते देखकर अन्य नाटकों में इसे दोहराया गया है। छोटी–बड़ी कविताओं के साथ कविता के भीतर कहानीपन की ख़ूबी नाटक को शिल्प की दृष्टि से ऊँचा उठाती है। नाटकों के बिम्ब, सीमित साधनों से बनायी गयी विरचनाएँ, घटनाएँ, मिथकीय प्रसंग, प्रतीक और गति कहीं भी नाटकों को शिथिल नहीं होने देते और एक झपाटे की स्थिति में ख़त्म हो जाने वाले पुराने नुक्कड़ नाटकों, पुलिस–चरित्रम् आदि से भिन्न है। इन्हीं विशिष्टताओं के चलते ये नाटक एक ओर नुक्कड़ नाटकों के बँधे–बँधाए अनुशासनात्मक ढाँचे को तोड़ते नज़र आते हैं तो दूसरी ओर विचार को किस दर्जे की कलात्मकता के साथ रखना है, इस सवाल पर जनम ख़ुद अपने नाटकों पर चिन्तन और प्रयोग करता दिखाई देता है। यह प्रयोग उन सभी लोगों के लिए विचारणीय मुद्दा है जिनके लिए जनवादी कला–माध्यम केवल प्रचारात्मक और कलाहीन माध्यम हैं चाहे वे कलावादी हों या फिर जनवादी। एक बौद्धिक लड़ाई लड़ते हुए ये नाटक कलात्मक सरोकारों से जुड़कर बेहतर जीवन की तलाश का विकल्प रचते हैं और स्त्री आन्दोलन को नयी ऊर्जा से भर देते हैं।

सन्दर्भ

1. नुक्कड़ जनम संवाद, अक्टूबर 2007
2. वृन्दा करात, 'जीना है तो लड़ना होगा'
3. अरविन्द जैन, 'न्यायक्षेत्रे अन्यायक्षेत्रे'
4. ज्यां बौद्रिया, 'द कंज्यूमर सोसायटी मिथ्स एण्ड स्ट्रक्चर्स'

एक एक्टर का नोट

•

असीमा भट्ट

दो साल पहले जब भारत और पाकिस्तान में सआदत हसन मण्टो शताब्दी वर्ष मनाया जा रहा था तब 'मण्टो ज़िन्दा है' नामक नाटक नाट्यकला उद्भव संस्था के साथ करने के बाद फिर से इन दिनों बर्नाड शा का 'आर्म्स एण्ड द मैन' कर रही हूँ। हम एक्टरों को टीवी/फ़िल्म करने से ज़्यादा जुनून और नशा स्टेज पर होता है। खासकर मुझे। मैं तो मरना ही स्टेज पर चाहती हूँ। नाटक ख़त्म हो स्टेण्डिंग ओवेशन मिले। तालियों की गड़गड़ाहट हो और मेरी ज़िन्दगी का कर्टन डाउन।

खैर, कुछ बातें जो पहले भी ऑब्जर्ब की थीं कि क्यों इब्राहीम अल्काजी से लेकर हबीब तनवीर तक एक बात कहते थे कि एक्टरों को ख़ूब पढ़ना चाहिए। मैं भी यही कहूँगी कि पढ़ो एक्टरों। अच्छा लिट्रेचर पढ़ो। ख़ूब पढ़ो और मेडिटेशन करो, पता नहीं क्यों मेडिटेशन को सिर्फ़ अध्यात्म से जोड़कर देखते हैं। नहीं, बिल्कुल ऐसा नहीं है कि मेडिटेशन यानी अध्यात्म, मेडिटेशन करने से माइन्ड शार्प होता है। ऑब्जर्वेशन अच्छा होता है। आपके एक्सप्रेशन सही और परफेक्ट होंगे। कॉन्सन्ट्रेशन बढ़ता है। एक्टर फोक्स्ड हो जाते हैं।

कोई एक डांस फार्म सीखो। चाहे कुछ भी। रोज नाचो। चाहे नाचना आये न आये। बॉडी रिदम में आ जायेगी। वरना स्टेज पर मूवमेण्ट और बॉडी लेंग्वेज की जो बात होती है वो मिस हो जाती है। आउट होना। जैसे फ़िल्म और टीवी में सिर्फ़ चेहरा एक्टिंग करता है जबकि स्टेज पूरा मौक़ा देता है सर से पाँव तक एक्टिंग करने का इसीलिए एक्टरों को स्टेज पर काम करना अच्छा लगता है। नाटक यानी 'प्ले'। प्ले यानी खेल।

अभिनेताओं को, कलाकारों को खेलने का पूरा अवसर सिर्फ़ और सिर्फ़ मंच ही देता है। और मंच पर एक अभिनेता पहुँच जाता है तो वो अपने आप में जैसे शेर होता है और पूरे मंच पर खेलना शुरू कर देता है। और मंच पर सहजता भी आनी चाहिए। आत्माभिमान होना चाहिए। स्वाभिमान नहीं। अपने सहकर्मी कलाकारों से स्पर्धा हो प्रतिस्पर्धा नहीं। बिल्कुल सपोर्ट स्पिरिट से खेलें। एक अहम बात बॉडी बैलेन्स का ख़याल मेल/फिमेल दोनों एक्टरों को रखना आना चाहिए। कुछ सीन में ख़ासकर मेल एक्टरों की रेस्पोंसीबिलीटी बनती है कि अपनी को–एक्टर को कैसे हैण्डल करते हैं। जैसे love seen है dance हो, salsa, jazz, or ballroom dance. Handle your actress like queen. 'Like glass—Handle with care'. और जब मारपीट और झगड़े वाले सीन होते हैं, be more careful नहीं तो आप तो सचमुच एक्ट्रेस का हाथ और सर तोड़ दोगे और कहोगे कि इमोशन में बह गया। गुस्से पर काबू नहीं रहा। तब तो आज तक थियेटर में जितनी बार भी शेक्सपियर का मेकबेथ हुआ है सारी डेशडीमोना सचमुच मारी जातीं।

अभिनय की बारीकियों और सूक्ष्मताओं को कलाकारों को समझना होगा क्योंकि लगता जरूर है कि यह आसान है लेकिन यह उतनी ही कठिन विधा है। सारी कलाओं का मिश्रण है। कान संगीत सुनने वालों की तरह रसिक होने चाहियें, तो ख़ुद अभिनेता की आवाज़ में वो दम भी होना चाहिए कि मुँह से आवाज़ निकले नहीं और दर्शकों को बाँध ले।

एक अच्छे अभिनेता के बारे में कहा जाता है कि मुँह खोले तो लगे कि एक अभिनेता बोला और आँख उठाये तो लगे कि एक अभिनेता बिन कहे सब कुछ कह गया।

संगीत, साहित्य, के साथ–साथ प्रकृति से प्रेम भी होना चाहिए। बारीक से बारीक चीज़ों की समझ और सूक्ष्म से सूक्ष्म चीज़ों की जानकारी होनी चाहिए। पेड़ों–पौधों, नदी, समुद्र, झरनों की आवाज़ सुनो। हवाओं में जो संगीत होता है उसे सुनो। बारिश जब बरसती है कैसे और कितने रस निकलते है, कितने संगीत छेड़ते हैं? सब सुनने की आदत डालें। रात को टिटहरी कैसे बोलती है? कोयल कैसे कूकती है? सुबह–सुबह पपीहा कैसे गाता है? पक्षी कैसे समूह में चहकते, कैसे अकेले में गुमसम रहते हैं जैसे अपने साथी के लौटने का इन्तज़ार कर रहे हों। कैसे फागुन में रंग–बिरंगे फूल खिलते है। कैसे सावन आता है तो पेड़ भीगते हैं उन पर हरियाली छा जाती है। पेड़ों के पत्ते, फुनगियाँ जैसे नाचने लगते हैं।

उनकी प्रकृति के ख़ुश होने के बाद वातावरण में कैसे संगीत छिड़ता है और हवाओं में चारों तरफ़ एक अजीब–सी मादक ख़ुशबू होती है। उन सबको गौर से कान लगाकर सुनो... देखोगे, पाओगे कि प्रकृति कितनी सुन्दर है। उन सबको अभिनेताओं को अपने शरीर में महसूस करना चाहिए। वह लय की तरह आपकी नसों में बहना चाहिए। नदियों की तरह बलखाना सीखो। अभिनेता, झरनों की तरह बहना और हवा से भी हल्के हो जाओ। ख़ुशबू से भर जाओ... सरल, बनो। सहज बनो... पेड़ों के डाली को देखो। कैसे लचीले होते हैं कि जैसे नाचते हैं। बाँसुरी सुनो, सन्तूर सुनो, वायलिन सुनो... हर तरह की आवाज़ का अभ्यास भी करना चाहिए।

हर तरह के अभिनय करने के लिए सिर्फ़ शरीर से ही नहीं, मन से और आत्मा से भी तैयार होना चाहिए। जितना आप जीवन को प्यार और इ़ज़्ज़त करेंगे, एक अभिनेता के नाते आपका अभिनय भी उतना ही सुन्दर होगा।

आख़िर में बार्तोल ब्रेख्त की बात याद रखें कि–''दिखाओ कि तुम दिखा रहे हो।' आप मंच पर किसी और की भूमिका कर रहे हो। आप–आप हो, अभिनेता हो अभिनय कर रहे हो। यह ख़बर रखना बहुत ज़रूरी है। अभिनय अभिनीत की जाती है। अभिनय में बह नहीं जाना है। बारीक–सी रेखा को पकड़कर चलना होता है। जैसे नट रस्सी पर चलता है जरा–सा बैलेन्स खोयेगा और वह गिर जायेगा वैसे ही अभिनय भी बारीक रस्सी पर चलने जैसा होता है। किसी की वेशभूषा, और नाम किरदार आपको दिया गया है जिसे उस अवधि और अन्तराल भर में आपको होना है। बस और कुछ नहीं। आप आप ही हैं और जो भूमिका कर रहे हो वो कोई और दूसरा ही है। कई बार बहुत मुश्किल होता है। मुश्किल तब जो वह खेलना भूल जाता है और दिल की जगह दिमाग़ का इस्तेमाल करने लगता है कि मैं अच्छा कर रहा हूँ। यह सब कुछ नहीं सोचना है... बस जीना है उस लम्हे को, उस पल को और अगली बार सब भूलकर किसी और नये किरदार को उसी नयेपन और ताजगी के साथ जीना सीखना है।

''चिड़िया के घोसले में लौटने का जो शिल्प होता है
वही शिल्प होता है अभिनेता का अभिनय का।''

–आर्थर रेमो

समकालीन महिला नाट्य लेखन में मानवाधिकार

•

के. अजिता

दुनियाभर में आज मानवाधिकार की चर्चा ज़ोर पकड़ रही है। मनुष्य समाज, सभ्यता के कई पड़ावों को पार करने के बावजूद मनुष्य के जीने का अधिकार एक सपना मात्र रह गया है। वर्ण, वर्ग, जाति, लिंग, धर्म, समूह, देश ये सब मनुष्य के लिए चुनौतियाँ बन गये हैं। इनसे जूझते हुए मनुष्य दरअसल अपने नैसर्गिक अधिकारों को भी खो बैठता है। रूसों ने इसीलिए कहा होगा 'man is born free but everywhere in chains' हालाँकि समाज में मनुष्य जीवन को स्वस्थ एवं सुखमय बनाने हेतु अनुशासन, शासन, आचार–विचार, नैतिकता, धर्म आदि का निर्माण हुआ लेकिन कालान्तर में वे सब मानव विरोधी निकले। सबल इन्हीं से लाभ उठाता रहा और निर्बल शोषित होता रहा। स्त्री, बच्चे, दलित, आदिवासी, मेहनतकश वर्ग सब इसके शिकार बन गये। वर्चस्ववादी वर्ग ने समाज का ढाँचा पहले से ही ऐसा बना दिया कि उसके चँगुल बच निकलना दुर्बलों के लिए नामुमकिन हो गया। वैसे तो अपने अधिकारों से वंचित जनता द्वारा अपने हक़ की माँग सबसे पहले मेग्नाकार्टा में हुई थी। वहाँ से लेकर यह संघर्ष आज भी जारी है और आगे भी चलता रहेगा। हर दिन दुनिया के हर कोणों से अधिकार–ध्वंस की बातें सुनने को मिलती रहती हैं और उसके ख़िलाफ़ आवाज़ भी उठायी जा रही है।

भारतीय सन्दर्भ में देखें तो संविधान ने कई अधिकारों से जनता को विभूषित किया है। लेकिन कभी धर्म, कभी जाति, कभी पितृसत्ता या अन्य कोई सामाजिक तत्त्व उसके आड़े आकर मनुष्य जीवन को संकटमय बनाता

है। स्वतन्त्र जीवन जीने के अधिकार से वंचित गोवर्धन दास को भारतेन्दु ने वर्षों पहले अपने नाटक 'अँधेर नगरी' में पेश किया था। बहाना जो भी हो आज भी गोवर्धन दास जैसा आम आदमी बेकसूर होने पर भी दण्डनीय बन जाता है। नाटय साहित्य हमेशा ही अपने अधिकारों को छीने जाने पर प्रतिरोध करती जनता को पेश करता आ रहा है। नाटक की सामाजिकता इसी प्रतिरोधी चेतना पर निर्भर है। समकालीन महिला नाटककार स्त्री मानवाधिकार के प्रश्नों को ही नहीं उठाती अपनी दृष्टि को व्यापक बनाकर समाज के भिन्न–भिन्न क्षेत्रों में होने वाली अमानवीय हरकतों पर विचार करने की कोशिश करती है। वर्तमान समाज पर नज़र डालने से पता चलता है कि शिक्षित एवं जागरूक होने के बावजूद स्त्री पर अत्याचार एवं उसके अधिकारों का ध्वंस बढ़ता जा रहा है। नाटककारों की पैनी दृष्टि इन मानवीय मुद्दों पर केवल प्रकाश मात्र ही नहीं डालती, बल्कि समाज के लिए सुधार एवं प्रगति का नया रास्ता ढूँढ़ती भी है।

भारतीय संविधान में स्त्री और पुरुष को समान अधिकार प्राप्त हैं। लेकिन यह तथ्य व्यावहारिक क्षेत्र में लागू नहीं होता। पितृसत्तात्मक समाज ने परम्परा से स्त्री को अपना गुलाम बनाकर रखा है और वर्तमान बदलते हुए समय में भी उसे मुक्ति देना नहीं चाहता। इसके तहत स्त्री ने इस प्रकार अपने नैसर्गिक अधिकारों को पहले ही खो दिया और आज राष्ट्र द्वारा जो अधिकार उन्हें प्राप्त हैं उससे भी यह वंचित होती जा रही है। कानून और व्यवस्था के होने पर भी पितृसत्तात्मक समाज की रुढ़ मानसिकता से मुक्त होना उसके लिए दुस्साध्य हो रहा है।

समकालीन नाटक के सशक्त रचनाकार मीराकान्त ने अभिव्यक्ति की स्वाधीनता एवं निर्णय लेने के अधिकार से वंचित स्त्री को अपने नाटक 'नेपथ्यराग' का विषय बनाया है। परम्परा से स्त्री को बोलने का अधिकार नहीं दिया जा रहा है; हालाँकि freedom of expression सबके लिए बराबर है।

प्रस्तुत नाटक के ज़रिये इस मुद्दे पर ही मीराकान्त समाज को सोचने के लिए बाध्य करती हैं। ''नाटक प्रतीकात्मक है क्योंकि वैचारिक अभिव्यक्ति से रहित स्त्री ही समाज को स्वीकार्य रही है। यह दृष्टिकोण पीढ़ी–दर–पीढ़ी पारम्परिक रूप से शताब्दियों से बहता चला आया है और वह जनमानस में अपनी ज़मीन तलाशती है।'' (नेपथ्यराग–भूमिका) ''नाटक एक साथ कई पीढियों को अपने साथ लेकर चलता है। मुख्यतः यह समकालीन पढ़ी–लिखी औरत की कहानी है पर सहज ही मिथकीय पात्र उसमें आ मिलते हैं। स्त्री

को समाज में समानता का अधिकार प्राप्त है पर समाज उसे स्वीकृति नहीं देता। स्त्री विमर्श में आज लिंग असमानता एक अहम मुद्दा बन गयी है। शिक्षित लेडी अफसर मेधा इस लिंग असमानता की शिकार है। ऑफिस में उसे दूसरे दर्जे का माना जाता है। लेखिका इन मुद्दों को मिथकीय चरित्र खना से जोड़ती है और स्त्री की इस व्यथा के नैरन्तर्य को प्रामाणित करती है।

स्त्री की शिक्षा, विवाह, कार्य क्षेत्र, महत्त्वाकांक्षा एवं उसकी अस्मिता आदि पर प्रस्तुत नाटक प्रकाश डालता है। समाज में स्त्री की पहचान स्वयं निर्मित नहीं, समाज द्वारा निर्मित है। "खना का चरित्र इसका प्रमाण है। खना वराहमिहिर की शिष्या बनकर ज्ञान अर्जित करना चाहती है पर काका सुबन्धु अच्छा रिश्ता आते ही खना को शादीशुदा देखना चाहता है। स्त्री की शिक्षा और अधिकार समाज के लिए नगण्य ही हैं चाहे जितना ही वह ज्ञानार्जन में समर्थ निकले। समाज, बने बनाये ढाँचे में उसे बन्द रखना चाहता है। इसलिए पृथुयशस से खना की शादी सुबन्धु भट्ट के लिए स्वीकार्य एवं आनन्द की बात है। जहाँ खना शादी को अपने ज्ञानार्जन के लिए बाधा समझती है, वह सवाल उठाती है कि "क्या विवाह अनिवार्य है"? (नेपथ्य राग) खना का यह प्रश्न केवल अपने काका सुबन्धु से नहीं वर्तमान समाज से है। इस विषय पर समाज की धारणा क्या है? यह खुलकर सुबन्धु भट्ट बताता है। "भेद व्यक्तित्व में नहीं, दृष्टि में है। यह समाज तुम्हें व्यक्ति के रूप में देखे या युवती के रूप में। इसका निर्णय तुम कभी नहीं कर पाओगी।" (नेपथ्य राग)। आख़िर खना को समाज के हितानुसार शादी करनी पड़ती है। अपने भविष्य के बारे में और अपने जीवन के बारे में निर्णय लेने की क्षमता स्त्री में है पर समाज इसको अपना दायित्व समझता है।

अभिव्यक्ति की स्वाधीनता का हनन स्त्री को समाज के केन्द्र में आने से रोकता रहता है। बोलने वाली स्त्री, अपनी स्वतन्त्र चिन्ता रखने वाली स्त्री, मन की बात खुलकर बताने वाली स्त्री, इन से समाज अखरता है। पितृसत्ता की शर्तों के मुताबिक जीना स्त्री के लिए वांछनीय है, यह समाज में जारी अलिखित नियम है। नाटक में खना की शादी करवाने का निर्णय और जीभ कटवाने का निर्णय इस तथ्य के प्रमाण हैं। खना की जीभ काटने या कटवाने से नहीं, स्त्री की आवाज़ को रोकने की इस साज़िश को नाटक बुलन्द करता है। राजनीति में नारी को जगह–मिलना

काफ़ी मुश्किल है। समाज, धर्म, परम्परा सब यहाँ भी स्त्री के ख़िलाफ़ खड़े हो जाते हैं। इससे फ़ायदा उठाकर राजनीति में पुरुष अपनी पकड़ को बनाये रखते हैं। हकीकत यह है कि जब तक राजनीति में स्त्री की सक्रिय भागीदारी नहीं होती तब तक स्त्री को अपने अधिकारों से वंचित रहना ही पड़ेगा और स्त्री के प्रति अत्याचार भी बढ़ता जायेगा। इसलिए मीराकान्त ने अपने नाटक में राजनीति में खना को शामिल किये जाने पर पितृसत्ता द्वारा पहले एतराज और बाद में जीभ कटवाने की योजना को केन्द्र में रख दिया है।

अपने नाटक 'उत्तर प्रश्न' में मीराकान्त ने एक कदम आगे बढ़कर अधिकार के लिए खड़ी होने वाली सशक्त नारी को पेश किया। लेखिका शायद इतिहास, परम्परा, धर्म एवं समाज के सामने बदलाव की शंखध्वनि बजाती है। जैसे कि स्त्री की जागृति के बजाय स्त्री की मुक्ति सम्भव नहीं। धर्म, परम्परा, तथा समाज पुरुष वर्चस्व प्रधान है, पुरुष सत्ता के द्वारा संचालित हैं। वहाँ स्त्री केवल सृष्टि कार्य के लिए है। अन्य सामाजिक क्रिया–कलापों में उसका हस्तक्षेप समाज को बिगाड़ देगा। यही आज भी समाज की धारणा है। वर्तमान भारत के सामाजिक और राजनीतिक माहौल से यह सिद्ध होता है कि घर के बाहर स्त्री के लिए जगह नहीं के बराबर है। आधी आबादी में शिक्षित एवं काबिल कई महिलाएँ होने पर भी कहीं भी उन्हीं की पूछ नहीं। आज पैसा कमाने के लिए स्त्री बाहर जा सकती है पर समाज के अन्य क्षेत्रों में उसका होना शोभनीय नहीं है। आरक्षण के तहत ही कुछ क्षेत्रों में उसे space मिलता रहा है। राजनीतिक क्षेत्र में अब भी बहुत दूर रहने की स्थिति मौजूद है। क्योंकि मनुवादी मानसिकता से ग्रस्त समाज उसे आज भी घर के भीतर बन्द रखना चाहता है।

मीराकान्त ने 'उत्तर प्रश्न' में भी पितृसत्ता की इस दमननीति की शिकार नारी को पेश किया है। कश्मीर की पृष्ठभूमि में राजतरंगिणी में उल्लिखित कथा ही इस नाटक का उपजीव्य है। युद्ध के दौरान काश्मीर नरेश दामोदर की मृत्यु और स्वयं विजयी पक्ष के कृष्ण के द्वारा विधवा रानी यशोमति को काश्मीर का उत्तराधिकारी घोषित करना इसका कथ्य है। कृष्ण के इस निर्णय पर अधिकारी लोग आशंकित हो जाते हैं। "राजसिंहासन पर स्त्री!" (उत्तर प्रश्न) महामन्त्री के द्वारा यह प्रश्न उठाया जाना, स्त्री विरोधी मनुवादी संस्कृति का परिचायक है। "यदि स्त्री सत्ता के केन्द्र में आ गयी तो समाज का सन्तुलन बिगड़ न जायेगा? इस समाज में सबकी

अपनी–अपनी विशेष भूमिका है तभी तो समाज...।" (उत्तर प्रश्न) स्त्री सशक्तीकरण की बातें करने वाले और उसके लिए योजनाएँ बनाने वाला वर्तमान समाज एवं सत्ताधारी भी असल में स्त्री को हाशिए पर रखने का पक्षधर है।

महामन्त्री के इस सन्देह को कृष्ण यों नकारता है कि "स्त्री शक्ति के बहुमुखी आयामों को अभी समाज ने न जाना है न परखा है... विश्वास रखिए महामन्त्री, स्त्रियाँ इस पर भी खरी उतरेंगी।" (उत्तर प्रश्न) 'रघुवंश' के राजा अग्निवर्ण की कथा सुनाते हुए कृष्ण इस तथ्य को स्थापित करता है। "क्षयरोग के कारण राजा अग्निवर्ण काल के गाल में समा गया। राजा अग्निवर्ण की कई रानियाँ थीं। उसके पश्चात् उसकी गर्भवती रानी को राज्य के स्वर्ण सिंहासन पर बैठाया गया... उस रघुवंशी राज्य में तब स्त्री की आज्ञा सर्वोपरी थी।" (उत्तर प्रश्न) लेकिन यशोमति का राजसिंहासन पर आसीन होना पितृसत्ता के लिए करणीय नहीं था। जब वह एक पुत्र को जन्म देती है तो तुरन्त ही मन्त्रिपरिषद से राजकुमार को सिंहासन पर बिठाने के लिए योजनाएँ बनायी गयीं। राजमाता को भी वे अपने निर्णय के अनुकूल बनाते हैं और मुहूर्त भी निकालते हैं। पर यशोमति इस कुचक्र के प्रति अपना विरोध जाहिर करती है। उसे निश्चय था कि यह साज़िश स्त्री के हाथ में अधिकार होने के कारण की गयी है। "ये राजकुमार को राजसिंहासन पर बैठाने की आड़ में राजसत्ता हड़पने का कुचक्र चला रहे हैं। (व्यंग्य के साथ) ये नारी को मातृत्व के कर्तव्यों का पाठ पढ़ा कर गये हैं। एक स्त्री का स्वतन्त्र शासक रूप इन पुरुषों को एक आँख नहीं सुहाता। ...नहीं सुहा सकता। क्या मैं इस सच्चाई से अवगत नहीं हूँ। गांधार में यही प्रश्न आपत्ति के रूप में मथुरा के महामन्त्री ने उठाया था... (उत्तर प्रश्न) 'राजसिंहासन पर स्त्री' (व्यंग्य की मुस्कान के साथ) आज उसी की पुनरावृत्ति हो रही है।" यशोमति लिंग असमानता से उत्पन्न 'समाज' की बेचैनियों को चुनौती देती है। वह जानती है कि यह एक स्त्री को उसकी निर्णायक भूमिका से वंचित कराने का षड्यन्त्र है। वह हार मानना नहीं चाहती। वह प्रश्न करती है और शंका करती है कि स्वयं कृष्ण के द्वारा उसे राजसिंहासन पर बिठाने के पीछे भी षड्यन्त्र हो सकता है। कृष्ण ने एक स्त्री को काश्मीर की सत्ता सौंपकर अपने को महान् सिद्ध किया। कृष्ण जरूर जानता था कि यशोमति के गर्भ में एक पुत्र पल रहा है। "यदि मेरे गर्भ में कन्या भ्रूण होता तो? तो क्या कृष्ण

का मेरे प्रति यही सदय भाव होता?'' (व्यंग्य के साथ) राज्याभिषेक। मुझे सिंहासन पर बैठाने के पीछे क्या उसी पुरुष सत्ता को अक्षुण्ण रखने का उदार उद्यम नहीं किया गया? (उत्तर प्रश्न) आख़िर यशोमति सिंहासन छोड़ने के लिए तैयार नहीं होती और वह राजकुमार का राज्याभिषेक नहीं कराने का निर्णय लेती है। एक स्त्री का यह निर्णय राजनीति में स्त्री के हक़ पर बल देने वाला है।

नादिरा जहीर बब्बर का नाटक 'जी, जैसी आपकी मर्जी' मानवाधिकार सम्बन्धी और एक मुद्दे को सामने लाता है। नादिराजी ने चार स्त्रियों को इसमें रखा है जो एकदम भिन्न–भिन्न माहौल में जी रही हैं। दीपा, वर्षा, सुल्ताना और बबली टण्डन। लेखिका के शब्दों में ''मेरा अटूट विश्वास है कि यह नाटक हमारे समाज की मानसिकता को बहुत सच्चाई से प्रतिबिम्बित करता है। चाहे वे धार्मिक मान्याताएँ हों जो स्त्री का दम घोट लेती हैं या फिर हमारी रूढ़िवादी परम्पराएँ।'' (जी, जैसी आपकी मर्जी) स्त्री भ्रूण हत्या स्त्री जीवन की सबसे बड़ी त्रासदी है। इसके ज़रिये स्त्री के जन्म लेने के अधिकार को भी खारिज किया जाता है। पितृसत्ता की मानसिकता की गुलाम स्त्रियाँ भी आजकल स्त्री जीवन को नकारने लगी हैं। इसलिए भ्रूणहत्या की पक्षधर हैं। बारह वर्ष की दीपा बयान देती है कि जब उसके मां–बाप को डॉक्टर से पता चला कि उन्हें लड़की होने वाली है तो वे बहुत परेशान हुए। उस दिन घर में एक बूढ़ी औरत की आवाज़ बीच–बीच में आती रही कि ''क्यों अपने सिर पे बोझ बढ़ा रहा है रामसरण? मैं तो कहती हूँ गिरवा दो इस लड़की को।'' (जी, जैसी आपकी मर्जी) यों पितृसत्ता की मानसिकता रखने वाली दादी माँ लड़की को बोझ समझती है और बेटे से पत्नी के गर्भ को गिरवाने की वकालत करती हैं। पुरुष से ज़्यादा भ्रूणहत्या के लिए दादी दबाव भी डालती रहती है। लेखिका ने जीने के अधिकार से वंचित लड़की की आवाज़ को यों बुलन्द किया है कि माँ के पेट से लड़की विनती करती है कि ''अम्मा मुझे बचा लो, मत मारो मुझे... मत मारो। मैं जीना चाहती हूँ।'' (जी, जैसी आपकी मर्जी) दीपा बच गयी थी और जब बड़ी हो जाती है तो वह समझने लगती है कि घर में उसे और उसकी बहनों को सारा काम सँभालना पड़ता है। भाई अंशुमन को ही अधिक लाड़–प्यार और स्वतन्त्रता का हक़ था। जब दीपा एक दिन भाई को पानी पिलाने के लिए तैयार नहीं होती तो पिता माँ से कहता है–''चुप रहो निर्मला... लड़की जात है... लड़की की तरह पालो,

उसे लड़कों की तरह मिज़ाज मत दो, जिसे घर में भाई को पानी पिलाने में तकलीफ़ होती है, फिर ससुराल में जाके जूते खाएगी, जूते।'' स्पष्ट है लड़की अपने घर की नहीं पराये घर की दौलत है। सामान्यतः उसका जीवन न घर का न घाट का बन जाता है। नाटक में दीपा के जीवन से सम्बन्धित ऐसे कई क्षणों को सामने रखा है। लड़की को हमेशा दूसरे दर्जे का मानने वाले समाज के प्रति दीपा का यह प्रश्न काफ़ी प्रासंगिक है–''मैं हमेशा सोचती हूँ ऐसा क्यों होता है? क्यों अम्मा को मार पड़ती है? क्यों हम बहनों को मार पड़ती है? क्यों भैया इंगलिश मीडियम में और हम बहिनें हिन्दी मीडियम में? भैया फिर भी घिसट–घिसट के पास होता है। हम बिना ट्यूशन के स्कौलरशिप लेते हैं। फिर भी क्यों नहीं प्यार करते हमें... क्यों नहीं प्यार करते हमें सब लोग? क्या बुराई है हममें, हमें भी प्यार चाहिए न?'' (जी, जैसी आपकी मर्ज़ी)

नाटक में तलाक की समस्या को सुल्ताना के जीवन के द्वारा पेश किया गया है। चौथी बार बच्ची पैदा होने पर पति ने सुल्ताना का तलाक किया। ''तलाक, तलाक, तलाक, ले हो गया, तलाक। ...जब चाहा औरत को तीन बार तलाक बोलकर और घर से निकाला दिया।'' (जी जैसी आपकी मर्ज़ी) सुल्ताना का प्रस्तुत कथन स्त्री जीवन के एक अहम पहलू पर संकेत है। सुल्ताना की दूसरी शादी, नये पति के द्वारा बेटी का यौन शोषण सब समाज में स्त्री के प्रति होने वाले अत्याचार तथा मानवाधिकार के ध्वंस पर प्रकाश डालते हैं। प्रस्तुत नाटक की और एक स्त्री समस्या है–सौत की समस्या। नाटक में ज़िन्दगी भर अपने पति की प्रतीक्षा में रहने वाली शादीशुदा औरत शोभा काकू की कथा को भी जोड़ दिया गया है। उसका पति पढ़ाई के लिए विदेश गया था। वहाँ एक दूसरी औरत से वह शादी करता है और अपनी पहली पत्नी को भूल बैठता है। पन्द्रह साल के बाद अमेरिका से परिवार समेत इण्डिया देखने आने वाला पति शोभा से मिलने नहीं आता, जहाँ शोभा उसकी प्रतीक्षा करती रही। वह अपनी पत्नी को देखना नहीं चाहता, जिससे शोभा के दिल को चोट लगती है। वह अपने दोनों हाथों की नसों को काटकर आत्महत्या करती है। ऐसा होने पर भी समाज उस औरत को दोषी ठहराकर पुरुष को बचाता है।

पितृसत्ता के ऐसे सामाजिक नियमों के भीतर दम घुटने वाली औरत इसमें प्रकट है। बबली टण्डन की कथा के द्वारा लेखिका ने स्त्री को सिर्फ़ जिस्म मानने वाली पुरुष मानसिकता पर प्रश्न चिन्ह लगाया है। ''जो स्त्री

लैंगिकता पर झूठी एवं मिथ्यापरक धारणाएँ रखने वाले समाज पर आघात पहुँचाने योग्य है''। दरअसल शादी के बन्धन में कभी–कभी स्त्री को फँसाया जाता है जिससे बचना आसान नहीं। इसका बबली अपनी कथा और अपनी चाची की कथा के ज़रिये खुलासा करती है। शादी की पहली रात में पति के द्वारा बबली पर बलात्कार हुआ था। बाद में उसका पति अपने boss की बीवी से सम्बन्ध जोड़ता है। बबली कुछ भी नहीं बता सकती थी क्योंकि वह गर्भवती थी। बबली को अपने परिवार की वह घटना याद आती है कि उसके mentaly retarded चाचाजी की शादी ग़रीब घर की लड़की सीबा से हुई थी। उसकी दो सन्तानें भी हुईं। चाचाजी की मृत्यु होने पर घरवाले सीबो चाची को दोषी ठहराते हैं। आख़िर बबली सोचती है क्यों लड़कियों को ऐसा उपदेश दिया जाता है कि ''बेटी हसबैण्ड को हर हाल में ख़ुश रखना।'' (जी जैसी आपकी मर्ज़ी) क्या लड़कियों के मन और शरीर का कुछ मूल्य नहीं? पुरुषाधिकार समाज ने स्त्री और पुरुष के मस्तिष्क में कहाँ तक अपनी जड़ें जमायी हैं? इसी की चर्चा यह नाटक करता है।

आतंकवाद मनुष्य जीवन को किस प्रकार दहशत से भर देता है इसका आँखों देखा हाल नादिरा जी ने अपने नाटक 'सुमन और सना' के द्वारा प्रस्तुत किया है। शरणार्थी कैम्प, विस्थापन, विस्थापितों की मानसिकता आदि से समाज उतना अवगत नहीं है। शरणार्थी कैम्पों में किस प्रकार अमानवीय व्यवहार होता रहता है; धर्म के नाम पर, जिहाद के नाम पर वहाँ साधारण मनुष्य पर जितना अधर्म होता है, इसे भिन्न–भिन्न चरित्रों के द्वारा लेखिका पेश करती हैं। आज साम्प्रदायिक दंगे और शरणार्थी समस्या समाज के लिए आम बात बन गयी है और दिन–ब–दिन उसमें बढ़ोत्तरी होती रहती है। परिणामतः हमारा समाज उसके प्रति संवेदनहीन होता जा रहा है। 'सुमन और सना' एक कोशिश है इस मुद्दे से जुड़े इन्सानियत की तड़प और तकलीफ़ के पटल पर ध्यान केन्द्रित करने की। नाटक दंगे के शिकार उन लोगों का है जिन पर आक्रमण हुआ और जिन लोगों को अपने घरों को छोड़कर भागना पड़ा। बिना किसी राजनीतिक उचितता और अनुचितता सम्बन्ध हुए तकलीफ़ों को जीवन्त करता है। (सुमन और सना–भूमिका)

धर्म आज मनुष्य के लिए सहारा नहीं ख़तरा बनता जा रहा है। दंगों के वक़्त जान बचाने के लिए मनुष्य विस्थापन की पीड़ा झेलने को तैयार हो जाता है। ऐसी हालत में मानवता का हनन तथा मानवाधिकार का ध्वंस

होना सहज बात बन गयी है। 'सुमन और सना' उसकी जीवन्त मिसाल है। नाटक में शरणार्थी कैम्प के कैनवास में कई ऐसे जीवन सन्दर्भों को उठाया गया है जहाँ अपने धर्म, ज़मीन, सगे–सम्बन्धी सबसे अलग होने के लिए जनता को बाध्य होना पड़ता है। साम्प्रदायिकता, आतंकवाद, जिहाद आदि के नाम पर काश्मीर में जो हत्याएँ हो रही हैं उसकी निरर्थकता पर लेखिका संकेत करती हैं। शरणार्थी कैम्प में हिन्दू और मुसलमान हैं। वे समान मानसिकता से गुजरने वाले हैं। जैसे कि कैम्प की शान्ता और अमीना अब अनाथ बन गयी हैं। शान्ता का इकलौता बेटा किसन सेना में काम कर रहा था, जिहादियों ने उसे मार डाला। अमीना का बेटा आरिफ सोलह साल का था जिसे जिहादी अपने गुट में शामिल करना चाहते थे। एतराज करने के बावजूद उसको मजबूरन पकड़ कर ले गये। अमीना का यह प्रश्न प्रासंगिक लगता है–"कहते थे तेरे बेटे को जेहाद के लिए ले जा रहे हैं। क्या एक माँ की गोद उजाड़ देने का नाम जेहाद है। जेहाद का मतलब होता है मजलूमों के हक़ के लिए लड़ना... यह जेहाद नहीं... यह जेहाद नहीं..." (सुमन और सना) कैम्प में रहने वाले दूदा की पत्नी डॉ. गिरिजा को भी आतंकवादियों ने मार डाला। उस पर यह इलज़ाम लगाया गया कि उसने मुसलमान औरतों के एबोर्शन किये हैं। ग्रामीण नन्दकिशोर और लक्ष्मी दोनों अपनी गाय को कैम्प में ले आते हैं और उसे कहीं बाँधना चाहते हैं। क्लर्क से वे कहते हैं "हम ख़ुद भी नहीं लाना चाहते थे। गौरी को हमने तो वहीं छोड़कर आना था ईश्वर के भरोसे लेकिन जैसे ही हमारा ट्रक चला गौरी रोती चिल्लाती ट्रक के सामने आकर खड़ी हो गयी।" (सुमन और सना) ग्रामीण परिवेश से विस्थापित लोगों की असहायता पर यहाँ संकेत किया गया है।

विस्थापितों की हालत एवं उनके जीवन से गुजरने पर ही उसकी असलियत का पता चलेगा। रिलीफ कैम्प में शरणार्थियों को कोई सुविधा नहीं मिलती। जिन कपड़ों में वे भाग आये है उन्हीं कपड़ों पर महीनों तक उन्हें निर्भर रहना पड़ता है। कभी शरणार्थियों को घर–जायदाद के बदले कुछ रुपये दिये जाते हैं। इस पर मुख़्तार नामक फ़ौजी यों चिल्ला उठता है। "मैं वापस अपने घर जाऊँगा... नहीं लूँगा मैं अपनी ज़मीन के बदले ढाई हज़ार रुपये... भले ही मैं बूढ़ा तो हो गया पर मैं सिपाही हूँ शेरे हिन्दुस्तान हूँ।" (सुमन और सना) घर के होते हुए भी बेघर होने वाले, अपने देश में परदेशी बने लोगों की व्यथा नाटक में उभर आती है।

नाटक में सुमन एक अनाथ बच्ची है जिसे राजेश और कमला दम्पति साथ लाये थे। सुमन की माँ–बाप को आतंकवादियों ने मार डाला था। उसकी माता पर बलात्कार भी हुआ था। इस्लाम धर्म की बच्ची सना अहमदाबाद कैम्प में रहती है। साम्प्रदायिकता रूपी विष ने उसके माँ–बाप और भाई को मार डाला। सना छूट गयी क्योंकि उन कट्टरधर्मियों ने उसे हिन्दू समझकर छोड़ दिया था। कैम्प में सना के पास उसकी माँ की रूह आया करती है जो उसे खिलाती है सुलाती है। इस अनाथ बच्चियों के जीवन के द्वारा नाटककार धर्मेतर इन्सानियत की प्रतिष्ठा करती है। साम्प्रदायिक दंगों के परिणामस्वरूप अनाथ एवं असहाय बच्चियों के रूप में सुमन और सना प्रस्तुत हैं जो मानवीयता को उजागर करने में सक्षम हैं।

काश्मीर में हिन्दू और मुसलमान आतंकवाद के नाम मर रहे हैं। दरअसल बेकसूर लोगों की ही हत्या होती है। हालाँकि सामान्य जनता आपस में प्रेम से रहती है, रहना चाहती है। उनके बीच वैर नहीं, ममता है। कैम्प में रहने वाले काश्मीर के हरि कौल की ज़मीन–ज़ायदाद की देखभाल मुहम्मद अली करता है जिस पर हरि कौल को भरोसा है। मुहम्मद अली का बेटा आतंकवादी बन गया था और मारा भी गया। लेकिन उन दोनों में कोई वैर नहीं। कई पात्रों के जरिये लेखिका इस तथ्य की ओर संकेत करती हैं कि मानवीयता सामान्य जनमानस में अब भी बची हुई है। धर्मनिरपेक्ष राष्ट्रीय संस्कृति का ह्रास किस प्रकार देश भर में हो रहा है, नादिरा जी इसे वापस लाने का प्रयास करती हैं और साथ ही साथ साम्प्रदायिकता की वजह से अपने अधिकारों से वंचित जनता का चित्र खींचती हैं।

मीराकान्त का नाटक 'अन्तहाजिर हो' वर्तमान सन्दर्भ में अधिक प्रासंगिक लगता है। बालिकाओं के यौन शोषण की ख़बर अब ताज़ा नहीं, इस पर कतई संशय नहीं। समाज की यह रूग्णावस्था, उसे प्रगति के मार्ग में नहीं बल्कि अवनति की ओर ले जायेगी। कानूनन बच्चों का यौन–शोषण अपराध है। 'POXO' कानून उसके लिए बनाया गया है। लेकिन असुरक्षित वर्तमान सामाजिक माहौल में लड़की के लिए यह नियम उतना काम नहीं आता, यह एक सच्चाई है। एक नुक्कड़ नाटक के ज़रिये मीराकान्त ने समाज के इस जख़्म के लिए उपचार ढूँढ़ने को बाध्य कर दिया है। भूमिका में उन्होंने लिखा है–''मनुवादी व्यवस्था में बालिकाओं और वैवाहिक बन्धन में बँधी पत्नी की अवश–विवश सामाजिक

स्थिति की पीड़ा इस नाटक का अन्तर्पाठ है।'' (अन्तहाजिर हो) नाटक में सलोनी नामक बच्ची अपने पिता के दोस्त के द्वारा यौन–शोषण की शिकार बनती है। अब उसका मन पढ़ाई में नहीं लगता, खाने पहनने में भी नहीं लगता। यह राज सलोनी की दादी माँ उसके ट्यूटर धीरजदा से कहती है। इस नाटक के भीतर और एक नाटक भी प्रस्तुत है, जिसमें प्रोफेसर सुधांशु और उसके तीन बेटियाँ हैं। सुधांशु की पत्नी लकवा से पीड़ित है। अनुदीदी, बड़ी और छोटी में से छोटी मानसिक विक्षिप्तता से ग्रस्त है। छोटी की डायरी से ही बड़ी को पता चलता है कि उसके पिता प्रोफेसर जो हैं वह उसकी बहिनों का यौन–शोषण करता रहा। एक बार छोटी ने अनुदीदी का यौन–शोषण करते हुए पापा को देखा भी था। तब अनुदीदी ने छोटी से कहा था कि यह बात किसी से मत कहना है और यदि कहे तो सिर पर भैंस के समान सींग उग आयेंगे। छोटी को बार–बार यह लगने लगता है... ''कभी मेरे शरीर पर भैंस का चेहरा... कभी–कभी भैंस के शरीर जैसा मेरा सींगोवाला चेहरा। मैं ने कभी किसी से कुछ नहीं कहा था... कुछ भी नहीं... कुछ भी तो नहीं कभी नहीं... फिर तो सींगोवाला चेहरा दिन–रात मेरे आगे–पीछे क्यों रहता है? क्यों? अपनी सहेलियों से मिलना जुलना भी लगभग बन्द ही कर दिया था। स्कूल के बाद सीधे घर।'' (अन्तहाजिर हो) बाद में छोटी को भी पिता के व्यवहार पर शंका होने लगती है। अपनी ही बच्चियों पर ऐसा निर्मम व्यवहार करने वाले सुधांशु की विकृत मानसिकता को लेखिका ने रेखांकित किया है। वह अपने कुकृत्य पर हिचकता नहीं, उसमें उसे तनिक ग्लानि भी नहीं। अपने मित्र से वह कहता है–''साली क्या ज़िन्दगी है हमारी भी यार... बीज बोओ। उसे सींचते रहो सालों... पालो–पोसे... जब लहलहाने लगे तो किसी और की नज़र कर दो।'' (अन्तहाजिर हो) लगता है घृणित मानसिकता वाले ऐसे चरित्रों की ओर नाटककार समाज का ध्यान आकर्षित कराती है।

नादिरा जहीरबब्बर का 'सकूबाई' नाटक में भी अपने मामाजी के द्वारा बलात्कार की शिकार बालिका शकुन्तला का चित्र पेश किया गया है। सम्बन्धों में आये हुए बिखराव ने सम्बन्धों की पवित्रता को खारिज कर दिया है। स्त्री को सिर्फ़ उपभोग की चीज़ मानने की संस्कृति को आज बढ़ावा मिल रहा है। इसलिए बच्चियाँ घर के भीतर भी सुरक्षित नहीं हैं। छोटी–छोटी बालिकाओं से लेकर वृद्धा तक इस अत्याचार की शिकार

बन रही हैं। सुरक्षा के जो अधिकार विशेष रूप से स्त्रियों के लिए पारित हैं; उसके उल्लंघन के प्रति जागृत होने का आह्वान यह नाटक बुलन्द करता है।

समकालीन इन स्त्री नाटककारों के नाटकों से जूझते वक़्त यह जाहिर होता है कि वे अधिकार से वंचित जनता के पक्ष में बोलती हैं। जीने का अधिकार प्रकृति के समस्त प्राणियों को समान रूप से प्राप्त है, पर भिन्न–भिन्न कारणों से इस अधिकार से मनुष्य बाहर हो जाता है। समाज के हर क्षेत्र में वर्ग, वर्ण, जाति और लिंग के सन्दर्भ में जो अमानवीयता बरकरार है वह समाज के आगे के विकास के लिए बाधा ही बनेगी। लेखिकाएँ इस सन्दर्भ में खुलकर बताना चाहती हैं कि अधिकारों का हनन जो चारों ओर हो रहा है उसके ख़िलाफ़, आवाज़ उठाने की सख़्त अनिवार्यता है। मानवाधिकार की रक्षा मनुष्य समाज के भविष्य को सुदृढ़ बनाने के लिए अनिवार्य है। व्यवस्था ने समाज को भिन्न–भिन्न खेमों में बाँटा है और अपने वर्चस्व को समाज में बनाये रखने में कामयाब रही है। हाशिएकृत एवं निरीह लोग सत्ता की इस अनीति के शिकार बनते हैं। स्त्री हो, बच्चे हों या सामान्य अनपढ़ ग्रामीण लोग हों, ये अपने अधिकार से वंचित होते हैं और ऐसे वक़्त में रचनाकार का उसके पक्ष में होना समय की माँग है। एक नागरिक के रूप में समाज को स्त्री को मान्यता देनी चाहिए ताकि भविष्य का समाज स्त्री–पुरुष दोनों को बराबर समझे। स्त्री और बच्चों को जो विशेष अधिकार प्राप्त हैं उससे समाज अवगत हो जाये। सामान्य रूप में जीने का, स्वतन्त्रता का, सुरक्षा का, यौन उत्पीड़न से मुक्ति का अधिकार जो कानूनन प्राप्त है उसे समाज में स्थापित करना ही लेखिकाओं का मकसद है। लोकतान्त्रिक समाज में जितनी स्वतन्त्रता और समानता का हक़ लोगों को है उसी पर ये नाटक प्रकाश डालते हैं। आज भी आस्थाओं और परम्पराओं की दुहाई देकर समाज को पीछे की ओर धकेला जा रहा है। समकालीन स्त्री नाटककार अपनी रचनात्मक ताक़त से इस प्रश्न को चुनौती दे रही हैं।

सिनेमा और स्त्री

•

प्रतिभा मुदलियार

मानव सभ्यता के प्रादुर्भाव से लेकर आज तक कहानियों में मनुष्य की गहरी अभिरुचि रही है। बचपन में वह अपने दादा–दादी या नाना–नानी की गोद में बैठकर कहानियाँ सुनता था, युवावस्था में वह पहले नाटकों, लोक कलाओं (नौटंकी, तमाशा, आल्हा, कठपुतली आदि) से अपना मनोरंजन करता आ रहा था, तो वृद्धावस्था में वह धर्मग्रन्थों की कहानियाँ से मनोरंजन के साथ–साथ धर्मलाभ भी करता आ रहा था।

भले ही शताब्दियाँ बदली हों किन्तु अभिरुचि में परिवर्तन तो नहीं हुआ, हां, अभिरुचि के माध्यमों में परिवर्तन अवश्य परिलक्षित होने लगा। अब दादा–दादी द्वारा सुनाई जाने वाली गुड्डे–गुड्डियों, राजा–रानी एवं परियों की कहानियों में से दादा–दादी गायब होने लगे हैं और उनका स्थान टी.वी. ने ले लिया है। हमने फ़िल्मों तथा टी.वी. में मनोरंजन ढूँढ़ना प्रारम्भ कर दिया है। इक्कीसवीं शताब्दी में तो इसमें इण्टरनेट का आयाम भी जुड़ गया है। सूचना क्रान्ति के युग में अब ये सभी माध्यम मात्र मनोरंजन के साधन नहीं रहे बल्कि आज वे ज्ञान एवं सूचना के महत्त्वपूर्ण स्त्रोत हैं। इन सभी माध्यमों ने अपने क्षेत्रों का विस्तार किया और ये हर आयु वर्ग के लिए अपनी उपयोगिता साबित करने लगे हैं। इनमें से सर्वाधिक महत्त्वपूर्ण एवं लोकप्रिय माध्यम है सिनेमा। सिनेमा ने समय–समय पर समाज से जुड़कर, समाज के कई मुद्दों को अपना विषय बनाया है। यहाँ मैं मात्र स्त्री और सिनेमा इसी विषय पर केन्द्रित रह हुए अपनी बात कहना चाहती हूँ।

वास्तव में समाजशास्त्री हो या मनोवैज्ञानिक, मीडिया विशेषज्ञ हो या

नारीवादी एक्टिविस्ट, स्त्री–छवि को लेकर सभी चिन्तित हैं। यह विषय आज अपनी गम्भीरता लिए हुए है। साहित्य हो या समाज, मीडिया हो या सिनेमा सभी माध्यम इस विषय को लेकर गम्भीर हैं। यह सिनेमा जो समाज की तस्वीर है उस सिनेमा को लेकर मन में कुछ प्रश्न उभरते हैं, जैसे–

- हमारे जीवन में सिनेमा की क्या भूमिका है?
- इनका समाज और संस्कृति पर क्या प्रभाव पड़ रहा है?
- सामाजिक परिवर्तन की प्रक्रिया में बह कितना सकारात्मक हस्तक्षेप कर रहा है?
- सिनेमा में स्त्री की छवि कैसी है और वह उससे जुड़ी समस्याओं को किस प्रकार दर्शाता है।
- नारी की वह कौन–सी छवि है जिसे सिनेमा को प्रस्तुत करना चाहिए?
- पर्दे पर स्त्री किसका प्रतिनिधित्व कर रही है।
- स्त्री चरित्र को सिनेमा में किस प्रकार स्थान दिया गया है।
- फ़िल्म निर्माताओं के लिए स्त्री विमर्श क्या है और उन्होंने उसे कैसे दर्शाया है।

इन सारे प्रश्नों का उत्तर पाने के लिए कुछ फ़िल्म क्रिटिक्स या फ़िल्मकारों से वाकिफ होना आवश्यक है। वास्तव में स्त्री और सिनेमा के बीच का सम्बन्ध एकदम स्पष्ट है। नारीवादी आन्दोलन के बाद नारीवादी अध्ययन लगभग हर क्षेत्र से जुड़ गया। सिनेमाई आख्यान में नारी का व्यक्तित्व, उसका निषेध तथा उसकी चुप्पी के सम्बन्ध में एक बिल्कुल भिन्न आयाम ही पाया है। सिनेमा के नारीवादी आलोचकों ने सिनेमा में चित्रित नारी के यथार्थ चित्र को समझने में काफ़ी सहायता पहुँचाई है। सिनेमा में स्त्री के स्टेरिओ टाइप चरित्रों का भी मूल्यांकन हुआ है।

दरअसल हिन्दी फ़िल्मों में स्त्री का चरित्र एकमेव रहा है जो अच्छी या बुरी है, गोरी है या काली है, किन्तु इसके मध्य का स्त्री चरित्र हिन्दी फ़िल्मों में बहुत कम मात्रा में दर्शाया गया है।

हिन्दुस्तानी सिनेमा के पहले दशक की फ़िल्में धार्मिक क़िस्म की थीं और उनमें महिलाएँ देवियों जैसी थीं, जबकि कैकेयी और मंथरा वगैरह बुरी महिला–पात्रों के स्टीरियोटाइप बने।

साठ के दशक के सिनेमा में स्त्री की माँ वाली छवि ही ज़्यादा प्रभावी थी। उस जमाने में स्वतन्त्र, नौकरीपेशा और अपना जीवन शर्तों पर जीने

वाली स्त्री को प्रायः एक खलनायिका की तरह ही दिखाया जाता था। वह स्त्री भारतीय नैतिकता के मानदण्डों के अनुसार एक आदर्श स्त्री नहीं थी। आदर्श वही थी, जो पति, बच्चे और परिवार में ही अपने जीवन का सुख ढूँढ़ती थी। यह बड़ा रोचक है कि उस दौर के सिनेमा में अपने समय के बड़े सवाल जैसे किसानों और मजदूरों के प्रश्न, वर्ग–संघर्ष और समाज की तमाम विडम्बनाएँ पर्दे पर उतर रही थीं, लेकिन स्त्री वही थी–घूँघट में, घर को मन्दिर बनाती, सजाती हुई, पति को देवता मानकर उसकी पूजा करती हुई। लेकिन यह उस दौर की सभी फ़िल्मों की सच्चाई हैं। शायद वह समाज भी ऐसा ही था–ज़्यादा सामन्ती और पितृसत्तात्मक समाज।

नारी के समस्त रूपों में सर्वश्रेष्ठ रूप माँ का है। माँ दुनिया की सबसे अनमोल धरोहर है। जब जीवन के हर क्षेत्र में माँ का स्थान अहम है तो भला हमारी हिन्दी सिनेमा इण्डस्ट्री इससे कैसे वंचित रह सकती है। मूक जमाने से लेकर आज तक बनी फ़िल्मों में माँ के इस सर्वश्रेष्ठ रूप को कई अभिनेत्रियों ने पर्दे पर बख़ूबी साकार किया है। '...मेरे पास माँ है', जैसे डायलॉग ऐसे ही हिन्दी सिनेमा के सबसे हिट डायलॉग नहीं बने हैं।

यहाँ मैं केवल एक ही सिनेमा का जिक्र करना चाहूँगी और वह है मदर इण्डिया। 1957 में फ़िल्म मदर इण्डिया महबूब खान द्वारा निर्देशित एक सर्वोत्कृष्ट बॉलीवुड कृति है। ग्रामीण पृष्ठभूमि की इस फ़िल्म में मुख्य पात्र राधा (नर्गिस) के ग्रामीण जीवन की कठिनाइयों का सजीव चित्रण है। फ़िल्म के सभी किरदार भयावह दरिद्रता के कुचक्र में पिस रहे हैं और समस्याएँ उनका पीछा ही नहीं छोड़तीं। इस सब के बीच राधा भारतीय नारी के शील व शक्ति के गुणों को दर्शाती हुई सभी कठिनाइयों को हँसती हुई झेलती है, अपने परिवार का भरण–पोषण करती है, अपने बच्चों के लिए बलिदान देती है, और वह अपने परिवार के ख़िलाफ़ जाकर अपने समाज के सिद्धातों का समर्थन करती है। राधा को एक आदर्श हिन्दू माँ के रूप में दर्शाया गया है। मदर इण्डिया ने दिखाया कि इण्डिया के अस्तित्व के जितने भी आयाम हैं सब के पीछे स्त्री का बहुत ही गहन संघर्ष है। स्त्री जो बेटी, पत्नी, माँ के रूप में स्नेहमयी–ममतामयी है और इस भावुकता के समानान्तर समाज के मूल्यों की भी प्राथमिक कस्टोडियन वही है और भावना और मूल्य दोनों को संजोने की कीमत सबसे अधिक वही देती है।

हिन्दी फ़िल्मों ने स्त्री के त्यागमयी चरित्र को काफ़ी भुनाया है। आज्ञाकारक पत्नी, पतिव्रता की संकल्पना के द्वारा हिन्दी सिनेमा ने स्त्री

के चरित्र को पितृसत्तात्मक मूल्यों के आधार पर दर्शाया। दहेज (1950), गौरी (1968) देवि (1970) पति परमेश्वर (1998) आदि फ़िल्मों में स्त्री को निष्क्रिय, विनम्र पत्नी तथा अपने परिवार के लिए शहीद होने वाली आदर्श नारी के रूप में दर्शाया गया है। भले ही इन फ़िल्मों में पितृसत्तात्मक परिवार का विरोध किया गया हो लेकिन कहीं न कहीं इन फ़िल्मों में ऐसी नारी को दर्शाया जो गम्भीर शारीरिक तथा भावनात्मक हिंसा के बावजूद अपने पति का घर नहीं छोड़ना चाहती। जिस घर तेरी डोली गयी है उसी घर से तेरी अर्थी उठेगी यही विचार स्थिर किया। इस प्रकार के चरित्रों को देखकर कभी–कभी मन में यह सवाल उठता है कि हिन्दी फ़िल्मों की नारी का चरित्र कितना यथार्थपूर्ण है। दरअसल फ़िल्मों में नारी को सामान्य से असामान्य, आदर्श चित्रित करने के कारण सामान्य नारी की इच्छाएँ, आकांक्षाएँ, भावनाएँ आदि गायब हैं। उसको बिल्कुल अलग रूप में ही दर्शाया गया है। जैसे किसी दूसरे ग्रह की हो।

स्त्री विमर्श की दृष्टि से यदि हम फ़िल्म अभिमान (1973) देखें तो पुरुष का अहम उसके प्रेम, परिवार, भावनाओं से भी ऊपर होता है। पत्नी पति से किसी भी क्षेत्र में आगे बढ़ रही हो, ये तथ्य पुरुष का अहम सहन नहीं कर पाता। जीवन की इसी वास्तविकता को केन्द्र–बिन्दु बनाकर ऋषिकेश मुखर्जी ने इस संवेदनशील फ़िल्म का निर्देशन किया था। इस फ़िल्म में पुरुषवादी मानसिकता की आलोचना की गयी है। सुबीर कुमार (अभिताभ बच्चन) एक पेशेवर गायक है जो वृद्धि कर रहा है। उमा (जया भादुरी) से मिलने तक उसका शादी करने का विचार नहीं था। उमा गाँव में दुर्गा मौसी (दुर्गा खोटे) के साथ रहती है। उससे शादी कर बम्बई लाता है। उसकी गायकी का पेशा शुरू करना चाहता है। इसी बीच उसकी गायकी डगमगाती है और उमा की उभरती है और वह अपने पति से भी प्रसिद्ध गायिका बनती है। इस पर सुबीर उमा से द्वेष करने लगता है और उनके वैवाहिक जीवन में तनाव होता है। एक संवेदनात्मक मोड़ पर दोनों के बिछड़ने के बाद उमा का गर्भपात होता है। क्या सुबीर अपने अभिमान व द्वेष पर विजय पाता है? ऋषिकेश मुखर्जी ने इस श्रेष्ठतम निर्देशन में गीत **तेरे मेरे मिलन की ये रैना** से अन्त में दोनों का भावनात्मक मिलन दिखाया है।

आठवें दशक में स्त्रियाँ हिन्दी सिनेमा में अपनी सार्थक प्रतिमा गढ़ने की दिशा में सक्रिय दिखती हैं। हिन्दी सिनेमा में स्त्री की स्वतन्त्र छवि

का निर्माण 'भूमिका' (श्याम बेनेगल), 'सुबह' (जब्बार पटेल), 'बाज़ार' (सागर सरहदी) और 'मासूम' (शेखर कपूर) जैसी फ़िल्मों में हुआ है। यहाँ मैं भूमिका का जिक्र करना चाहूँगी। श्याम बेनेगल ने 1977 में 'अंकुर', 'निशान्त', 'मंथन' के बाद चौथी फ़िल्म के तौर पर 'भूमिका' फ़िल्म को निर्देशित किया था। वह एक स्त्री की आत्मकथा पर आधारित फ़िल्म थी। यह थी हँसा वाडेकर की आत्मकथा।

वह एक हिन्दुस्तानी औरत थी जिसकी चाह थी कि उसके दुःख, दर्द और उसकी विपत्तियों को पहचाना जाये। कोई उसके माथे का बुखार महसूस कर पाये। कोई उसे सुने। कोई यह समझ सके कि वह बहुत थकी है। उसे थोड़ी–सी अपनी जगह चाहिए। जितना उसका पैर दुःख रहा है, उतना ही उसका माथा और उतना ही उसका मन। वह भारतीय मर्दवाद के जंगल में घूमती रही थी–बदहवास और लहूलुहान। उसने तीन चार मर्दों को जाना लेकिन वे सारे ही उसे रौंदना चाहते थे। यह सब 'भूमिका' (1977) नाम की फ़िल्म की नायिका के साथ होता है। फ़िल्म में एक जगह कहा भी जाता है कि सब कुछ बदलता है लेकिन मर्द नहीं बदलता। यह फ़िल्म भारतीय स्त्री के दुःख, दुविधा और दावेदारी को आमूल तरीके से सामने लाती है।

यह एक स्त्री के काँटों पर चलने की कहानी थी। बार–बार ठगे जाने की कराह। यह एक स्त्री की कहानी थी जिसकी नीन्द उड़ी हुई है, और जो ठौर की तलाश में है। जो नीमहोशी में चली जा रही है। यह मर्दों की दुनिया में एक स्त्री का भटकाव था जहाँ बार–बार मोहभंग होता था। स्वप्न टूटता था। उषा ने कलाओं को साधा था–गाने और अभिनय और नृत्य की कलाएँ। लेकिन मर्दों से निपटने की कला उसे नहीं आती थी। यह उसकी त्रासदी है। इस अर्थ में 'भूमिका' एक दस्तावेज़ है स्त्री की त्रासदी का। उषा के तौर पर स्मिता फ़िल्म का केन्द्रीय पात्र थी लेकिन जैसा कि कहा गया है समस्या भी वही थी। अर्थात स्त्री होना दूसरे दर्जे की नागरिकता का आरोपण और वरण दोनों है और इस अनंतरता को स्मिता ने क्या ही ख़ूबी से निभाया।

उषा कमज़ोर और काइयाँ केशव देहलवी (अमोल पालेकर) से शादी करती है जो अधिकारवाद का लिजलिजापन है। वह कितना भी टेढ़ा–मेढ़ा क्यों न हो, अपनी स्त्री को वह अँगूठे के नीचे रखना जानता है। श्याम बेनेगल केशव के ज़रिये कहना भी यही चाहते हैं कि पुरुष का मूल गुण

यह है कि वह पुरुष है, जिसका यह मायने भी है कि वह स्त्री की नियति का नियन्त्रक है। उषा इस क़ैद को स्वीकार नहीं करना चाहती। वह दाम्पत्य का किला ढहाती है लेकिन तब वह और निष्कवच हो जाती है। कहाँ है स्वातन्त्र्य। परम्परा, बाज़ार और सामन्त में से किसी एक का वरण उसे करना ही होता है, क्योंकि उसे मर्दों के बनाये विकल्पों में से किसी एक का चुनाव करना है। अनन्तनाग, कुलभूषण खरबन्दा, नसीरुद्दीन शाह, अमरीश पुरी के तौर पर पुरुष चरित्रों की एक कतार है जो स्मिता को अपने–अपने तरीक़ों से रौंदने को तैयार है। कोई सामन्त है तो कोई तिज़ारती। सम्बन्ध उसे स्वतन्त्र नहीं करता, बँधुआ बनाता है। वह साथी को पुकारती है तो मिलता है जेलर। वह एक बन्धनमुक्त यूटोपिया चाहती है लेकिन बदलती है वह माल में। श्याम बेनेगल स्त्री के सब कुछ खोने की दास्तान को एक स्त्री की जीवनी के जरिये कहते हैं। वे पुरुष के सत्तात्मक मन की जाँच काफ़ी हद तक नारीवादी औज़ारों से करते हैं। फ़िल्म में वे मर्दवादी प्रवृत्ति पर लगातार रोशनी डालते हैं। तो होता यह है कि पुरुष का बौनापन छिपाये नहीं छिपता और इस सबके बीच स्त्री के अपराजेय होने की हँसी जब–तब सुनाई देती रहती है–उसकी अपनी सतत चीख़ों के बीच।

केतन मेहता की फ़िल्म 'मिर्च मसाला', 1980 में महेश भट्ट द्वारा फ़िल्म निर्देशित 'अर्थ' जैसी महत्त्वपूर्ण फ़िल्में आयी और इसी दौरान स्मिता पाटिल, शबाना आजमी, दीप्ति नवल जैसी जहीन नायिकाओं का उदय हुआ जिन्होंने अपने संवेदनशील अभिनय से महिलाओं की समस्याओं और समाज में अपनी पहचान बनाने के दौरान सामने आयी स्थितियों को अभिनीत किया। हिन्दी सिनेमा में स्त्री की स्वतन्त्र छवि का निर्माण 'सुबह' (जब्बार पटेल), 'बाज़ार' (सागर सरहदी) और 'मासूम' (शेखर कपूर) जैसी फ़िल्मों में हुआ है। फ़िल्म 'आन्धी' में एक स्त्री सत्ता में सीधे भागीदार बनकर राजनीति में पुरुष–वर्चस्व के मिथक को तोड़ती हुई दिखाई पड़ती है। देह विमर्श, स्त्री मन, लेस्बियनिज़्म, कार्यकुशलता, योग्यता की समानता, पुरुष की तरह समान व्यवहार और इच्छाशक्ति दर्शाने वाले स्त्री जैसे प्रश्न आज हिन्दी सिनेमा के विषय कम बनते हैं। दीपा मेहता की 'फायर' या फिर 'वाटर' जिसमें एक स्त्री की दृष्टि से जबर्दस्त कथानक का रचाव–बसाव है, सर्वश्रेष्ठ उदाहरण हैं।

बॉलीवुड की मुख्यधारा में 1980 में 'आशा', 'माँग भरो सजना', 'थोड़ी

सी बेवफाई', 'ज्योति बने ज्वाला' बनी। बी.आर.चोपड़ा ने उस समय जिस विषय को चुना वह बेहद बोल्ड था, फ़िल्म थी 'इन्साफ़ का तराजू'। किस तरह बलात्कार की शिकार महिला अपनी लड़ाई अकेली लड़ती है इसे लोगों ने पहली बार परदे पर देखा। इसके बाद 'सौ दिन सास के' और 'ख़ूबसूरत' जैसी फ़िल्में भी आयीं। 1982 में राजकपूर ने विधवा–विवाह जैसे महत्त्वपूर्ण सामाजिक मुद्दे पर 'प्रेम रोग' बनाई। हिन्दी फ़िल्मों में महिलाओं की भूमिका को नज़रअन्दाज़ नहीं किया जा सकता। भारतीय समाज के रूढ़िवादी रुख के बावजूद जिन फ़िल्मों में नारी शक्ति का अद्भुत रूप देखने को मिला वे फ़िल्में थीं, देवदास, 'बन्दिनी', 'साहब बीवी और गुलाम', 'अर्थ', 'अंकुर', 'मण्डी', 'स्पर्श', 'पाकिजा', 'उमरावजान', 'गुड्डी', 'मिली', 'जीवन धारा', 'आख़िर क्यों', 'मासूम', 'जुबैदा', 'मम्मों', 'परिणता', 'लज्जा', 'चकदे इण्डिया' आदि हिन्दी फ़िल्मों में महिलाओं की भूमिकाएँ उल्लेखनीय मानी जाती रहेंगी।

1990 तक आते–आते समाज में कई राजनैतिक और आर्थिक परिवर्तन हुए जिसकी छाया फ़िल्मों में भी साफ़ दिखाई देने लगी। मुक्त बाज़ार ने देश में पश्चिमी चीज़ों के लिए दरवाजे खोल दिये गये। फलस्वरूप स्त्री को एक ब्राण्ड के रूप में प्रस्तुत किया जाने लगा। 21 वीं शताब्दी के पूर्व का सिनेमा स्त्री के अस्तित्वगत यात्रा के विविध आयामों को बख़ूबी चित्रित करता है। जिसमें नारी–अभिव्यक्ति की छटपटाहट है जिसके अभिप्रेरणा के केन्द्र में उसकी स्वयं की सत्ता है। स्त्रियों के इस संघर्ष में पुरुषों का एक तबका ऐसा भी है जो बराबर का साझीदार है। वह स्त्रियों को वर्तमान से विद्रोह के लिए साहस और सम्बल प्रदान कर रहा है। समानतापूर्ण स्त्री स्वातन्त्र्य और अभिव्यक्ति की खातिर ये सहृदय पुरुष हर मोर्चे पर तैनात हैं।

किन्तु यह भी एक सच्चाई है कि आधुनिक से उत्तर–आधुनिक होते वर्तमान समाज में पीढ़ी–अन्तराल (Generation Gap) जर्बदस्त है। नयी पीढ़ी जहाँ स्त्रियों की आज़ादी और खुलेपन की तरफदार है, वहीं पुरानी पीढ़ी के दिमाग़ में सामाजिक मर्यादा और लक्ष्मण–रेखा सम्बन्धी पेंच अभी भी सनातनी है। खैर, 21वीं सदी में कुछ फ़िल्में आयीं जिनका जिक्र भी ज़रूरी है।

'द डर्टी पिक्चर' निश्चय ही सिल्क स्मिता के जीवन से प्रभावित है। मैं यहाँ फ़िल्म के कथ्य को लेकर बात करूँगी। यह एक ऐसी लड़की की

कहानी है, जो फ़िल्मों में काम करने के ख्वाब लेकर बड़े शहर में आती है। निराश होकर वह हर काम करने को तैयार है, जो उसे काम दिलाये। उसे काम अपनी शर्तों पर नहीं मिलता और न ही मिलना जारी रहता है। उसे उछाला जाता है पुरुष अहम को सहलाने के लिए और गिराया भी जाता है उस अहम को ठेस पहुँचाने के लिए। अलबत्ता वह मुगालता पाले हुए है कि वह सिल्क है सिल्क और जब दूसरी बार वह संवाद दोहराती है, तो इस संवाद का खोखलापन साफ़ उभर आता है। फ़िल्म परत दर परत सिनेमा उद्योग में निर्माता से लेकर दर्शक तक व्याप्त पुरुष कुण्ठा को उघाड़ती है और उस दोहरेपन को भी, जिसे सिनेमाघरों के अँधरे में ही पहचाना जाता है। वह हर एक मर्द के बिस्तर का ख्वाब बन सकती है, लेकिन पत्नी नहीं बन सकती। उसे 'छूता' कोई नहीं, सभी 'टच' करते हैं। उस देह को जिस देह का उसकी आत्मा से शायद ही कोई सम्बन्ध है। फ़िल्म में भी सिल्क की देह भोगे जाने के ऐतिहासिक क्रम में ही है।

'हम आपके हैं कौन', 'कभी खुशी कभी गम', आदि फ़िल्में पारिवारिक मूल्यों पर लिखी गयी फ़िल्में हैं। इसमें नारी चरित्रों को भले ही पढ़ी लिखी उच्च शिक्षित दिखाया गया है किन्तु उनकी अस्मिता का जिक्र नहीं के बराबर है।

नारी की अस्मिता का प्रश्न उठाने वाली फ़िल्म 'इंग्लिश–विंग्लिश' में मध्यवर्ग की एक ऐसी भारतीय महिला का किरादार आता है, जो विवाह के बाद अमेरिका चली जाती है और अंग्रेज़ी भाषा न जानने के चलते वहाँ ख़ुद को असहज महसूस करती है। श्रीदेवी एक ऐसी पत्नी का किरादार निभा रही हैं, जो अपने पति पर पूरी तरह निर्भर रहती है, एक साधारण स्त्री जो लड्डु बनाती है। इंग्लिश न आने के कारण बच्चे तक उसका मज़ाक उड़ाते हैं। वही विदेश में जाकर अपनी अस्मिता बना लेती है।

नये साल की शुरुआत में रिलीज हुई 'डेढ़ इश्किया' और हाल में आई 'हाईवे' में स्त्रीमन की आकांक्षाओं की पड़ताल की गयी। 'डेढ़ इश्किया' में जहाँ अभिषेक चौबे ने बेगम पारा के किरदार में माधुरी दीक्षित को परदे पर पेश किया, वहीं इम्तियाज अली ने आलिया भट्ट के ज़रिये वीरा के मन की चुभन और ख्वाहिशों को सिल्वर स्क्रीन पर उकेरा। दोनों फ़िल्मों का विषय बिल्कुल अलग है, लेकिन इन दोनों फ़िल्मों में एक बात तो साझा है कि इनकी नायिकाएँ पारम्परिक नहीं हैं। वे नये जमाने की स्त्रियाँ हैं, जिनके पास स्वप्न हैं, इच्छाएँ हैं, संघर्ष हैं। ज़रूरत भर की चालाकी और

निडरता भी है। ख़ुशी की बात यही है कि हिन्दी सिनेमा में अछूते विषय उठाने का सिलसिला जारी है। फ़िल्मकार छोटी जगहों से बड़े ख्वाब लेकर मायानगरी आ रहे हैं और वे बख़ूबी समझते भी है कि सिनेमा को अलग स्वरूप देते समय स्त्री की पारम्परिक छवि से मुक्त होना ही होगा।

साथ ही इस आलेख में एक और बात अगर मैं नहीं जोड़ूँ तो शायद यह अधूरी बात होगी। यहाँ मैं फ़िल्मों में अनायास आने वाले आइटम सॉन्ग तथा आइटम गर्ल का जिक्र करना चाहती हूँ। पुराने समय के आइटम नम्बर वैम्प किया करती थीं, जबकि अब यह जगह हिरोइन ने ले ली है। आइटम सांग में हीरोइनों के होने के पीछे बाज़ार एक बहुत बड़ा कारण है। 'मुन्नी बदनाम', 'शीला की जवानी', 'शालू के ठुमके' और 'जलेबी बाई' के बहाने स्त्री देह का प्रदर्शन हो रहा है। फ़िल्मों में स्त्री–देह को अपनी इच्छित दिशा में ले जाने के लिए उतावलापन दिख रहा है; उससे क्या आधी आबादी सीधे जुड़ाव महसूस कर रही है? क्या इससे पूरे भारतीय स्त्री के मनोजगत, मनोवृत्तियों तथा उसकी वास्तविक मनोदशा को सशक्त अभिव्यक्ति मिल पा रही है? इन प्रश्नों पर विचार होना भी ज़रूरी है।

भारतीय हिन्दी सिनेमा जन–सम्प्रेषण का एक पुरजौर प्रभावी माध्यम है, इस नाते यह अभिव्यक्ति यदि भारतीय सिनेमा द्वारा मिले, तो यह ज़्यादा अर्थपूर्ण और प्रभावशाली होगा। दूसरी बात जो सबसे महत्त्वपूर्ण है वह यह कि सिनेमा सिर्फ़ आधी–आबादी का न होकर पूरे प्रकृति–जगत का साक्षात्कार है। ...सिनेमा बड़ी उस्तादगी के साथ स्त्रियों में यह एहसास भरने की कोशिश करता है कि प्रकृति के बाद सर्वाधिक सामर्थ्यवान एकमात्र स्त्री–जाति ही है। यही नहीं सिनेमा उनमें इस चेतना को भी विकसित करता है कि अगर स्त्रियाँ भावनात्मक आवेग से पूरित न हों, तो बाद की तमाम पीढ़ियाँ नपुंसक ही पैदा होंगी, क्योंकि प्रेम, वात्सल्य, संवेदना, ममत्व, भाव और रस आदि से अपने भ्रूण को सींचने और उन्हें विकसित करने का कार्य सिर्फ़ और सिर्फ़ स्त्रियों का शक्ति–स्वरूपा व्यक्तित्व ही कर सकता है, दूजा कोई भी नहीं।

सवाल उठाती स्त्रियाँ
(सन्दर्भ : स्त्री आत्मकथाएँ)

•

प्रीति सागर

भारतीय समाज के सभी कानून, संस्कृति पितृसत्तात्मक व्यवस्था द्वारा निर्मित एवं पोषित हैं। हमारे शास्त्रों में स्त्रियों की बहुत महिमा गाई गयी है लेकिन वे हमेशा से विजित और शासित रही हैं। स्त्रियाँ को हमेशा यह मानने के लिए बाध्य किया गया कि वे पुरुषों की आश्रिता हैं, उनका कोई स्वतन्त्र अस्तित्व नहीं है। कालान्तर में शिक्षा के प्रसार के कारण आई स्त्री चेतना ने स्त्रियों को उनकी वास्तविक स्थिति से परिचित कराया। उन्नीसवीं सदी में भारत में स्त्री चेतना ने अँगड़ाई ली। शिक्षा के प्रचार–प्रसार, आधुनिक तकनीक का प्रभाव और तत्कालीन स्थितियों ने स्त्रियों को आगे बढ़ने के लिए प्रेरित किया।

प्रायः साहित्य को समाज का आईना बताया जाता है लेकिन लम्बे समय तक दुनिया की आधी आबादी को आईने में अपना प्रतिबिम्ब देखने से रोका गया। प्रायः स्त्रियों की दयनीय स्थिति को देखकर उसका सहानुभूतिपूर्ण चित्रण तो किया जाता रहा लेकिन इन अनुभवों को स्त्री दृष्टि से देखने, समझने और समझाने का अवसर नहीं दिया गया जबकि साहित्य समाज को सच का आईना तभी दिखा पायेगा जब पीड़ित को अपनी बात कहने का अवसर मिले। जब साहित्य में स्त्रियों को अभिव्यक्ति करने का अवसर मिला तो स्त्री जीवन का यथार्थ साहित्य की अन्य विधाओं के बनिस्बत आत्मकथा के माध्यम से प्रामाणिक ढंग से सामने आया। आत्मकथा का यथार्थ से सीधा सम्बन्ध है और अपनी आत्मकथाओं के माध्यम से स्त्रियाँ

समाज से संवाद करते हुए सवाल उठा रही हैं। उल्लेखनीय है कि स्त्री आत्मकथाएँ केवल लेखिकाओं के जीवन के तथ्यों और घटनाओं का ब्योरा भर नहीं है वरन् भारतीय समाज में व्याप्त पितृसत्तात्मक व्यवस्था की व्याख्या भी हैं। "पितृसत्ता एक सामाजिक घटना है, हज़ारों सालों से चली आई ऐसी व्यवस्था, जिसमें स्त्री की अधीनस्थता सर्वविदित है। पितृसत्ता ने स्त्री को अपने ज्ञान की वस्तु बनाया। उसे साधन के रूप में प्रयुक्त किया–उसके नाम, रूप, जाति गोत्र सब अपने सन्दर्भ में परिभाषित किये। स्त्री का यह अमानवीकरण दलित के अमानवीकरण से कहीं ज़्यादा सूक्ष्म है क्योंकि दलित पुरुष भी पितृव्यवस्था का सदस्य है और अपने पुरुषोचित अहंकार के कारण स्त्री के शोषण और उत्पीड़न से बाज नहीं आता।"[1] पितृसत्तात्मक व्यवस्था ने स्त्रियों के निजी, सामाजिक एवं सार्वजनिक जीवन को प्रभावित कर उन्हें कितना कुण्ठित किया है, इसको समझने के लिए स्त्री आत्मकथाएँ महत्त्वपूर्ण हैं। "स्त्री आत्मकथा स्वयं में बारम्बार कहा जाने वाला अनुवाद रहित, अनकहा सन्देश है, यह सन्देश उनके लिए है जो वर्चस्वशाली संस्कृति के उच्च पदों पर बैठे हैं उन्हें यह सन्देश स्त्रियाँ द्वारा दिया जा रहा है, हाशिये की अस्मिताओं द्वारा दिया जा रहा है, उन सभी की ओर से जो समाज के हाशिये पर स्थित हैं।"[2] स्त्री आत्मकथाओं के माध्यम से आधी दुनिया के सुख–दुःख और ऐसी भूली–बिसरी बातें सामने आई हैं जिन्हें अभी तक महत्त्वहीन समझा गया। स्त्रियों ने आत्मकथाओं में जब अपनी पीड़ा, अनुभव और अपने प्रति समाज के परम्परागत दृष्टिकोण का विरोध किया तो उन पर तरह–तरह के आरोप लगाये गये, चारित्रिक भर्त्सना की गयी लेकिन स्त्री आत्मकथाओं में जो सवाल उठाए जा रहे हैं उनसे समाज के संवेदनशील लोगों में सुगबुगाहट जागी है, बेचैनी पैदा हुई है। स्त्रियों के बारे में बहुत से मिथक और भ्रम टूटे हैं। कभी–कभी तो ऐसी सच्चाईयाँ सामने आ रही हैं, जिनमें किसी प्रकार का सन्देह न होने पर भी संस्कारगत विवशताओं के कारण परम्परागत समाज स्वीकार करने में हिचकिचा रहा है। स्त्री आत्मकथाएँ भारतीय समाज में स्त्री–पुरुष की यथार्थ तस्वीर एक स्त्री की दृष्टि से सामने लाती हैं। स्त्रियों के आत्मकथा लेखन ने समाज में उनकी सामाजिक, आर्थिक एवं राजनीतिक हैसियत को लेकर कई सवाल खड़े किये हैं। स्त्री, स्त्री होने के कारण कई प्रश्नों और दवाबों का सामना करती है। यौनशोषण, बलात्कार, वैवाहिक बलात्कार, घरेलू हिंसा, भ्रूण हत्या, मातृत्व आदि का सामना केवल स्त्री

को करना पड़ता है और इसका कारण उसका स्त्री होना होता है। स्त्रियों को दोयम दर्जे का नागरिक बनाने की शुरुआत परिवार से ही होती हैं। भारतीय परिवारों में लड़कियाँ बचपन से ही बेटी होने का दंश झेलने लगती हैं। वहाँ लड़का–लड़की के बीच भेदभाव सामान्य बात है। ''माँ को मेरा भाई हर तरह से मुझसे ज़्यादा बेहतर लगता था और कुछ न भी हो तो उसका 'लड़का' होना ही उन्हें एक बड़ी लियाकत लगती थी। वह यह काम कर सकता है क्योंकि वह लड़का है...। अर्थात वह सब कुछ कर सकता है क्योंकि वह लड़का है। मैं कुछ नहीं कर सकती क्योंकि मैं लड़की हूँ।''[3] लड़की की प्रतिभा के बनिस्वत उसका लड़की होना प्रतिभा के निखरने में बाधक बनता है। चन्द्रकिरण सौनरेक्सा को बारह वर्ष की उम्र में कहानीकार के रूप में स्वीकृति मिल जाती है। उनके पिता अपनी बेटी की प्रतिभा पर गर्व तो करते हैं लेकिन उसके लड़का न होने का अफसोस भी जताते हैं, ''बाबूजी! बाबूजी!'' कहते हुए, गोद में लिए हुए मुझे दालान में पहुँच गये, ''अपनी निक्की तो राइटर बन गयी। मैंने न जाने कितने शेर लिख–लिखकर भेजे अखबारों में एक न छपा सब वापिस आ गये और इसकी कहानी छप गयी। बाबूजी ने मेरी पीठ पर हाथ फेर कर कहा, काश; यह लड़का होती तो डॉक्टर न सही, पर मैं इसे वकील जरूर बनाता, कोर्ट में दूसरे पक्ष की यह धज्जियाँ उड़ा देती।''[4] भारतीय समाज में यह पुत्रमोह परिवार नियोजन पर भी हावी है। मैत्रेयी इस सामाजिक सच्चाई को उजागर करते हुए लिखती हैं–''सभ्य और आधुनिक समाज में भी फैमिली प्लानिंग का रूप है–दो बेटे एक बेटी। एक बेटा एक बेटी। दो बेटे हों, फ़र्क नहीं पड़ता, मगर जैसे ही लड़कियों की संख्या दो हो जाती है, लड़के की पुकार तेज होती जाती है। न यकीन हो तो जो सिर्फ़ लड़कियों के माता–पिता हैं, उनके लिए समाज का नज़रिया देख लो। अपने विकास वैभव के बाद भी वे निस्सन्तान माता–पिता की तरह देखे जाते हैं।''[5] परिवार बच्चे की पहली पाठशाला मानी जाती है। जब बच्चा परिवार में लड़का–लड़की के भेदभाव को महसूस करने लगता है तब भविष्य में उसी के अनुरूप व्यवहार करता है। लड़का–लड़की के बीच यह भेदभाव लड़कियों में असुरक्षा, हीनता बोध और ईर्ष्या को जन्म देता है। ''मेरे दो साल बाद मेरा भाई पैदा हुआ था। सारा बचपन मैं उससे ईर्ष्या करती रही।''[6] परिवार और समाज में लड़का–लड़की के बीच इस भेदभाव का मुख्य कारण उन दोनों की तय सामाजिक भूमिकाएँ हैं और बचपन से

ही उनको प्रशिक्षित किया जाता है। सुशीला को आदर्श लड़की बनाने के लिए शुरू से ही अनेक बन्दिशें लगाई गयीं, ''छठवीं कक्षा के बाद मेरे सब प्रकार के खेलों पर रोक लगा दी गयी थी। घर के काम करो और पढ़ाई करो–यही आदेश रहता था।''[7] और ''मुझे एक आदर्श लड़की के रूप में ढालने का उनको ढाँचा सदियों पुराना था। मैं लड़की हूँ इसलिए मुझ पर अनेक बन्दिशें लगाई गयी–हँसो मत, गाओ मत, बोलो मत, हर बात की मनाही थी। किसी बात का उल्टा जवाब, नकारात्मक या विरोधी जवाब, नहीं देना, नये अनजान लोगों से अकेले में नहीं मिलना, अकेले में कभी भी किसी अनजान लड़के या पुरुष से बातें नहीं करना, अपनी नज़रें हमेशा नीचे रखना, झुककर चलना, तर्क–वितर्क नहीं करना, ऐसी अनेक बातें थीं जो प्रतिदिन के आदेश और आज्ञा के रूप में आदत बन गयी थी।''[8] उम्र बढ़ने के साथ लड़कियों पर परिवार व समाज की बन्दिशें बढ़ती जाती हैं। ''अब माँ ने मेरा अकेले इस तरह बाहर आना बन्द करा दिया। अगर अपने मोहल्ले या आस–पास भी, किसी सहेली के जाना होता, तो मेरा बड़ा भांजा कैलाश, जो सात–आठ साल का था, मेरे साथ जाता था।''[9]

प्रायः मध्यमवर्गीय एवं निम्नवर्गीय परिवार के बड़ा होने की स्थिति में घर की लड़कियों को बचपन से ही परिवार की ज़िम्मेदारी सँभालनी पड़ती है। उनका बचपन बहुत जल्द ख़त्म हो जाता है या वे बचपन के आनन्द को महसूस ही नहीं कर पातीं। यदि लड़की परिवार में बड़ी है तो जल्द ही घर–परिवार की जिम्मेदारियों से घिर जाती है और घर के कामकाज से लेकर छोटे भाई–बहनों को सँभालने की अपेक्षा उससे की जाती है। रजनी तिलक ने अपनी आत्मकथा में इस बात का जिक्र किया है कि परिवार में बड़ी होने के कारण छोटी उम्र से ही उन पर घरेलू कामकाज की ज़िम्मेदारी आ गयी, जिससे उनकी शिक्षा पर भी असर पड़ता था। जिम्मेदारियों के बोझ से लदी रजनी का गुस्सा इन पंक्तियों में देखा जा सकता है, ''...मुझे ही घर का काम करना पड़ता था। पढ़ाई का वक़्त नहीं मिलता। ...मैं घर के काम की चक्की में जोत दी गयी थी।''[10]

अधिकांश भारतीय परिवारों में स्त्री के जीवन का अन्तिम लक्ष्य विवाह माना जाता है। यहाँ तक कि विवाह के लिए उनकी शिक्षा को भी अनदेखा कर दिया जाता है। इस मानसिकता के कारण कई लड़कियाँ विवाह के बाद शिक्षित पति की उपेक्षा का शिकार होती हैं। उदाहरण के लिए, सुधा उपाध्याय की आत्मकथा 'साथ उस कारवां के हम भी हैं' का यह प्रसंग

देख सकते हैं, "बड़ी मौसी ने अपने बच्चों को नाममात्र की शिक्षा दिलाई। वे शिक्षा के ख़िलाफ़ थीं। खासतौर से लड़कियों की शिक्षा के। ...बड़ी मौसी ने अपनी लड़की की शादी बड़ी धूमधाम से की। ख़ूब दान–दहेज दिया और बारात की बढ़िया खातिरदारी की। ...लेकिन शादी के बाद पता चला कि लड़के के सम्बन्ध एक और लड़की से थे। वह भी वकील थी। मौसी की लड़की ने इसका विरोध किया, तो लड़के का जवाब था, तुझे मेरे साथ रहना है, तो नौकरानी बनकर रह, नहीं तो चली जा अपने बाप के पास। मौसी की लड़की अपने भाग्य को कोसती सब कुछ सहती रही। दो बार गर्भवती हुई और दोनों बार प्रसव के समय उसका पति उसे बड़ी मौसी के पास छोड़ गया। इस तरह उसके दो लड़कियाँ हो गयीं। ...इस बार भी वह गर्भवती थी और उसकी एक तीसरी लड़की भी हो गयी।"[11] पहले स्त्रियों को शिक्षित करने का उद्देश्य धार्मिक ग्रन्थों के पठन–पाठन और घरेलू कार्यों को कुशलता से करने तक सीमित माना जाता था। अब स्थिति बदल गयी है, आज का शिक्षित पुरुष उस स्त्री को सहधर्मिणी बनाना चाहता है जिसके पास सोचने, समझने, खतरे उठाने और दायित्व निर्वहन की क्षमता हो लेकिन उसे उस पुरुष विशेष के सन्दर्भ से ही जाना जाये। स्त्री की कोई निजी दुनिया न हो, निजी निर्णय न हों, उन सब पर पुरुष का अधिकार हो। स्त्री आत्मकथाएँ सवाल उठाती हैं कि पुरुष समाज ने अपनी सर्वोच्चता के जो मिथक बना रखे हैं या एक आवरण ओढ़ रखा है, उससे वह कब बाहर आयेगा?

समाज में स्त्री–पुरुष के सम्बन्ध को कोई नाम देने और सामाजिक स्वीकृति देने का चलन है। ऐसा ही एक सम्बन्ध है पति–पत्नी का सम्बन्ध जो विवाह संस्था के कारण अस्तित्व में आता है। हिन्दू धर्म में विवाह को एक पवित्र धार्मिक संस्कार माना जाता है। डॉ. प्रमिला कपूर के शब्दों में, 'परम्परागत हिन्दू विचारों के अनुसार विवाह को एक धार्मिक संस्कार समझा जाता है, जो मनुष्य को धार्मिक और सामाजिक कर्तव्यों को पूरा करने के योग्य बनाता है। समकालीन पाश्चात्य विचार के अनुसार, "विवाह मात्र एक सामाजिक समझौता है, जो मनुष्य के कर्तव्यों के बदले में लाभ प्राप्त करने के योग्य बनाता है। परम्परागत हिन्दू विचार में विवाह पारिवारिक, सामाजिक और मानवीय–कर्तव्यों, धर्म, अर्थ, काम और मोक्ष की पूर्ति के लिए आवश्यक है, जबकि पश्चिम में विवाह को व्यक्तिगत आवश्यकताओं और सुखों को पूरा करने के लिए आवश्यक समझा जाता है।"[12] लेकिन

विवाह संस्था में बँधते ही स्त्री की स्थिति दोयम हो जाती है और विवाह संस्था सवालों के घेरे में आ जाती है। जॉन स्टुअर्ट मिल ने विवाह संस्था पर सवाल उठाते हुए लिखा है—"विवाह इकलौती ऐसी सामाजिक व्यवस्था रह गयी है, जिसे कई मामलों में बन्धक व्यवस्था कहा जा सकता है। हर घर की गृहिणी के अलावा अब कोई गुलाम नहीं बचा है।"[13] इससे स्पष्ट है कि वैवाहिक सम्बन्धों में स्त्री की गरिमा का प्रश्न हमेशा से प्रासंगिक रहा है। 'एक कहानी यह भी' में मन्नू भी इस प्रश्न को उठा रही हैं। राजेन्द्र यादव से विवाह से पूर्व मन्नू भण्डारी एक कहानीकार के रूप में प्रतिष्ठित हो चुकी थीं। उनके लेखक रूप को मान्यता मिल चुकी थी। राजेन्द्र से शादी का फैसला बकौल मन्नू अपने लेखक रूप को समृद्ध करना था। मन्नू यह भी स्वीकार करती है कि उनके लेखक को राजेन्द्र के सान्निध्य और प्रोत्साहन ने हमेशा सम्बल दिया लेकिन विवाह के बाद वह एक लेखक के साथ-साथ पत्नी की भूमिका में भी थी। मन्नू का पत्नी रूप राजेन्द्र के व्यवहार से हमेशा आहत रहा जिसकी परिणति पैंतीस साल के वैवाहिक जीवन के बाद अलगाव के रूप में सामने आई। मन्नू की दृष्टि में राजेन्द्र का अहमपूर्ण, कुण्ठाओं से ग्रस्त व्यक्तित्व और राजेन्द्र के विवाहेतर सम्बन्धों के कारण उनकी स्त्री अस्मिता का यह पक्ष हमेशा त्रस्त रहा। राजेन्द्र के साथ विवाह के बाद अपने लेखकीय जीवन की समृद्धि को लेकर मन्नू की जो अपेक्षाएँ थीं वो चकनाचूर ही नहीं हुईं वरन् राजेन्द्र के 'समानान्तर ज़िन्दगी' के फलसफे ने एक स्त्री के परिवार के सपने को ही धराशायी कर दिया। विवाह को पुरुष के लिए भोजन की आवश्यकता पूर्ति, घर की ज़िम्मेदारी और यौनिक इच्छाओं की पूर्ति का सामाजिक स्वीकार्य माध्यम माना जाता रहा है। वैवाहिक सम्बन्धों को निर्धारित करते समय प्रायः यही कसौटियाँ रहती हैं। 'हम चाहते हैं, हमारा लड़का परदेस में अकेला रहता है—ढाबे में खाता है। ब्याह हो जायेगा तो उसे भोजन की सुविधा हो जायेगी।"[14]

कौसल्या लिखती हैं—"देवेन्द्र कुमार को पत्नी सिर्फ़ खाना बनाने और उसकी शारीरिक भूख मिटाने के लिए चाहिए थी।"[15] वैवाहिक सम्बन्धों में स्त्री की भूमिका दोयम होती है। स्त्री अपना पूरा जीवन पति के अधीन रहकर बिता देती है और उसका विरोध भी नहीं करती जबकि एक गुलाम अपने निर्दयी मालिक के प्रति विद्रोह का भाव रखता है। इसी अन्तर को स्पष्ट करते हुए स्टुअर्ट मिल ने लिखा है—"स्त्रियों का संगठित होकर

पुरुष सत्ता का विरोध करना नामुमकिन जैसा हो जाता है वे इस मामले में दूसरे शोषित वर्गों से अलग हैं कि उनके मालिकों को वास्तविक सेवाओं के अलावा उनसे कुछ और भी चाहिए होता है...।"[16]

वैवाहिक सम्बन्धों में स्त्री की गरिमा का प्रश्न हमेशा से प्रासंगिक रहा है। शिक्षित कौसल्या ने उच्च शिक्षित और सामाजिक कार्यकर्त्ता देवेन्द्र कुमार से विवाह के लिए इसलिए पहल की ताकि वह शिक्षित और सामाजिक कार्यों में रुचि रखने के कारण अच्छा जीवनसाथी साबित होगा लेकिन विवाहोपरान्त कौसल्या देवेन्द्र के पतिरूप और व्यवहार से हमेशा आहत रही, "जब देवेंद्र कुमार अपने गाँव बिहार जाता तब एक काग़ज़ पर इतने पैसे दूध के, इतने सब्जी के, इतने राशन के और चालीस रुपये तुम्हारी पगार लिखकर रख देता, जैसे मैं वहाँ इनके घर की नौकरानी हूँ।"[17] परिवार और समाज में पुरुष के बरक्स स्त्री का दोयम दर्जा सामाजिक मनोभूमि में रूढ़ हो चुका है। इसलिए स्त्रियों की प्रतिभा और पहचान हमेशा पुरुषों के लिए ग्रन्थि बन जाती है और पुरुष द्वारा स्त्री को उसकी औकात याद दिलाने या मानसिक रूप से दिवालिया बनाने का सिलसिला शुरू हो जाता है। सुशीला पति एवं ससुराल पक्ष द्वारा प्रताड़ित की गयीं। वे लिखती हैं–"मैं एक सतर्क नौकरानी की तरह हर काम के लिए तुरन्त हाजिर रहती थी।"[18] और "वे मुझे अक्सर कहते थे–"तू मेरे सामने कुछ भी नहीं है। तेरी औकात सिर्फ़ एक बर्तन माँजने वाली नौकरानी के बराबर है... गुस्से में कभी कुछ कहती तो ऐसे समय मुझे यह सुनना पड़ता–"तेरा मुँह गन्दगी की गटर है। जब भी मुँह खोलती है, गटर की गन्दगी उगलती है। उस समय लगता ही नहीं था कि यह मेरा पति है। पति क्या ऐसा दुश्मन होता है? गुस्सा क्या सिर्फ़ उन्हें ही आता है? मुझे नहीं आता? गुस्सा आने पर मैं क्या एक–दो बात भी नहीं बोल सकती?"[18] प्रगतिशीलता का चौला पहने पुरुष स्त्री की स्वतन्त्रता की बात करता है लेकिन जैसे ही स्त्री अपने फैसले ख़ुद करने लगती है, पुरुष का असली चेहरा सामने आ जाता है। पुरुष स्त्री को अपने अधीन रखना चाहता है, समकक्ष या उच्च स्तर पर नहीं। 'अन्या से अनन्या' में डॉ. सर्राफ प्रेमिका प्रभा की प्रगति से ख़ुश नहीं बल्कि पछताते हैं, "मैंने तुम्हें पैसा कमाना सिखाकर गलती की।"[20] और "...मुझे अपनी कमज़ोरी पर गुस्सा आता है। तुम आगे बढ़ रही हो और मैं पिछड़ रहा हूँ।"[21] स्त्री का पुरुष से आगे निकलना पुरुष को सरलता से स्वीकार्य नहीं होता। ऐसी स्थिति में पुरुष या तो आक्रामक

हो उठता है या हीनताग्रस्त हो जाता है। स्त्री की एक पहचान बनते ही पुरुष के मन में सन्देह कुलबुलाने लगता है। आत्मनिर्भर स्त्री के रूप में जीती रमणिका गुप्ता से पति प्रकाश सवाल पूछते हैं, ''तुम हीरोइन का रोल क्यों करती हो। तुम्हें उस रोल में देखकर मुझे ईर्ष्या होती है। तुम माँ और बहन का रोल क्यों नहीं करतीं... वह सब तो अभिनय ही होता है न प्रकाश, कोई सच थोड़े ही होता है। मुझ पर विश्वास रखो। मैं यह बर्दाश्त नहीं कर सकता।''[22] रमणिका लिखती हैं–''उस मुहल्ले में प्रकाश की पहचान मेरे पति के रूप में थी। प्रकाश ने वह घर ही बदल दिया।''[23]

विवाह संस्था सहज ही पुरुष को मालिक की श्रेणी में ला देती है। पुरुष स्त्री की अनिच्छा के बावजूद यौन सम्बन्ध बनाता है। एक तरह से यह बलात्कार ही है, विवाहित होने के कारण स्त्री इसका विरोध नहीं कर पाती। कावेरी लिखती हैं–''मेरा पेट काफ़ी उभर गया था। मुझे दादी ने बताया था कि अभिमन्यु माँ के गर्भ से ही चक्रव्यूह तोड़ना सीखा था। मैं अन्दर–अन्दर घुटती रहती। होने वाला मेरा बच्चा कैसा होगा ? दिन–रात उसका बाप सेक्सी बनकर मुझसे बलात्कार करता है। मैं कभी–कभी घबराकर इनका पैर पकड़ लेती। मैं जितना इन्कार करती उतना ही ये हवसी हो जाते। वहाँ कोई बचाने वाला भी नहीं था।''[24]

वैवाहिक सम्बन्धों में पति द्वारा जब चाहे पत्नी को बिना किसी विरोध के यौन सम्बन्ध बनाने के लिए बाध्य किया जाता है। इसी कारण वह बार–बार गर्भधारण की प्रक्रिया से भी गुजरती है। परिवार की संरचना में स्त्री की भूमिका सर्वाधिक महत्त्वपूर्ण होने पर भी उसे निर्णय लेने का कोई अधिकार नहीं दिया जाता। भारतीय परिवारों में बच्चों की संख्या, गर्भ निरोधकों का प्रयोग, गर्भपात का अधिकार जैसे बुनियादी निर्णय पुरुषों द्वारा लिए जाते हैं। शिक्षित वर्ग की महिलाएँ भी ऐसे निर्णय लेने में असमर्थ देखी जाती हैं। गर्भधारण स्त्री का अधिकार है लेकिन इस पर परिवार और समाज का नियन्त्रण रहता है। भारतीय पितृसत्ता की यह भी मानसिकता है कि मातृत्व को सिर्फ़ माँ की ही ज़िम्मेदारी माना जाता है। मातृत्व सुख के साथ एक दायित्व बोध भी जुड़ा हुआ है। बच्चे के पालन–पोषण और देख–रेख की ज़िम्मेदारी से प्रायः पुरुष बचते देखे जाते हैं। मन्नू लिखती हैं, ''बच्चा होने में कुल दो माह रह गये थे तब भी ये मुझे सुशीला के यहाँ छोड़कर रानीखेत चले गये... बच्चे के जन्म को ये मेरा काम और सुशीला की ज़िम्मेदारी समझकर मात्र तटस्थ ही नहीं रहे,

बल्कि इन सबसे उदासीन भी रहे...।"[25] कौसल्या ने भी ऐसे अनेक प्रसंग दर्ज किये हैं जिनमें देवेन्द्र कौसल्या को परेशानी में छोड़कर, बिना कोई आर्थिक सम्बल दिये अपने काम पर चला गया। "ऑपरेटर अस्पताल के दफ़्तर में गया। तब उन्होंने 200/- रुपये का बिल दिया, उसने मुझे आकर कहा कि साहब ने मुझे सिर्फ़ तीस रुपये दिये हैं तीन रुपये रोज के हिसाब से, दस दिन का कमरे का किराया, बस। मैं बहुत दुःखी हो गयी। माँ भी घर चली गयी थी। यहाँ छुट्टी होने पर आयी, सफाई कर्मचारी सभी बख्शीश माँगते हैं। उन्हें कुछ पैसे देने ही पड़ते हैं और मेरे पास एक फूटी कौड़ी भी नहीं थी।"[26] मन्नू ने राजेन्द्र यादव के बारे में लिखा है–"मेरे कॉलेज जाने के पीछे अगर बच्चों को देखा तो वे उसकी आया बनकर रह जायेंगे और उनका अहम उन्हें इस बात की अनुमति नहीं देता था।"[27] मन्नू नौकरी करते हुए स्वयं ही बच्ची की परवरिश करती है। मन्नू सवाल उठाती है, "माँ अगर बच्चे को रखे तो माँ और अगर बाप बच्चे को रखे तो वह बाप न होकर आया कैसे हो गया?"[28]

भारतीय समाज में परिवार एक ऐसी इकाई है जहाँ स्त्री की स्थिति पुरुष से नीचे रहती है। सच तो यह है कि "हमारे गृहस्थ जीवन की नींव जिन मूल्यों पर आधारित है, वे सामाजिक न्याय के मूल्यों के बिल्कुल विपरीत हैं।"[29] परिवार में पति–पत्नी की भूमिका किसी कानून द्वारा निर्धारित नहीं है। परिवार में कर्तव्यों का विभाजन पति–पत्नी की व्यक्तिगत क्षमताओं, आपसी सहमति, व्यक्तिगत रुचि आदि को ध्यान में रखकर किया जाना चाहिए। भारतीय समाज में प्रचलित मान्यता के अनुसार घर–गृहस्थी की ज़िम्मेदारी स्त्री की और घर के बाहर के काम पुरुष के जिम्मे माने जाते हैं। सिमोन द बोउवार के अनुसार, "स्त्री चाहे किसी भी स्थिति में हो, निम्न वर्ग की या उच्च कोटि की, बाहर के कामों के अलावा उसे घर का काम करना ही पड़ता है।"[30] बदलते समय के साथ पुरुष इन भूमिकाओं में किसी प्रकार के बदलाव का हिमायती नज़र नहीं आता। स्त्री के शिक्षित और कमाऊ होने पर वह उससे दोहरी ज़िम्मेदारी निभाने की अपेक्षा रखता है। अधिकांश कामकाजी महिलाएँ घर और बाहर की जिम्मेदारियों में सामंजस्य बिठाते हुए ही अपना जीवन गुज़ार देती हैं। कावेरी के शब्दों में, "सुबह उठकर फिर घर के काम में व्यस्त यह सिलसिला जो शुरू हुआ तो अभी तक जारी रहा। नौकरी में आने के बाद और परेशानी बढ़ गयी थी। जीवन मशीन बन गया था।"[31] चन्द्रकिरण अपनी व्यथा लिखती

हैं–''कड़े संघर्ष के यह वर्ष मैंने रात–दिन के जान तोड़ परिश्रम से बिताए थे। अपनी शक्तिभर क्रान्ति जी व उनके मित्रों तथा परिवारजनों के लिए सामान्य दाल–रोटी जुटाने की चिन्ता में अपनी किसी सुविधा की बात तक नहीं सोची थी।''[32] अपना सर्वस्व जीवन परिवार को समर्पित करने वाली ऐसी अधिकांश स्त्रियों का मूल्य उनका परिवार नहीं समझता। वे उपेक्षिता का जीवन जीती हैं।

सवाल उठाती ये स्त्रियाँ अपनी आत्मकथाओं में स्पष्ट करती हैं कि पितृसत्ता ने जो व्यवस्था हमें दी है उससे न तो पढ़ी–लिखी स्त्री मुक्त हो सकी है और न पुरुष। वे शिकंजे बार–बार दोनों को अपनी गिरफ्त में लेते रहते हैं। स्त्री आत्मकथाएँ बताती हैं कि सामन्ती संस्कार अभी तक समाज पर हावी हैं और आज भी स्त्री एक पौरुषपूर्ण समय में रहने के लिए अभिशप्त है। स्त्रियों के पास ऐसे बहुत से सवाल हैं, जिनके उत्तर खोजे जाने ज़रूरी हैं साथ ही स्त्री–आत्मकथाओं के प्रश्नों से सहमति का साहस पुरुषों में भी जगाना ज़रूरी है।

सन्दर्भ

1. भूमिका, प्रभा खेतान, 'औरत : अस्तित्व और अस्मिता,' लेखन अरविन्द जैन, पृ. 14
2. गरिमा श्रीवास्तव, बहुवचन 24, 'स्त्री–आत्मकथा : सिद्धान्त विचार,' पृ. 140
3. अनीता राकेश, 'सन्तरे ही सन्तरे,' पृ. 30
4. चन्द्रकिरण सौनरेक्सा, 'पिंजरे की मैना,' पृ. 95
5. मैत्रेयी पुष्पा, 'गुड़िया भीतर गुड़िया,' पृ. 95
6. सुषम बेदी, 'आरोह–अवरोह,' पृ. 56
7. सुशीला टाकभौरे, 'शिकंजे का दर्द,' पृ. 59
8. वही, पृ. 105
9. चन्द्रकिरण सौनरेक्सा, 'पिंजरे की मैना,' पृ. 82
10. रजनी तिलक, 'अपनी ज़मीं अपना आसमां,' पृ. 54
11. सुधा उपाध्याय, 'साथ उस कारवां के हम भी हैं,' पृ. 55
12. डॉ. प्रमिला कपूर, 'लव मैरिज एण्ड सैक्स,' पृ. 90
13. जॉन स्टुअर्ट मिल, 'द सब्जेक्शन ऑफ़ विमैन,' अनु. युगांक धीर, पृ. 87
14. चन्द्रकिरण सौनरेक्सा, 'पिंजरे की मैना,' पृ. 107
15. कौसल्या बैसंत्री, 'दोहरा अभिशाप,' पृ. 104
16. जॉन स्टुअर्ट मिल, 'स्त्री पराधीनता,' पृ. 25
17. कौसल्या बैसंत्री, 'दोहरा अभिशाप,' पृ. 105
18. सुशीला टाकभौरे, 'शिकंजे का दर्द,' पृ. 203

19. वही, पृ. 194–195
20. प्रभा खेतान, 'अन्या से अनन्या,' पृ. 13
21. वही, पृ. 163
22. रमणिका गुप्ता, 'आपहुदरी,' पृ. 248
23. वही, पृ. 238
24. कावेरी, 'टुकड़ा–टुकड़ा जीवन,' पृ. 18
25. मन्नू भण्डारी, 'एक कहानी यह भी,' पृ. 59
26. कौसल्या बैसंत्री, 'दोहरा अभिशाप,' पृ. 119
27. मन्नू भण्डारी, 'एक कहानी यह भी,' पृ. 45
28. वही, पृ. 74
29. जॉन स्टुअर्ट मिल, 'द सब्जेक्शन ऑफ़ विमैन,' अनु. युगांक धीर, पृ. 89
30. सिमोन द बोउवार, 'स्त्री उपेक्षिता,' पृ. 71
31. कावेरी, 'टुकड़ा–टुकड़ा जीवन,' पृ. 87
32. चन्द्रकिरण सौनरेक्सा, 'पिंजरे की मैना,' पृ. 221

मल्लिका खो गई

•

एस. पद्मप्रिया

भारतेन्दु हरिश्चन्द्र के साहित्यिक बरगद के तले मल्लिका कहीं खो गयी। प्रश्न उठेगा कि मल्लिका कौन है? भारतेन्दु के जीवन में तीन स्त्रियाँ थीं। श्री ब्रजरत्नदास ने अपनी पुस्तक 'भारतेन्दु हरिश्चन्द्र' में इन स्वकीय और परकीय स्त्रियों का उल्लेख किया है और मल्लिका एवं माधवी को 'चन्द्र में कलंक' नामक शीर्षक के अन्तर्गत रखा है।

भारतेन्दु युगीन साहित्य भारतीय सामाजिक जीवन के अनेक अन्तर्विरोधों का प्रत्यक्ष साक्षी है। हिन्दी साहित्य के काल विभाजन के नामकरण पर पुनर्विचार भारतीय समाज में पुरुष वर्चस्व एवं पुरुष केन्द्रीयता को स्पष्ट करता है। आधुनिक काल का आरम्भ भारतेन्दु युग से होता है जो द्विवेदी युग में विकसित होता है। भारतेन्दु के साहित्यिक विस्तार को देखते हुए इस युग का नामकरण उपयुक्त ही है परन्तु इससे यह भी जानकारी मिलती है कि स्त्री अपने सीमित दायरे में भारतेन्दु की भाँति साहित्यिक वटवृक्ष नहीं बन सकती थी बल्कि उस वटवृक्ष के कारण स्त्री लेखन अतीत में कहीं धुँधला पड़ गया जो खोजने से ही मिलेगा।

मल्लिका और भारतेन्दु का सम्बन्ध—मल्लिका बंगला से आई थी और विदूषी थी। सामाजिक रूप से विधवा थी। उन्नीसवीं शताब्दी में बंगला में स्त्री की शिक्षा एवं स्थिति पर समाज सुधार आन्दोलन आरम्भ हो चुके थे पर हिन्दी प्रान्त में नवजागरण सबसे आख़िर में पहुँचा। भारतीय समाज में स्त्री का स्वतन्त्र अस्तित्व आज भी अनेक मुश्किलों से गुजर रहा है। प्रभा खेतान जैसी साहसी स्त्री को भी 'अन्य' के उपनाम से गुजरकर ही 'अनन्या' तक की यात्रा करनी पड़ी है। स्त्री लेखन आज भी हाशिये पर ही

है। उसका साहित्यिक योगदान किसी युग के नामकरण का कारण नहीं बन सका है। उसके अस्तित्व के संघर्ष का एक अनूठा नमूना 'मल्लिका' का साहित्यिक योगदान है। मल्लिका को भारतेन्दु की अन्य के रूप में ही प्रस्तुत किया जाता रहा है।

स्त्री के लिए पुरुष इस दुनिया का परमेश्वर या ख़ुदा है। इस सामाजिक व्यवस्था में उसकी दोयम स्थिति में अपनी मर्यादा को कायम रखना बेहद कष्ट कर है। स्त्री चेतना, स्त्रीवाद से स्त्री विमर्श तक पहुँचने के बाद 'मल्लिका' जैसे साहित्यकारों को प्रकाश में लाना एक महत्त्वपूर्ण कार्य है। इस आलेख में मल्लिका के साहित्यिक योगदान को इसी कारण से उजागर किया जा रहा है।

अपने आप को क्षुद्र मानने को उपयुक्त मानना जैसे स्त्री की नियति बन गयी है। वर्णव्यवस्था की तरह ही स्त्री भी इस सामाजिक चक्र में युगों से फँस गयी है। राधारानी नामक उपन्यास का अनुवाद करते हुए 'समर्पण' में निम्नलिखित पंक्तियाँ लिखी हैं–"हमारे आर्य सभ्य शिष्ट समाज की रीति अनुसार मेरे परिचय की सर्व साधारण में योग्यता नहीं और न इस क्षुद्र ग्रन्थ का अनुवाद कोई ऐसा स्तुत्य कृत्य है, जिसको धन्यवाद संचय करने का मुझे प्रकट होना आवश्यक है। केवल इतना ही कहना होगा, 'शुकांगना यत्र गिरे गिरंति अवेहितम्मंडनि मिश्रगेहम्।' जिस पूज्य प्राणप्रिय देवतुल्य स्वामी की आज्ञा से इसका अनुवाद मैंने अपनी अबल भाषा में किया है उन्हीं के कोमल कर–कमलों में यह समर्पित भी है और उन्हीं की प्रसन्नता मात्र इसका फल है।"

भारतीय समाज में पुरुष ईश्वर के समक्ष अपने को तुच्छ, क्षुद्र समझकर समर्पण करता है और पुरुष के आधिक्य के समक्ष अपने मूल्य को क्षुद्र एवं पुरुष की प्रसन्नता मात्र को स्त्री जीवन का फल माना गया है और आज भी माना जाता है। उन्नीसवीं शताब्दी की लेखिका प्रताप कुँवरिबाई की यह पंक्तियाँ प्रमाणित करती हैं कि पत्नीत्व की सार्थकता पति के देवत्व में थी। भारतीय आदर्शों का प्रतिपालन सर्वत्र उनकी रचनाओं में मिलता है–

"पति समान नहीं दूजा देवा। तातै पति की कीजे सेवा।
पति परमातम एक समान। गावें सब ही वेद पुराना।।"

पति की मृत्यु और वैधव्य पीड़ा ने इनको दुःख और निराशा से भर दिया।

"पति वियोग दुःख भयो अपारा। सूनो लगत सकल संसारा।।"

ऐसे ही वैधव्य पीड़ा से त्रस्त कुलीन विधवा थी मल्लिका। उनके बारे में ब्रजरत्नदास ने लिखा है–''मल्लिका नाम की बंगदेशीया कुलीन विधवा स्त्री खदेरूमल की गली में आकर बस गयी थी या जान बूझकर उसे वहीं लाकर बसाया था, इसका ठीक पता नहीं।''

ब्रजरत्नदास जी ने लिखा है कि भारतेन्दु जी की इस पर प्रायः नज़र पड़ती रहती थी और जो अपने घर के सभी प्राणियों से अलग–सा था। उस पर ऐसी एकाकिनी पड़ोसिन का प्रभाव बढ़ता गया।

रामविलास शर्माजी ने भारतेन्दु के बारे में लिखा है कि–''बचपन में उनका ब्याह हुआ था और वह अपनी स्त्री से प्यार न करते थे। यह बात भी वह छिपाते न थे। माधवी और मल्लिका से उन्हें आजीवन स्नेह रहा और इसे छिपाना तो दूर, उन्होंने उनके बनाये पदों को अपने संग्रहों में जगह दी।''

प्रेम तरंग में मल्लिका के चालीस से अधिक पद संगृहीत हैं–

राखो है प्रानेश ए प्रेम करिया जतन।
तोमाय करेछि समर्पन।
जत दिन खो प्रान श्री चरने दिओ स्थान।
हरिश्चन्द्र प्रान धन एही अकिंचन।
'चन्द्रिका' हृदय–धन नाहिक तोम बिहन।
तब करे ते अपोन करेछि जीवन मन।।

रामविलासजी के वाक्य में भी भारतेन्दु के विशाल हृदय की पुष्टि की गयी है, मल्लिका से स्नेह में भी उनकी ही केन्द्रीयता नज़र आती है।

ब्रजरत्नदास ने मल्लिका को विनम्रताशील कहते हुए लिखा कि ''भारतेन्दु जी पर उसका कितना प्रेम बढ़ गया था। इसी प्रकार भारतेन्दु जी का भी उस पर बहुत स्नेह था।'' उनका पत्र नीचे दिया जाता है, जिससे यह स्पष्ट हो जायेगा–

''विदेश से हम लौटकर न आवें तो इस बात का जो हम यहीं लिखते हैं ध्यान रखना। ध्यान क्या अपने पर फ़र्ज समझना। किन्तु हम जल्दी जीते जागते फिरेंगे। कोई चिन्ता नहीं है। सिर्फ़ संयोग के वश होकर लिखा है। यदि ऐसा हो तो दो–चार बातों का अवश्य ध्यान रखना। यह तुम जानते हो कि तुम्हारी भाभी की हमको कुछ चिन्ता नहीं, क्योंकि तुम्हारे ऐसा देवर जिनका वर्तमान है उसको और क्या चाहिए। दो बात की हमको चिन्ता है। प्रथम कर्ज, दूसरी मल्लिका की रक्षा। थोड़ी–सी डिगरी जो बच गयी है, उसको चुका देना। और जीवन भर दीन–हीन मल्लिका की जिसको

हमने धर्मपूर्वक अपनाया है रक्षा करना। कृष्णा को ऊँची शिक्षा संस्कृत अंग्रेज़ी और बंगला की हो। जो ग्रन्थ हमारे या बाबूजी के बे छपे रह जावें वे छपैं। इस पत्र को हमने कलेजा फाड़–फाड़ कर चार दिन में अर्थात अहनेरा से शुरू करके भिलाड़े में खतम किया है। इस पर हँसना मत, दुःखी मत होना, क्योंकि अभी तो अणुमात्र भी मरने की सम्भावना नहीं है। शारीरिक कुशल है तनिक भी चिन्ता न करना।''

भारतेन्दुजी को स्वयं अर्थ संकोच रहता था इसलिए इसके कालयापन के लिए इन्होंने अपनी प्रकाशित पुस्तकों का कुछ स्टॉक इसे दे दिया था, जिसकी बिक्री से इसका काम चलता था। चौक की सिख सांगत के सामने के एक मकान में इसका स्टॉक रहता था और इसका कार्यालय का नाम 'मल्लिका चन्द्र एण्ड कम्पनी' रखा गया था। भारतेन्दुजी के मृत्यु के बहुत दिनों बाद तक यह कार्यालय रहा। बाबू गोकुलचन्द्रजी भी अपने जीवन भर इसकी सहायता करते रहे।

मल्लिका का साहित्यिक योगदान–भारतेन्दु युग में अनेक लेखिकाओं ने रचनाएँ की थीं। देश–प्रेम और स्त्री सम्बन्धी रचनाएँ करके अपनी जागरुकता को अभिव्यक्त करती थीं। यह रचनाएँ खड़ी बोली में ही की गयी थीं। खड़ी बोली में लिखने वाली लेखिकाएँ निम्नलिखित हैं–

1. ज्वालादेवी
2. सरस्वतीदेवी
3. राजारानी
4. बुन्देलबाला

रामकृष्ण की भक्ति से परिपूर्ण रचनाएँ करने वाली कवयित्रियाँ निम्नलिखित हैं–

1. रत्नकुँवरि बीबी
2. जीमन महाराज की माँ
3. निधि रानी
4. प्रतापकुँवरि बाई
5. जुगलप्रिया
6. सरस्वतीदेवी
7. रामप्रिया
8. कमलकुँवर
9. चन्द्रकला बाई

उमेश माथुर की पुस्तक 'आधुनिक युग की हिन्दी लेखिकाएँ' में उपरोक्त लेखिकाओं का वर्णन है परन्तु इसमें भी मल्लिका का उल्लेख तक नहीं हुआ।

मल्लिका ने बंगला से हिन्दी में तीन उपन्यासों का अनुवाद किया है–

- राधारानी
- सौन्दर्यमयी
- चन्द्रप्रभा पूर्ण प्रकाश।

साहित्य के इतिहास में अनूदित उपन्यासों के अन्तर्गत मल्लिका की उपस्थिति नहीं है। मल्लिका ने बंगला में 'चन्द्रिका' उपनाम से बहुत से पद बनाये हैं। 'चन्द्रिका' नाम की लेखिका बंगला साहित्य में भी नहीं मिलती है।

भारतेन्दु पर मल्लिका के प्रभाव के बारे में ब्रजरत्नदास जी ने लिखा है कि–

"मरों को सारी दुनिया रोवे हम जीतों को रो बैठे।
मरे से मुर्दा होते हैं हम जिंदे मृर्दु : हो बैठे।"

बड़े घरों के बिगड़े दिल युवकों को ऐसे समय सहायता करने वाले बहुत होते हैं। इन्हें भी इनके घर पर आने–जाने वाले एक ऐसे ही महात्मा मिले, जिन्होंने इनकी उस पड़ोसिन से जान–पहचान करा दी।

अत्यन्त रोचक एवं विचित्र बात यह है कि मल्लिका को नम्र, विनयशील, सुचरित्र, शिक्षिता कहते हुए भी ब्रजरत्नदास जी ने मल्लिका को हरिश्चन्द्र के जीवन में बुराई मानते हुए 'चन्द्र मर कलंक' ही माना शायद इसीलिए मल्लिका के साहित्यिक योगदान पर भी धूल जम गयी।

सन्दर्भ

1. उमेश माथुर–आधुनिक युग की हिन्दी लेखिकाएँ (1860–1960), प्रकाशन–1969, रामकृष्णा प्रेस, दिल्ली
2. रामविलास शर्मा–भारतेन्दु हरिश्चन्द्र और हिन्दी नवजागरण की समस्याएँ, राजकमल प्रकाशन, संस्करण 2012
3. श्री ब्रजरत्न दास–भारतेन्दु हरिश्चन्द्र, प्रकाशन–1948, हिन्दुस्तानी एकेडमी, संयुक्त प्रान्त, इलाहाबाद, द्वि. संस्करण–1948

काव्य सृजन–मेरे अनुभव

•

नीलेश रघुवंशी

(1)

मेरी कविता का जन्म एक कस्बे में हुआ। यानी गंजबासौदा–जिसे गल्ला मण्डी और बैलगाड़ियों की लम्बी कतार के बिना नहीं समझा जा सकता।

–''भैंस के आगे बीन बजा रहे हो भैया। गाँव के आदमी से शुद्ध साफ़ बात किया करो। एकदम गरमा–गरम मँगोड़े की तरह समझे। चल दे, फटाफट एक प्लेट मँगोड़े चटनी डालकर। बड़ी लम्बी लेन लगी है आज। जल्दी, जल्दी कर टोपा नहीं तो... भड़ैये दो चार बोरा गेहूँ पार कर देंएं। तेरे मँगोड़े के चक्कर में हमरी तो बारह बज जायेगी।''

–''अरे नहीं भैया। तुम्हारी बारह बज जायेगी तो तुमसे पहले हमरी बज जायेगी।

मण्डी नहीं करोगे तो चूल्हे पर कढ़ाई कैसे चढ़ेगी? बज़ार की ग्राहकी नहीं है हमरी। जो है तुमसे है। ऐ, ऐ, भैया उठो, तुम सब। चलो, चलो मण्डी के बाद आना।''

–''लो, लो, जल्दी लो, गरमा–गरम मँगोड़ा। ये लो मिर्ची, एकदम तुम्हारी फसल के जैसी। पटेल, अगर कहो तो संग में जलेबी भी?''

–''अरे हट... जल्दी से पानी पिला। फिर मण्डी के बाद सीधे पुरी भजिया।''

पानी पीकर गमछे को सर पर बाँधते अपने साथियों से मजाकिये किसान ने कहा–''देखो, इसके आगे अपन ने बीन बजा दी और इसे सम्पट ही नहीं बैठी। बज़ार का आदमी अपन गाँव वालों को ढोर–बछेड़ू जैसो

समझत है। इन बजार वालों को तो होशियारी को चूना लगाने चाहिए। ऐड़े बनकर मन भर पेड़े खाओ दाज्जू।''

मँगोड़े वाला बोला–''अरे भैया। भैंस भी तुमरी और बीन भी तुम्हारी। बस मण्डी हमारी।''

छोटे–बड़े दुकानदार सबके चेहरे की रौनक मण्डी से। ठसाठस भरी, बोरों से लदी बैलगाड़ी। किसान ख़ुश, अनाज व्यापारी ख़ुश, हम्माल ख़ुश और ढाबा वालों की चाँदी। जितने अच्छे दाम अनाज के चल रहे होते, लोग उतना ही मसालेदार खाना खाते। साथ में हँसी–ठट्टा, चुहल, मौज–मस्ती। फिकरेबाजी ऐसी कि उसके आगे नौटंकी भी पानी भरे।

जहाँ जीवन खिलखिलाता है पूरे उल्लास के संग। ठनक और विश्वास से भरी मिट्टी। जिसके भीतर से जन्म लेता है सामान्य जीवन का सामान्य व्यक्ति। रचता है जो संघर्ष का महास्वप्न। सामान्य का महाजीवन। ये ठसक, ये जीवट कड़ापन, रोज पानी और फसल तैयार करता–जो कल के लिए कुछ नहीं छोड़ता, सिवाए फिर जीवन रचने के।

जीवन की इसी कोख से निकले हैं अनगिनत सीमान्त। जिन्हें हम सब कस्बा कहते हैं। चार कोनों में बसा गंजबासौदा जिसकी बनक इतनी आसान कि उसमें कोई भी रास्ता नहीं भटक सकता। बासौदा याने मण्डी, बासौदा याने कचहरी, बासौदा याने हाट, बासौदा याने रेलवे स्टेशन... रेलवे स्टेशन याने बेटियों को विदा करते, रोते पिता को देख अपने आँसू पोंछती चिड़िया और ट्रेन के संग दूर तक उड़ती जाती बेटियों को ढाँढ़स बँधाती।

अपनी ज़मीन से संघर्ष और सामूहिक फसल का स्वप्न है कविता मेरे लिए।

संघर्ष के इसी सौन्दर्य को मैं अपनी कविता में अर्जित करना चाहती हूँ।

(2)

मुझे इस पार या उस पार का जीवन अच्छा लगता है।

अपनी पूरी की पूरी दिनचर्या से कोफ़्त होती है। कोफ़्त होती है उस रास्ते से, जिस पर मैं चल पड़ी हूँ। एक मशीन में तब्दील हो गयी हूँ और जाने कहाँ किसके पास मेरा रिमोट है। क्या करुँ मैं और कैसे करूँ। ऐसी कैसी बैचेनी मेरे भीतर तक पैठ गयी है, जो मुझे निष्क्रिय किये दे रही है। थक गयी हूँ एक से ढर्रे का जीवन जीते–जीते। इसे तोड़ देना

चाहती हूँ। पूरा का पूरा तहस–नहस कर देना चाहती हूँ और एक नया दिन, नया जीवन प्राप्त करना चाहती हूँ।

कभी एकदम पास और कभी एकदम दूर आकाश में उड़ती, आधी रात में जब टिटहरी बोलती है, तो लगता है वह मेरे मन की आवाजें निकाल रही है।

मैं जी भर के आवारगी करना चाहती हूँ। लेकिन कर नहीं पा रही हूँ। जब आवारगी मेरे भीतर कुलाँचें भरने लगती है। जब प्यास से उसका कण्ठ सूखने लगता है। तब मैं पेड़ों के पास चली जाती हूँ... उन्हें सहेजने लगती हूँ। गड़ाई–ख़ुदाई करने लगती हूँ। बगीचे में पानी देने लगती हूँ। खरपतवार को सहेजती हूँ। फिर उसे धीरे से पेडों से अलग करती हूँ। बिल्कुल आवारगी की इच्छा की तरह। आवारगी को ख़ुद से दूर झटकती हूँ और दुनियादारी को गले लगाती हूँ। इस तरह अपने अन्त की शुरुआत करती हूँ।

कभी–कभी लगता है ज़िन्दगी एक स्लेट है। रेत है, फिसलती हुई। छोड़े हुए कोष्ठक और जगह है एक छूटी हुई। कई बार लगता है, ज़िन्दगी एक ट्रेन है जो हर बार छोड़कर जाती है उन्हीं पटरियों को, आना है जिन पर हर बार उसे।

हमारे आस–पास कहीं ज़्यादा और कहीं थोड़ी बहुत छूटी हुई जगहें हैं। कुछ आवाजें हैं, छूटी हुई। हम ज़्यादा से ज़्यादा लेने के फेर में बहुत कुछ छोड़ते जा रहे हैं।

पृथ्वी के हर हिस्से में छूटता जा रहा है कुछ न कुछ। लेकिन हमें यह नहीं भूलना चाहिए कि पृथ्वी के हर हिस्से की छूटी हुई जगह मथ रही है ख़ुद को दही की तरह, और मट्ठे को डाल रही है छूटी हुई जगह की जड़ों में।

यह छूटी हुई जगह ही कविता है मेरे लिए...।

(3)

कोई भी बेहतर कविता वह चाहे वरिष्ठ कवि की हो या बिल्कुल नये कवि की... वह अपनी धरती, अपनी ज़मीन पर खड़ी होती है। जिसके पास अपनी ज़मीन होती है, आकाश भी उसी के पास होता है। कविता को बरहमेश समाज और उसके परिवेश के मध्य देखना चाहिए। एक साधारण से साधारण मनुष्य अपने लोकाचार, रीति–रिवाज, अपने क्षेत्र, अपने

आस–पास से जुड़ा होता है और ज्यों–ज्यों उसकी संवेदना विकसित होती है, वह इससे इतर सोचता है, यानी तरक्की के लिए विकास के लिए जो भी उपक्रम करता है, अपनी ज़मीन से ही करता है। कविता, आज की कविता को इसी साधारण मनुष्य के सन्दर्भ में देखना चाहिए।

विस्थापन की कथा मनुष्य के जन्म से जुड़ी है। जन्म लेते ही मनुष्य अपने परिवेश से विस्थापित होता है। विस्थापन सिर्फ़ नियति नहीं होता। वह कई बार ऊर्जावान और जीवन को वृहत्तर बनाने में मददगार भी होता है। मनुष्य बार–बार विस्थापित होता है और हर बार वह विस्थापन को अलगाकर उसे अपने अनुरूप ढालता है। इसी में उसके संघर्ष के बीज छिपे हैं जो कि उसका सर्वश्रेष्ठ होता है। ऐसा सिर्फ़ कविता में नहीं, जीवन के हर क्षेत्र में होता है। वही कविता और वही जीवन श्रेष्ठ है, जो विस्थापन को अतिक्रमित करता हो।

(4)

हमारे समय में कविता जनरल बोगी में यात्रा कर रहे यात्री की तरह है। जहाँ पाँव धरने की जगह नहीं और बोगी में एक के बाद एक हर छोटे–बड़े स्टेशन से लोग चढ़ते जाते हैं। एक दूसरे के ऊपर गिरते–पड़ते, लड़ते–झगड़ते, फिर एक होते। तीसरे दरजे में टिकिट लेने के लिए भी बड़ी भारी मशक्कत करनी पड़ती है। प्लेटफार्म पर टिकिट खिड़की की लम्बी लाईन में लगे–लगे उनकी कई ट्रेन छूट जाती हैं, लेकिन वे बिना टिकिट नहीं बैठते। कुछ बिना टिकिट भी यात्रा करते हैं, वो भी डंके की चोट पर... टी.सी. आता हो तो आ जाये।–''अरे जब यहाँ खड़े होने की जगह नहीं, दरवाजे पर लटक कर सफ़र कर रहे हैं तो किस बात का टिकिट? बनाओ चालान...। जो बने सो करो।''

तीसरे दरजे के आम यात्री की तरह कुछ कविताएँ दुनिया भर का बोझा उठाए चल रही हैं तो कुछ जमाने को ठोकर मारती, अपनी ही चाल में।

ऐसा नहीं है कि बिना टिकिट यात्रा करती कविताएँ सिर्फ़ जनरल बोगी में हैं बल्कि वे सैकण्ड ए.सी., थर्ड ए.सी. में भी हैं। उन्हें टी.सी. एलीट की आड़ में पकड़ नहीं पाता। वे वैभव का, श्रेष्ठ वर्ग का, आभिजात्य का ऐसा ताना–बाना रचते हैं कि खुद चोरी करते हुए चोर किसी और को ठहरा देते हैं। विकलांगता यहाँ सेकण्ड ए.सी. थर्ड ए.सी. में है, जनरल बोगी में नहीं। शारीरिक नहीं, बल्कि मानसिक है विकलांगता। नीयत ही विकलांग

है हमारे समय की। जिसे मध्यवर्गीय अनदेखा कर रहा है। उच्चवर्गीय, उच्च मध्यवर्गीय उसे अपनी जेब में ठूँसे बड़ी मस्त चाल चल रहा है। हमारे समय ने अवगुणों के इस सम्राट को बड़ी आसानी से स्वीकार कर लिया है कि रातों–रात अमीर बनने के लिए कोई भी काम गलत नहीं है।

ट्रेन, रेलवे स्टेशन, प्लेटफार्म, वातानुकूलित बोगियों, स्लीपर कोच और जनरल बोगी सब मिलकर ऐसा ताना–बाना रचते हैं कि समाज और साहित्य दोनों अपने मूल स्वरूप में हमारे सामने आ खड़े होते हैं... जैसे कि आरक्षण। लेकिन सचाई यह है कि बिना रिजर्वेशन के भी बहुत सारे लोग लम्बी यात्राएँ करते हैं। ये उनकी नियति बन चुकी है। सुविधा है लेकिन उनके लिए नहीं या वे इसे भोगने के काबिल नहीं। उसी तरह आरक्षण अपने मूल स्वरूप को खोता हुआ–जिन्हें उसकी सख़्त ज़रूरत है उन तक तो पहुँच ही नहीं पा रहा है। रिजर्वेशन किस तरह ट्रेन से निकलकर हमारे जीवन में आ पैठा है। वो कुछ को मिल रहा है ट्रेन में और बहुतों को नहीं मिल रहा है। क्या ऐसा नहीं हो सकता कि जो कुछ मिले वो सबको एक साथ मिले ट्रेन में भी और जीवन में भी। यह एक शाश्वत सवाल है जो कविता जाने कब से उठा रही है। अन्तहीन हो चुके हैं सवाल, लेकिन जबाव एक भी नहीं।

(5)

...और दूसरे लोगों की तरह कविताएँ या कहें कि कवि भी कामयाब होना चाहता है। क्लासिक या मशहूर बुनने–बनने का सपना। दिन–रात कुछ ऐसा करने की कोशिश, जिसमें दूसरों की भलाई तो होती हो, लेकिन एक कोशिश निजी कामयाबी की भी...।

आखिर कविताएँ भी अपने माहौल, समय और समाज की पैदाइश ही तो हैं, जैसे कि और सब हैं। लेकिन जो कविता निजी कोशिश की जगह सामूहिक कोशिश को बल देती हो... वो कविता कैसी कविता होगी? कहाँ है और कब होगी? आज ऐसी कविता जो निजी कोशिश को सामूहिक कोशिश में बदल देने की ज़रूरत है।

(6)

किसान अब बदल गया है, उसकी समस्याएँ भी बदल गयी हैं। वह प्रेमचन्द के समय में भी शोषित था और आज भी है। लेकिन आज उसका शोषण

अलग ढंग से हो रहा है। जैसे काम के घण्टे आठ हों इसके लिए भारी आन्दोलन चलाया गया और सफलता भी मिली। लेकिन आज काम के घण्टे बारह, चौदह, अठारह हो गये और वो सहज स्वीकार भी कर लिए गये–सूचना प्रौद्योगिकी, तकनीकी सफलता को समय का आधार बनाकर। आज की कविता में काम के घण्टों का ये दबाव बख़ूबी महसूस किया जा सकता है। इसी तरह बाल मजदूरी... अपने मटमैले स्वरूप को छोड़ चमकदार आकर्षक रूप में टी.वी. में बाल कलाकार के रूप में लोगों को बरगलाती बहलाती हमारे साथ बड़ी ठसक से मौजूद है। जो तकनीक मनुष्य से उसका मनुष्यत्व छीन ले या छीनने की प्रक्रिया में हो तो क्या करेंगे आप? कहाँ जायेंगे? कविता के पास जायेंगे तब आप...। जब जीवन के सारे रास्ते बन्द हो जाते हैं, तब जो दरवाजा खुलता है वो कविता का होता है या कहें कि कविता खोलती है... दरवाजा।

(7)

इस समय हमें चिड़िया की आँख नहीं देखना है, बल्कि इस दुनिया को, इस समय को चिड़िया की आँख से देखना है। एक कवि होने के नाते बहुत गहराई से यह महसूस करती हूँ कि इस दुनिया को देखने का नज़रिया हमें बदलना ही होगा। हमें आँख चाहिए वो भी चिड़िया की...। इस दुनिया की, समय की भीतरी अन्दरूनी परतें हमें दिखाई नहीं दे रहीं या ओझल हैं हमसे। आख़िर क्यों? जीवन को समझने में हमसे चूक होती गयी और होती जा रही है।

ऐसा नहीं है कि सिर्फ़ दुनिया और समय को देखने के लिए ही चिड़िया की आँख चाहिए बल्कि ख़ुद को देखने–परखने के लिए भी चिड़िया की आँख चाहिए। आज के समय में कविता कवि से आत्मालोचना की माँग कर रही है। घनीभूत पीड़ा के संग कवि से कह रही है... आत्मालोचना–आत्मालोचना–आत्मसंघर्ष–आत्मसंघर्ष–।

एक याचक की तरह कह रही है कविता...

महोदय जरा ठहरिए? ख़ुद से भी सवाल करिए? झाँकिये अपने भीतर।

(8)

बहरहाल फिर से मैं अपनी बात पर लौटती हूँ–

जब भी कभी ट्रेन में जगह न मिल पाने के कारण लटक कर सफ़र

करने वाले मजबूर यात्रियों को देखती हूँ तो बरबस ही अपने समय की कविता को उनमें देखने लगती हूँ। समाज में जगह तलाशती कविता...। जगह न मिल पाने के कारण कभी लटककर, कभी छत पर चढ़कर, बिजली के तारों से जीवन बचाती, सफ़र तय करती कविता, तीसरे दरजे की यात्रा करती–हमारे समय की कविता।

किसी तरह के संशय को अपने भीतर पनपने मत दीजिए कि आख़िर वे कविताएँ आम जन की तरह तीसरे दरजे पर सवार हो जा कहाँ रही हैं? यदि किसी कविता से उसकी मंशा जाहिर न हो रही हो तो फिर वो कविता ही क्या? अब वो कविता चाहे किसी की हो... मेरी, आपकी या किसी और की...।

मैं अपनी कविता में समूचे भारतीय जीवन को उसके समूचे रूप में प्रतिबिम्बित करना चाहती हूँ। इच्छा रखना और बात है, पूरी होना बिल्कुल दूसरी बात। सृजन के रहस्य इतने आसान हैं क्या? जितना खोलो, उतने ही ढँकते चले जाते हैं, परत–दर–परत...।

मुझे कुछ नहीं चाहिए और सबकुछ चाहिए।
यह अन्तर्विरोध ही मेरा आत्मसंघर्ष है...

❑❑